Allegria

Die Autoren

Esther und Jerry Hicks stammen aus San Antonio, Texas, und haben die Lehren von Abraham seit 1989 weltweit in über 50 Metropolen vorgestellt. Abraham ist eine Gruppe außerkörperlicher Wesen, die ihre Botschaften durch Esther vermitteln und den Menschen bei der Weiterentwicklung ihres kosmischen Bewusstseins helfen wollen. Esther und Jerry Hicks widmen ihre Arbeit dem Ziel, es Menschen zu ermöglichen, einen Neuanfang für ein besseres, sinnvolleres und glücklicheres Leben zu machen. Dafür veranstalten sie in ihrem Heimatland USA landesweit äußerst erfolgreiche Workshops. Mit »The Law Of Attraction« landeten sie 2008 weltweit einen Bestseller, der sich auch in Deutschland bisher 150.000 Mal verkaufte.

Von Esther und Jerry Hicks sind in unserem Hause erschienen:

The Law Of Attraction FÜR JEDEN TAG (Allegria)

Wie unsere Gefühle die Realität erschaffen
The Law Of Attraction
The Law Of Attraction LIEBE
The Law Of Attraction GELD
Wunscherfüllung
Wünschen und bekommen

The Law Of Attraction in Action Teil 1 (DVD)
The Law Of Attraction in Action Teil 2 (DVD)
The Law Of Attraction in Action GELD (DVD)

The Law Of Attraction (CD)
The Law Of Attraction GELD (CD)
Wünschen und bekommen (CD)
Wunscherfüllung (CD)
Absicht und Erfolg (CD)

Esther & Jerry Hicks

Wie unsere Gefühle die Realität erschaffen

Die Gesetze
der Manifestation

Aus dem Amerikanischen übersetzt
von Thomas Görden

Ullstein

Besuchen Sie uns im Internet:
www.ullstein-taschenbuch.de

Allegria im Ullstein Taschenbuch

Die Originalausgabe erschien 2007 unter dem Titel
THE ASTONISHING POWER OF EMOTIONS
im Verlag Hay House, Inc., Carlsbad, CA, USA

Ullstein Taschenbuch ist ein Verlag der Ullstein Buchverlage
Neuausgabe im Ullstein Taschenbuch
1. Auflage März 2011
5. Auflage 2017

Übersetzung: Thomas Görden
Umschlaggestaltung: FranklDesign, München
Titelabbildung: Kristina Swarner
Satz: Keller & Keller GbR
Gesetzt aus der Palatino, Nimbus
Druck und Bindearbeiten: CPI books GmbH, Leck
ISBN 978-3-548-74517-6

Wir hatten das Vergnügen, einige der einflussreichsten Menschen unserer Zeit zu begegnen, und wir kennen niemanden, der eine größere Quelle der Motivation und Inspiration wäre als Louise Hay (Lulu), die Gründerin von Hay House – denn dank Lulus visionärer Leitung ist Hay House zum weltweit größten Multiplikator für Produkte auf dem Gebiet der spirituellen Weisheit und Persönlichkeitsentwicklung geworden.

Daher widmen wir dieses Buch voller Liebe und Wertschätzung Louise Hay – und allen, die sie für die Mitarbeit an der Verwirklichung dieser Vision gewonnen hat.

Inhalt

Vorwort

von Jerry Hicks

Das ist ein großartiges Buch! … Für alle, die wissen wollen, wie sie ein besseres Leben führen können, ist das ein großartiges Buch« Das rief Esther vor ein paar Minuten, während sie damit beschäftigt war, die letzten Korrekturen an diesem, unserem neuesten Abraham-Buch, *Wie unsere Gefühle die Realität erschaffen*, vorzunehmen. Seit zwei Jahrzehnten haben Esther und ich nun im ehelichen Teamwork Bücher geschrieben und veröffentlicht, und nun hat sie mir zum ersten Mal *gesagt*, dass dies »ein großartiges Buch« sei. Sonst hat sie immer nur *gefragt*: »Was hältst du davon?«

Meiner Ansicht nach ist dieses Buch das innovativste und stärkste aus der ganzen Abraham-Reihe. Daher ist es gut möglich, dass manche Leser dieses Werk für zu kompliziert oder anspruchsvoll halten werden. Und andere werden glauben, die angebotenen Informationen seien zu stark vereinfacht oder vielleicht sogar unangemessen.

Mit diesem Vorwort möchte ich Ihnen deutlich machen, dass Sie in diesem Buch nichts finden, was entweder *zu einfach* oder *zu kompliziert* wäre, sondern *praktische Informationen, die Sie unverzüglich anwenden können, um sich mehr von dem zu erschaffen, was Sie sich wünschen, oder um mehr zum Wohl anderer Menschen beizutragen.*

Was wäre, wenn Ihnen jemand sagen würde, dass Ihr Leben einen Sinn hat und dass dieser Sinn darin besteht, immer mehr Freude zu empfinden? Und was, wenn Ihnen jemand sagen würde, dass sich wahrer Erfolg daran messen lässt, wie viel Freude Sie erleben?

Was wäre, wenn Ihnen jemand sagen würde, dass Freiheit die Grundlage Ihres Lebens ist und dass Sie nicht nur frei *geboren* wurden, sondern dass Sie auch heute jederzeit frei *sind*, weil Sie die Freiheit haben, Ihre Gedanken selbst zu wählen?

Was wäre, wenn man Ihnen erklären würde, dass Sie jedes Mal wenn Sie einen Gedanken wählen, der bewirkt, dass Sie sich besser fühlen, Ihre Bestimmung erfüllen? Sie tragen nämlich damit zur Steigerung des allgemeinen Wohlbefindens, zur Evolution von *Allem-was-ist* bei.

Was wäre, wenn man Sie darüber informiert, dass Ihre scheinbar so festgefügten Glaubenssätze lediglich das Resultat Ihrer selbst gewählten und häufig wiederholten Gedanken sind? Was, wenn man Ihnen sagte, dass, vom Moment Ihrer Geburt an (und sogar schon davor), Ihre Gedanken und somit die Formung Ihrer Glaubenssätze in hohem Maße von den Menschen beeinflusst wurden, die vor Ihnen auf diese Welt kamen?

Und was wäre, wenn man Ihnen sagte, dass Ihre Lebenserfahrungen das Ergebnis Ihrer dominanten Gedanken sind und dass die Essenz jedes Gedankens, auf den Sie sich lange genug konzentrieren, sich in Ihrer Realität manifestiert? Mit anderen Worten: »Das, was ich gefürchtet habe, ist über mich gekommen.« »Es geschieht dir nach deinem Glauben.« »Denke und werde reich.« »Gleich zu gleich gesellt sich gern.« »Du wirst ernten, was du gesät hast.« …

Denken Sie einmal über Folgendes nach: Wenn Ihnen jemand diese Behauptungen präsentiert, möchten Sie dann nicht persönlich testen, ob sie wahr sind? Möchten Sie sich darüber nicht Klarheit verschaffen? Würden Sie sich nicht inspiriert fühlen, etwas davon in die Praxis umzusetzen?

Wenn Sie diese Worte lesen, wird das bei manchen von Ihnen tief vergrabene Erinnerungen wecken, als hätten sie das alles früher schon einmal gewusst. Sollte das auf Sie zutreffen, dann gehören Sie zu jenen, die sofort damit beginnen können, dieses Buch zur Auffrischung Ihrer Erinnerungen daran zu benutzen, *wer Sie wirklich sind.*

Zugleich wird es Ihnen helfen, den Wert und Sinn Ihrer momentanen Lebenserfahrungen zu erkennen.

Das, was Sie Ihr *Gewissen* nennen, ist die Ihnen aufgeprägte Überzeugung (aufgeprägt von denen, die vor Ihnen kamen), was *richtig* und was *falsch* ist. Und weil dieses System von Glaubenssätzen Ihnen von außen aufgezwungen wurde, kann es von den Menschen manipuliert werden, die gegenwärtig Ihr Denken beeinflussen.

Mit anderen Worten, unser individuell sehr unterschiedliches und wandelbares Gewissen ist geformt worden von den Ängsten, Belobigungen, Ermahnungen, Versprechungen und Strafandrohungen jener Generationen, die vor uns geboren wurden. Daher wird, um das Gewissen jener zu beruhigen, die aus Angst versuchten und versuchen, andere zu beherrschen, jeder neuen Generation beigebracht, »auf das eigene Gewissen zu hören«.

Da Millionen vorangegangener Kulturen, Gesellschaften, Religionen, Herrscher und Lehrer (auch Eltern, natürlich) versucht haben, ihre Werte und Glaubenssätze an künftige Generationen weiterzugeben, werden wir in dieser Welt mit einem breiten Spektrum sich widersprechender Meinungen konfrontiert – bis hin zu grausamen Kriegen. Erbittert wird darum gefochten, von welchen Überzeugungen wir unser Gewissen leiten lassen sollen.

Ist es da nicht sinnvoll, wenn wir uns fragen: *An welchen Gedanken und Überzeugungen soll ich persönlich mein Gewissen ausrichten?* Nun, dieses Buch gibt Ihnen Antwort auf diese Frage. *Wenn es meine Bestimmung ist, Wege zu finden, wie ich mich besser fühlen kann … und wenn meine Gedanken bestimmen, woran ich glaube und was ich fühle, und deshalb meine Erfahrungen bestimmen … und wenn ich – durch das GESETZ DER ANZIEHUNG (Gleiches zieht Gleiches an) – meine Erfahrungen verändern kann, indem ich mein Denken ändere … wie wähle ich dann auf bestmögliche Weise Gedanken, die zu positiven, freudigen Erfahrungen führen?*

Dieses Buch ist in vielerlei Hinsicht einzigartig, vor allem weil es geschrieben wurde, um eben diese Frage zu beantworten. Kurz gefasst, lautet die Antwort: *Indem ich mich von meinen Gefühlen leiten lasse.*

Dieses Werk ist entstanden, weil *Sie*, liebe Leserinnen und Leser, nach mehr verlangten. Es geht nicht darum, eine Welt zu reparieren oder zu retten, die gar nicht repariert oder gerettet werden will (denn sie ist nicht kaputt). *Diese Lehren Abrahams drehen sich ganz einfach darum, wie Sie sich auch in Zukunft das freudige, erfüllte Leben erschaffen können, das zu erschaffen Sie hergekommen sind, und wie Sie gleichzeitig anderen Menschen den nötigen Freiraum gewähren können, sich zu erschaffen, was sie wollen.*

Ganz gleich, wie wunderbar es Ihnen momentan geht, Sie wollen mehr. Wie gut Sie sich auch fühlen mögen, Sie wollen sich noch besser fühlen. Das ist das Mantra des sich unaufhörlich ausdehnenden Universums: *Mehr! Mehr! Mehr! Mehr Expansion. Mehr schöpferischer Ausdruck. Mehr Erfahrung. Mehr Wünsche. Mehr Leben!*

Auf dem Planeten Erde leben Milliarden von uns. Und jeder wünscht sich ein besseres Leben, möchte sich besser fühlen, als es gegenwärtig der Fall ist. Sie und ich haben als Einzelne jederzeit die Möglichkeit, das Wohl-Sein *zuzulassen*, das natürlich für uns ist – oder uns dagegen zu *widersetzen*. Diese Wahlfreiheit haben auch die Milliarden anderen Menschen. Zwar gibt es keinen Wunsch, den unser unerschöpflich reiches Universum uns nicht erfüllen könnte, aber wir können stets nur das empfangen, was wir zulassen und wofür wir uns geistig öffnen.

Dieses Buch kann als in sich geschlossene, umfassende Darstellung der Lehren Abrahams für sich allein stehen. Sein Fundament jedoch bilden die Tausenden von Fragen und Antworten aus unseren Gesprächen und Seminaren mit Abraham seit 1985.

Wer also *ist* Abraham? Ich würde sie als ein ungreifbares Nicht-Physisches Phänomen beschreiben. Ich erlebe sie als eine »Gruppe« von äußerst weisen und bedingungslos liebenden Lehrern, die uns zeigen, wie wir die *Gesetze des Universums* erfolgreich anwenden können. ... Und ich beschreibe sie als die reinste Form der Liebe, die mir je begegnet ist.

In gewisser Weise projiziert Abraham, als Antwort auf unsere Fragen, Gedankenblöcke (keine Worte), die Esther, meine Frau, irgendwie empfängt (ähnlich wie Radiowellen). (Abraham drängt sich uns niemals auf. Sie melden sich nur, wenn wir Fragen an sie richten.)

Ganz ähnlich wie beispielsweise eine Dolmetscherin etwas aus dem Spanischen ins Englische übersetzt (nicht Wort für Wort, aber möglichst genau den Sinn wiedergebend), wandelt Esther diese nonverbalen Gedanken unverzüglich ins Englische um, Esthers Muttersprache. Zwar verstehe ich selbst nicht genau, wie Esther dies anstellt, aber ich weiß, dass ich seit nunmehr über zwanzig Jahren jede Minute dieser Konversationen genieße ... weil es sich nicht nur als persönlich erfüllend für mich erwiesen hat, sondern weil ich miterleben durfte, welchen Wert Abrahams Antworten für Tausende von Menschen haben, die Abraham ihre Fragen stellen.

Im Mittelpunkt dieser Lehren hat von Anfang an Abrahams Erörterung des *Gesetzes der Anziehung* gestanden. (Eine Fülle kostenloser Informationen über das *Gesetz der Anziehung* und die Lehren Abrahams finden Sie auf unserer interaktiven Website www.abraham-hicks.com.)

Als dieses Phänomen 1985 seinen Anfang nahm, fragte ich Abraham nach den *Gesetzen des Universums*, die wir befolgen müssen, damit unser Leben möglichst natürlich funktioniert (im Gegensatz zu den unnatürlichen Gesetzen, die von den Menschen erfunden wurden, um andere Menschen zu beherrschen und in ihrer Entfaltung zu hemmen). Daraufhin nannte Abraham uns als Erstes das *GESETZ DER ANZIEHUNG* (*was im Wesentlichen besagt, dass Gleiches Gleiches anzieht*). Ich kann mich nicht erinnern, diese Bezeichnung vor meiner Bekanntschaft mit Abraham schon einmal gehört zu haben. Jedenfalls war es damals neu und aufregend für mich. Daher machte ich mich 1985 daran, 20 *Themen*-Kassetten aufzunehmen, auf denen ich Abraham zu verschiedenen Lebensbereichen um Rat fragte.

Unsere erste Tonbandaufnahme erhielt den Titel »*The Law of Attraction*«, und diese Information ist nun seit über 20 Jahren verfügbar – anfangs als kostenlose Tonbandaufnahme und später als kostenloser Download auf unserer Website. Kürzlich haben wir die ersten fünf dieser zwanzig Aufnahmen transkribiert und daraus ein Buch zusammengestellt (2006 bei Hay House erschienen, in Deutschland 2008 bei Allegria als *»The Law of Attraction«*). Dazu kommen drei weitere Bände über das Gesetz der Anziehung: *»The Law of Attraction – Geld«* (2009 bei Allegria erschienen), *»The Law of Attraction – Liebe«* (erscheint Frühjahr 2010 bei Allegria) und *»Spirituality and The Law of Attraction«* (bei Allegria geplant für 2011).

Während der folgenden zwei Jahrzehnte erkannten immer mehr Autoren, Drehbuchschreiber und Filmemacher (oft Teilnehmer unseres *Weekly Subscription Program*) die Einzigartigkeit, die Kraft und den Wert von Abrahams Weltsicht und den Naturgesetzen des Universums – besonders des *Gesetzes der Anziehung*, und begannen damit, das Abraham-Material für ihre vielen Projekte zu nutzen. Sie veränderten die Worte ein wenig und veröffentlichten die Informationen unter ihrem eigenen Namen (manchmal mit einer Quellenangabe, oft jedoch ohne). So ist das *Gesetz der Anziehung* heute Millionen Menschen auf der ganzen Welt ein Begriff. Doch weil Abrahams Worte dabei stets abgewandelt wurden (vermutlich um keine Urheberrechte zu verletzen), kennen heute Millionen Menschen zwar irgendeine, zumeist stark verkürzte Variante von Abrahams Lehren über das *Gesetz der Anziehung*, aber es mangelt ihnen an ausreichend klaren und präzisen Informationen, um dieses innovative Konzept gezielt und mit Erfolg anwenden zu können. Jedoch gibt es auch viele Autoren, die die Lehren Abrahams als ihre Inspirationsquelle offen nennen. Esther und ich wissen es sehr zu schätzen, dass diese Autoren es damit anderen ermöglichen, ebenfalls jene Quelle für sich zu entdecken: die Botschaften Abrahams, wie sie uns durch Esther übermittelt werden.

Folgendes wird Sie vielleicht interessieren: 1965 entdeckte ich Napoleon Hills klassisches Buch *Denke nach und werde reich* (und wendete Hills Ratschläge an, was hervorragend funktionierte!). Hills Prinzipien funktionierten bei mir so gut, dass ich nicht nur selbst geschäftlich erfolgreich wurde, sondern außerdem in Seminaren dieses Wissen an andere weitergab, wobei ich *Denke nach und werde reich* als Lehrbuch benutzte. Mein Grundsatz lautete damals wie heute: *Meine Absicht ist es, dass das Leben aller Leute, mit denen ich zu tun habe, dadurch besser wird. Zumindest soll es aber nicht schlechter werden, wenn sie mit mir zusammenarbeiten.*

Nachdem ich Hills Erfolgsprinzipien einige Jahre unterrichtet hatte, wurde mir klar, dass nur eine Handvoll meiner Schüler tatsächlich den Erfolg erreichte, den ich für sie *alle* erwartet hatte. Zwar verbesserte sich bei vielen die Situation spürbar, aber es gab auch etliche, die finanziell einfach nicht auf einen grünen Zweig kamen, ganz egal wie viele Erfolgsseminare sie besuchten.

Auf den ersten neun Seiten von Hills Buch empfiehlt er den Lesern, nach dem *Geheimnis* zu suchen. (Er erwähnt das »verborgene Geheimnis« 24 Mal.) Nun, ich habe sein Buch in der Zeit von 1965 bis 1982 sicher über tausend Mal gelesen, aber worin das »Geheimnis« eigentlich bestand, bekam ich nie wirklich heraus. Ich hatte das Gefühl, dass irgendetwas fehlte. Irgendwie wurde mir klar, dass es noch einen weiteren Faktor geben musste, der beim finanziellen Erfolg eine entscheidende Rolle spielte. Also begann ich, nach dem Missing Link zu suchen.

Während dieser Suche war es weiterhin so, dass *Denke nach und werde reich* dem, was mir vorschwebte, am nächsten kam, obwohl ich auch viele andere Bücher las. Aber viel von dem, was Hill gewusst haben musste, ließ er weg (weil das Buch sonst vom Massenmarkt nicht akzeptiert worden wäre). Und viel von dem *Geheimnis*, das er tatsächlich im Manuskript erwähnt, wurde vom Lektor herausgekürzt!

Vor drei Jahren entdeckte ich eine ungekürzte Fassung von *Denke nach und werde reich*, die von Melvin Powers' Wilshire Book Company herausgegeben wurde. Als ich diese Fassung Wort für Wort mit der Version verglich, die ich über vierzig Jahre lang benutzt hatte, verblüffte es mich, wie sorgfältig das »Geheimnis« herausgekürzt worden war. Es war also kein Wunder, dass ich Hills Geheimnis im Buch nicht entdecken konnte: Man hatte es einfach weggelassen! Ich möchte an dieser Stelle nicht zu sehr ins Detail gehen, Ihnen aber zumindest sagen, dass, neben vielen anderen wichtigen Auslassungen, das Wort *Schwingung* 37 Mal herausgekürzt wurde. (Merken Sie sich diesen Punkt – ich komme später wieder darauf zurück.) Es stellte sich also heraus, dass Napoleon Hill viele der von ihm entdeckten »Erfolgsgeheimnisse« gar nicht erst zu veröffentlichen versuchte, und jener Teil der »Wahrheit«, den er dann doch zu veröffentlichen versuchte, wurde in der ersten Ausgabe vom Verlag stark gekürzt.

Siebzig Jahre danach durften Esther und ich dann eine auf amüsante Weise erhellende Erfahrung machen, wie es um die Veröffentlichung der »Wahrheit« bestellt ist.

Eine Fernsehproduzentin bat Esther und mich, eine Dokumentation über uns und unsere Arbeit drehen zu dürfen. Sie begleitete uns mit einem Kamerateam auf einer unserer Wohl-Sein-Abenteuerkreuzfahrten und filmte, als Kernstück ihrer Dokumentation, unsere Seminare an Bord des Schiffes. Durch eine Verkettung glücklicher Umstände entstand aus dem ursprünglichen Fernsehfilm, noch bevor er im neuseeländischen Fernsehen ausgestrahlt wurde, eine DVD-Version, die sich zu einem enormen Erfolg entwickelte. Inzwischen haben Millionen Menschen auf der ganzen Welt den Film gesehen. Zwar gab man dem Film den Titel *The Secret* (»Das Geheimnis«) und kündigte in der Werbekampagne an, es werde das bislang verborgene »Geheimnis des Erfolgs« enthüllt. Doch tatsächlich ließ man die enthusiastischen Zuschauer im Unklaren darüber, dass jenes wahre »Geheimnis«, nach dem sie suchten, wieder einmal unterdrückt worden war. … Mit anderen Worten, bevor der Film gesendet wurde, informierte man uns, dass »die da oben« einer Ausstrahlung nur zugestimmt hatten, nachdem einiges herausgeschnitten worden war, unter anderem Abrahams Gebrauch des Schlüsselworts *Schwingung*.

Esther und ich waren erstaunt! Sieben Jahrzehnte später wird erneut versucht, die Öffentlichkeit vor dem Wort *Schwingung* zu »schützen«! Es zeigte sich also, dass das wahre Geheimnis hinter *The Secret* darin besteht, dass »das Geheimnis« weiter geheim gehalten wird.

Wenn man dergleichen erlebt, fragt man sich da nicht zwangsläufig, wie viel »Wahrheit« eigentlich überhaupt die Zensur passiert? Ich bin allerdings zu der Ansicht gelangt, dass die meisten dieser innovativen philosophischen Konzepte nicht deshalb aus den Massenmedien herausgehalten werden, weil jemand den Massen die »Wahrheit« vorenthalten will. Vielmehr geht es darum, den Leuten das zu verkaufen, von dem die Marketingexperten glauben, dass sie es kaufen werden. Auch versuchen manche wohlmeinenden Menschen, innovative Ideen akzeptabler zu machen, indem sie sie verwässern oder umformulieren, um dadurch ihre durchschlagende Wirkung abzumildern. Von Abraham wissen wir, dass an der Vorderfront der Evolution niemals großes Gedränge herrscht. Doch in diesem neuen Zeitalter des Internets zeigt es sich, dass es überall auf der Welt evolutionäre Denker gibt.

In der vorigen Woche (im März 2007) teilte uns unser Verlag mit, dass unser Buch *The Law of Attraction* (eine Niederschrift unserer Tonbandaufzeichnungen aus dem Jahr 1985) auf Platz zwei der *New York Times*-Bestsellerliste vorgerückt ist. Und unter den Millionen Büchern, die bei Amazon.com gelistet sind, zählt *Wünschen und bekommen*, unser erstes Hay-House-Buch, seit drei Jahren zu den hundert meistverkauften. Letzte Woche erfuhren wir, dass unsere Audio-CD *The Law of Attraction* unter den bei iTunes erhältlichen Hörbüchern auf Platz drei steht. Und seit Anfang dieses Monats werden die Lehren Abrahams bei Wal-Mart, Sam's Club, Target und Costco angeboten – mit anderen Worten, unsere Bücher sind nun in allen jeweils über 10 000 Filialen dieser riesigen Ladenketten im Angebot. (Und in diesem Monat hatten wir das Vergnügen, in drei Radiosendungen mit der brillanten Talkshow-Moderatorin Oprah Winfrey mitzuwirken.)

Warum berichte ich das alles? Nun, seit Abrahams Wissen einem großen Publikum zugänglich ist, erreicht uns eine Vielzahl von öffentlichen Reaktionen in Form von Buchrezensionen – und gerade habe ich begonnen, die Onlinerezensionen zu lesen. Und, oh, wie schön ist es, dass diese Bücher so vielen Menschen, die nun Gelegenheit haben, sie zu lesen, solche Freude bereiten! Aber – *autsch!* Der

Stich einer Biene in einem duftenden Blumenstrauß! Da gibt es zum Beispiel Kritiker, die die Botschaft abqualifizieren, weil sie glauben, Esther würde aus Profitgründen nur »so tun, als ob« diese Lehren aus einer übersinnlichen Quelle stammen – anders ausgedrückt: Man wirft ihr vor, sie würde fälschlicherweise behaupten, dass sie channelt, damit die Leute die Bücher kaufen. Dann gibt es die gegenteiligen Kritiker, die das Abraham-Material gerade deshalb ablehnen, weil sie *glauben*, dass Esther diese Lehren tatsächlich direkt von Abraham empfängt. Aber von den Programmierern des Bewusstseins dieser Kritiker wurde ihnen eingeredet, dass es falsch ist, Bücher auf solche Weise zu schreiben. … Wie soll man es allen recht machen?

Nun, wir haben schon vor langer Zeit gelernt, dass das unmöglich ist. Daher beschlossen wir 1985, unser Material im Eigenverlag zu publizieren, damit wir alle praktisch nutzbaren Informationen, die wir von Abraham empfingen, (unzensiert) an alle weitergeben konnten, für deren Fragen Abraham Antworten bereithält.

Als Louise Hay uns bat, Abraham zu fragen, ob er ein Buch schreiben könne und Hay House es publizieren dürfe (*Wünschen und bekommen*, 2004), sagte sie zu ihren Mitarbeitern: »Es ist sehr wichtig, dass Abrahams Worte unverändert im Buch stehen. Wir wollen es *ermöglichen*, dass Abrahams Lehren unverfälscht in der Welt verbreitet werden.«

Esther und ich sind enorm froh und dankbar, dass Louise und ihr Verlag dieses großartige Material in reiner, unverfälschter Form allen zugänglich machen, die danach verlangen – und wir empfinden große Wertschätzung gegenüber den vielen Menschen aus aller Welt, die Abrahams Lehren so begeistert aufnehmen. Jetzt freuen wir uns über die Veröffentlichung eines weiteren ausgezeichneten Buches, das die Lehren Abrahams hinaus in die Welt tragen wird. Aber unsere größte Freude ist der Prozess der Übersetzung – der Erschaffung – dieser Informationen.

Es gibt für Esther und mich nichts Befriedigenderes, als ein Forum zu schaffen, wo Menschen aus allen Lebensbereichen sich treffen können, um aus ihrer individuellen Perspektive heraus Abraham Fragen zu stellen. Die Evolution und Expansion dieser Botschaft – die durch die nie endenden Fragen so vieler Menschen ständig weiter präzisiert und fein abgestimmt wird – ist ganz sicher Esthers und meine Lebensaufgabe. Dazu sind wir hergekommen. Dass dem so ist, sehen wir daran, *dass es sich für uns so unglaublich gut anfühlt.*

Aus tiefstem Herzen,
Jerry Hicks

(*Anmerkung der Herausgeber:* Beachten Sie bitte, dass sich die Nicht-Physischen Gedanken, die Esther empfängt, nicht immer völlig adäquat in physische Worte übersetzen lassen. Daher bildet sie manchmal neue zusammengesetzte Wörter oder benutzt existierende Wörter auf neue Weise – zum Beispiel werden sie großgeschrieben. Damit soll neuen Wegen, das Leben zu betrachten, Ausdruck verliehen werden.)

Esther und Abraham sind bereit

Esther:

Hallo, Abraham. Ich weiß, dass ihr das schon wisst, aber ich möchte euch trotzdem sagen, wie viel Freude es mir macht, eure Informationen zu übermitteln. Das Schreiben der Bücher und die Seminare sind eine so wundervolle Erfahrung für mich! Ich liebe es, wenn ich spüre, wie eure Botschaften durch mich hindurchfließen.

Ich möchte mich ab jetzt jeden Morgen ein paar Stunden hinsetzen und es euch ermöglichen, dieses neue Buch zu schreiben. Ich denke, ich habe dafür die perfekte Umgebung gefunden. Ich habe mich noch nie an einem Ort aufgehalten, der so schön ist und sich so gut anfühlt. Ich fühle mich wirklich großartig, und ich führe diese enorme Verbesserung meines Gefühlszustands auf eure jüngsten Äußerungen über den Strom zurück – die *Stromaufwärts/Stromabwärts*-Analogien.

Nun, jedenfalls möchte ich ein bisschen mit euch plaudern, ehe wir anfangen. Ich möchte euch sagen, wie sehr ich euch liebe, wie sehr ich unsere gemeinsame Arbeit liebe und dass ich damit am liebsten ewig weitermachen würde.

Ich werde jetzt meine Augen schließen, tief durchatmen und die Worte niederschreiben, die ich von euch empfange.

Abraham:

Esther, das ist ein interessanter Prozess, nicht wahr? Wir halten hier ein ganzes Buch für dich bereit (tatsächlich sogar eine endlose Zahl von Büchern), die du empfangen kannst. Das *Wünschen* hat bereits stattgefunden, seitens deiner Welt und von dir und Jerry, und dem *Bekommen*, dem Empfangen des Buches durch dich, steht nichts im Wege. Es wartet hier in deinem Schwingungsguthaben auf dich. Nun kommt es nur noch darauf an, dass du dir die Zeit nimmst und die innere Harmonie findest, um es zu empfangen:

Wir wissen, dass du dies immer schon gespürt hast und dass du innerlich bereit bist, unsere Worte zu empfangen. Doch aufgrund unserer jüngsten Gespräche bist du dir der Bedeutung deiner Rolle mehr denn je bewusst. Alle Wünsche aller Menschen sind bereits erfüllt. Aber empfangen könnt ihr die Erfüllung eurer Wünsche nur, wenn ihr mit ihnen in Schwingungsharmonie geht.

Deine Aufgabe besteht darin, dein Bewusstsein so weit aus dem Alltag zu lösen, dass du dich auf die Schwingung von Abraham einstellen kannst, aber gleichzeitig stark genug mit der physischen Welt verbunden zu bleiben, um unsere Botschaft in etwas umzuwandeln, das von den Menschen deiner Welt aufgenommen und verstanden werden kann. Diese innere Balance ist nur möglich, weil du inzwischen eine bemerkenswerte Stabilität und Klarheit erlangt hast.

Und nun lass uns damit beginnen, ein weiteres wunderbares Buch zu schreiben.

Teil 1

Die erstaunliche Macht der Gefühle

Abraham heißt uns auf dem Planeten Erde willkommen

Hier bist du also und lebst in diesem wunderbaren Körper auf diesem großartigen Planeten dein Leben, und obwohl das nicht dein erster Tag auf Erden ist, möchten wir dich doch herzlich willkommen heißen. Da du schon eine Weile hier bist, mag es dir seltsam erscheinen, dass wir dich gerade jetzt begrüßen, aber wir tun das, um dich dazu anzuregen, dein Leben in einem neuen Licht zu sehen, und zwar nicht nur dein Leben, sondern auch *dich* selbst!

Wir haben ein klares Bild von dir in deiner momentanen Lebenssituation, aber wir sind auch in der Lage, einen Schritt zurückzutreten und dich und dein Leben in einem viel größeren Zusammenhang zu sehen, als es dir aus deinem momentanen Blickwinkel heraus möglich ist. Das, was wir dir in diesem Buch über die größeren Zusammenhänge deiner Existenz darlegen werden, soll dir dabei helfen, die Vollkommenheit dieses Ewigen Lebensplans zu erkennen.

Wir wissen, dass deine physische Geburt dir wie der Anfang deines Daseins erscheint, aber deine Existenz hat keinesfalls erst mit dieser Geburt begonnen. Das wäre ungefähr so, als würdest du ins Kino gehen und glauben, der Augenblick, wenn du den Kinosaal betrittst, wäre der Anfang deines Lebens.

Dagegen könntest du aus deiner physischen Perspektive einwenden, dass es ein großer Unterschied ist, ob man ins Kino geht oder als Baby in einem Körper geboren wird. Denn wenn du ins Kino gehst, vergisst du dabei nicht, was vorher war. Du erinnerst dich, wer du bist und was du vor dem Kinobesuch getan hast. Du hast ein klares Gefühl der Kontinuität zwischen dem »Vorher«, der Zeit im Kino und dem, was hinterher kommt. Mit anderen Worten, es fühlt sich für dich nicht so an, als hätte ein neues Leben begonnen, als du in das Kino gingst.

Aber wir möchten deine Wahrnehmung ein wenig erweitern und dir klarmachen, dass dein Leben nun einmal nicht erst bei der Geburt in diesen Körper begonnen hat, den du jetzt als dein »Selbst« identifizierst. Wir möchten in dir wieder dieses größere Gefühl der Kontinuität aufwecken, indem wir dich daran erinnern, wer du warst, »bevor« du in diesem Körper auf die Welt kamst; ja wir möchten sogar, dass du zu dieser Größeren Perspektive *wirst* – fest im Hier und Jetzt fokussiert, aber dir dennoch bewusst, *wer-du-wirklich-bist* und warum du in diesem Körper hierherkamst.

Auch wendest du vielleicht ein: »Aber im Gegensatz zu meiner Geburt war ich erwachsen, als ich ins Kino ging – ich konnte sprechen, herumlaufen und bewusste Entscheidungen treffen.« Natürlich verstehen wir, dass deine damalige Kleinheit und körperliche Unreife zu dem Irrtum verleiten, deine Existenz hätte erst mit der Geburt begonnen. Aber das ist nicht der Fall. *Dein neuer Körper und deine neue Umwelt ermöglichen es dir, obwohl du ein sehr altes und weises Wesen bist, auf neue Weise deine Evolution fortzusetzen.*

Wenn die Größere Perspektive dessen, *wer-du-wirklich-bist*, in dir erwacht, wird deine Wertschätzung für dein gegenwärtiges Leben enorm wachsen. Wenn du das Leben auf dem Planeten Erde in diesem größeren Zusammenhang siehst, schwinden deine Ängste und deine natürliche Lebenslust wird geweckt.

Der Wert deines Glaubens

Von unserem Standort aus sehen wir dein Leben in seinem großen Gesamtzusammenhang und müssen nun versuchen, dir dies so zu erklären, dass du es an deinem jetzigen Standort begreifen kannst. Aber du kannst »dich« nicht aus unserer Perspektive sehen ... und wenn du dich aus dieser Perspektive sehen könntest, würdest du unsere Erklärungen ja auch gar nicht brauchen.

In diesem Kapitel wollen wir dir schildern, wie wir dich, und uns selbst, sehen und in welcher Beziehung wir zu dir stehen. Wir können dir unsere Sicht der Dinge nicht aufzwingen. Wenn du aber in einer vertrauensvollen, geistig aufgeschlossenen Haltung diese Worte liest und über sie nachdenkst, werden wir gemeinsam genug Brücken bauen, dass du, wenn du dieses Buch Seite für Seite gelesen hast, unsere Perspektive verstehen und dich in sie hineinversetzen kannst – nicht weil unsere Worte so mächtig wären, dass sie dich verwandeln könnten, sondern weil die Logik unserer Worte und die Entfaltung deines Lebens deinen *Glauben* und deine *Hoffnung* in *Wissen* verwandeln werden.

Und was ist das für ein wunderbarer Seinszustand: zu *wissen*, mit absoluter Gewissheit, was die wahre Natur deiner Existenz ist, die wahre Natur von *Allem-was-du-bist*. Und dann kannst du mit dem weitermachen, weswegen du hergekommen bist: *dein ewig expandierendes und sich entwickelndes Leben in Freude zu leben!*

Dieser herrliche Planet hat dich enorm fasziniert

Die Idee, in einem neuen physischen Körper auf dem Planeten Erde geboren zu werden, war zwar keineswegs neu für dich, du fandest sie aber absolut faszinierend und aufregend. Aus deiner Nicht-Physischen Perspektive, vor deiner physischen Geburt, warst du dir aller Implikationen dieser neuen Existenz voll bewusst. Du warst darüber im Bilde, dass du in eine perfekte, stabile Umwelt hineingeboren werden würdest, und du warst angesichts der Vielfalt dieser Umwelt restlos begeistert.

Besonders gut gefielen dir die Freiheit und Unbegrenztheit deiner zukünftigen Umwelt. Die facettenreiche Schönheit der physischen Natur deines Planeten, aber auch die Schönheit der hier lebenden Menschen und ihrer Ideen in all ihrer Vielfalt hatten es dir so angetan, dass du es kaum erwarten konntest, endlich geboren zu werden. Zu keinem Zeitpunkt während deiner Vorbereitung auf dein neues Leben machtest du dir Sorgen bezüglich der Weltsicht der Bewohner deines Planeten. Nie hattest du das Gefühl, du müsstest hierherkommen, um ihnen ihre Irrtümer und Fehler aufzuzeigen und sie auf den rechten Pfad zurückzubringen.

Für dich war dieser Planet in seiner sich ständig wandelnden Vielfalt absolut vollkommen. Und deine Lebenslust, mit der du auf die Welt kamst, war so groß, dass sie sich mit Worten nicht angemessen beschreiben lässt. Und weil du dir deiner absoluten Unverletzlichkeit vollkommen sicher warst, machtest du dir wegen deiner zukünftigen Lebensumstände überhaupt keine Sorgen. Vielmehr wusstest du, dass du bestens für diese neue Umwelt gerüstet warst und dass sie dir ideale Möglichkeiten für deine freudvolle und unaufhörliche Expansion und Evolution bieten würde. Und hier bist du also – und alles, was du eben gelesen hast, trifft immer noch zu, auch wenn deine Geburt inzwischen schon eine ganze Weile her ist.

Unser Wunsch ist es, dich daran zu erinnern, wie es war, unmittelbar bevor du in diesen physischen Körper hineingeboren wurdest. Das wird dich in die Lage versetzen, *hier und jetzt* zu erfahren, wie beglückend es ist, dieses großartige Leben in diesem wunderbaren Körper zu leben, auf diesem herrlichen Planeten, und zwar genau so, wie du es dir wünschst und wie du es ursprünglich beabsichtigtest.

Also, mein lieber Freund, meine liebe Freundin, willkommen auf dem Planeten Erde!

Sich an die Größere Perspektive erinnern

Wir können es kaum erwarten, zum eigentlichen Anliegen dieses Buches vorzudringen – einer umfassenden Darstellung der Macht und des Werts eurer Gefühle und einer präzisen Erläuterung, wie ihr diese Emotionen richtig deuten und die Führung, die sie euch bieten, effektiv nutzen könnt. Doch dazu ist es zunächst erforderlich, dass wir euch einen breiten Überblick über eure Ewige Natur verschaffen.

Liebe Leserin, lieber Leser, bei der ersten Lektüre mag die folgende Beschreibung dir sehr fremd erscheinen. Doch wenn du in Ruhe darüber nachdenkst, wirst du erkennen, dass diese Sicht dir in Wahrheit sehr vertraut ist, denn auf tieferen und weiteren Ebenen deines Seins weißt du all das bereits. Daher werden diese Worte dir dabei helfen, dich zu erinnern: *Aus deiner physischen Perspektive heraus neigst du dazu, deine Erfahrung in physischen Begriffen zu beschreiben und sie an physischen Orten wahrzunehmen und demnach den Nicht-Physischen Bereich als einen Nicht-Ort zu definieren. Aber obwohl sich das Nicht-Physische in vielerlei Hinsicht von der physischen Welt unterscheidet und du es aus deiner physischen Perspektive heraus nicht wirklich wahrnehmen kannst, existiert es. Es ist real und gewaltig – und es ist ein Ort (oder eher ein Nicht-Ort) Reiner, Positiver Energie.*

Vor deiner Geburt in diesem physischen Körper warst du im Nicht-Physischen Bereich vollständig wach und bewusst. Mit anderen Worten, du warst dir deines *Selbst* bewusst, ganz genau so, wie du dir jetzt deines *Selbst* bewusst bist. Und so wie du aus deinem physischen Körper hinaus in deine Welt blickst und das, was du siehst, durch die Linse deiner persönlichen Perspektive wahrnimmst, nimmst du auch im Nicht-Physischen Bereich alles durch deine machtvolle individuelle Perspektive wahr. Das Nicht-Physische Du besitzt eine sich ewig ausdehnende Identität, durch die du das Leben wahrnimmst. Und aus dieser Perspektive *beobachtest*, *denkst*, *imaginierst*, *weißt* und *fühlst* du.

Aus dieser größeren Nicht-Physischen Perspektive heraus bist du also in diesen physischen Körper gekommen. *Du kamst als Ausdehnung jenes Reinen, Positiven Energiewesens, das du im Nicht-Physischen Bereich bist. Und auch jetzt, nachdem du geboren wurdest und dich mit diesem Körper und dieser Persönlichkeit bekleidet hast, als die du selbst und andere Menschen dich identifizieren, existiert im Nicht-Physischen Bereich dein ursprüngliches bewusstes Wesen weiterhin. Genau wie ein Denker, der einen Gedanken denkt, unabhängig von dem Gedanken weiterexistiert, hat dein Nicht-Physisches Selbst dich erdacht und existiert nun unabhängig von dem Du weiter, das von ihm ins Dasein gedacht wurde. Mit anderen Worten, wenn du eine Idee hervorgebracht hast, existierst du anschließend immer noch und kannst weitere Ideen hervorbringen.*

Aus dem Nicht-Physischen Bereich heraus hast du also dein physisches Selbst hervorgebracht. Und als diese Gedankenprojektion aus dem Nicht-Physischen sich mit dem physischen Körper vereinigte, der empfangen worden war und im Leib deiner Mutter heranwuchs, wurdest du geboren. Also wurde, was zuvor eine *Idee* gewesen war, über die du nachdachtest und die du imaginiertest, eine physische Realität. Und dieses Nicht-Physische Du, das diese Idee hervorbrachte, ist auch weiterhin im Nicht-Physischen Bereich fokussiert. Aber durch deine physische Geburt konnte es sich ausdehnen und erweitern.

Und das Nicht-Physische Du hat sich nicht nur erweitert, sondern du verfügst jetzt über zwei machtvolle Perspektiven: deine physische Perspektive und deine Nicht-Physische Perspektive. Und für diese beiden wunderbaren Perspektiven gibt es nichts Wichtigeres als ihre Beziehung zueinander. Dein gesamtes Erleben kreist um deine physischen und Nicht-Physischen Sichtweisen und ihr Zusammenspiel.

Dieses Buch soll dir zu der Einsicht verhelfen, dass du unbedingt die erstaunliche Macht deiner Gefühle entdecken musst. Dann, und nur dann, wirst du wirklich begreifen, in welcher Beziehung du zu deinem Nicht-Physischen Selbst stehst.

Deine Beziehung zu deinem Inneren Sein

Statt nun diese beiden Aspekte deines Selbst als deine zwei »*Du*« zu bezeichnen, ist es einfacher, wenn wir deinen Nicht-Physischen Aspekt dein *Inneres Sein* nennen. Du könntest es auch dein *Inneres Selbst* nennen, die *Quelle*, die *Seele* oder *Gott*. Wir bevorzugen aber die Bezeichnung *Inneres Sein*, denn es ist der Urgrund, die Wurzel dessen, was du bist, und du kannst es in dir spüren.

Aus der Nicht-Physischen Perspektive gesehen, hat also dein *Inneres Sein* sein Bewusstsein in das physische Du hineinprojiziert. So wurdest du geboren. Und jetzt bist du hier, lebst, atmest und denkst – und gleichzeitig lebt und denkt auch dein *Inneres Sein*.

Diesen Ort in Zeit und Raum, auf den du gegenwärtig fokussiert bist, nennen wir gerne die vorderste Front des Denkens, sozusagen die Speerspitze der Evolution. Stelle dir die physische Welt, auf die dein Bewusstsein ausgerichtet ist, als die am weitesten ausgreifende, evolutionärste und fortschrittlichste Ausdehnung der Ur-Quelle allen Lebens, der Ur-Kraft, vor. Dorthin hat dein *Inneres Sein* sich ausgedehnt, als du in dieses Leben hineingeboren wurdest.

Was ihren vorphysischen Ursprung angeht, hegen die Menschen sehr unterschiedliche Überzeugungen, aber eine Auffassung zieht sich wie ein roter Faden durch alle diese Glaubensvorstellungen – und sie könnte falscher nicht sein: dass Gott Nicht-Physisch ist und daher vollkommen und dass dem Menschen das physische Leben geschenkt wurde, um ebenfalls Vollkommenheit anzustreben und Gott nachzueifern.

Wir möchten dich daran erinnern, dass ihr alle, in eurer physischen Gestalt, eine Erweiterung dessen seid, was die Menschen *Gott* nennen. Und weil ihr die am weitesten ausgreifende, evolutionärste Ausdehnung Gottes (oder der *Ur-Kraft*) seid, erlebt Gott diese Ausdehnung durch euch und mit euch.

Wenn der Begriff *Gott* als Name für diese Nicht-Physische Quelle benutzt wird, hindert das die Leute oft daran, zu einem klaren Verständnis zu gelangen, einfach weil sie bezüglich dieses Wortes schon so viele alte Ideen im Kopf haben. Daher verwenden wir den Namen *Gott* für die Nicht-Physische Ursprungsenergie nur selten. Das Wort *Gott* aktiviert in euch alte, gewohnte Gedanken, daher werden wir stattdessen die Bezeichnung *Ur-Kraft* verwenden ... und diese *Nicht-Physische Ur-Kraft* erlebt und erfreut sich durch euch ständiger Evolution und Expansion, und zwar selbst dann, wenn ihr euch der Existenz dieser Kraft und eurer Verbindung zu ihr gar nicht bewusst seid.

Das Universum expandiert durch euch

Du warst also Nicht-Physische Ursprungsenergie, Ur-Kraft (und bist es immer noch), und von dort hast du einen Teil deines Bewusstseins hier in diesen physischen Körper projiziert. Und da bist du nun und erforschst die wunderbaren Details und Kontraste dieser evolutionärsten aller Raum-Zeit-Realitäten!

In deinem physischen Körper bist du von wunderbaren detail- und kontrastreichen Lebenserfahrungen umgeben, die du mithilfe deiner physischen Sinne entschlüsseln kannst. Und während du dein Leben lebst, Tag für Tag, Stunde für Stunde, bewirkt deine ganz individuelle Deutung und Entschlüsselung des Lebens eine Expansion und Weiterentwicklung des Universums.

Du siehst die Welt durch *deine* Augen, hörst sie durch *deine* Ohren, riechst, spürst und berührst sie mit *deinen* Sinnen. Mit anderen Worten, du kannst gar nicht anders, als deine Welt aus deiner ganz persönlichen Perspektive zu sehen. Und gerade das ist für die Ur-Kraft außerordentlich wichtig. Durch diesen natürlichen Vorgang entstehen in dir immer neue Vorlieben und Wünsche, weil es immer etwas gibt, das noch besser ist als das, was du gegenwärtig hast. Das heißt, aus deiner selbstbezogenen Perspektive heraus entdeckst du immer neue Verbesserungsmöglichkeiten, und damit bist du Teil der endlosen Evolution des gesamten Universums.

Viele unserer physischen Freunde finden es nicht gut, selbstbezogen zu sein, weil sie ein fundamentales Prinzip des Lebens missverstehen: *Du kannst gar nicht anders, als selbstbezogen zu sein, denn du kannst immer nur aus deiner ganz persönlichen Perspektive wahrnehmen und handeln. Alle Bewusstseinspunkte, sogar einzellige Organismen, verfügen über eine individuelle Wahrnehmung, und zwar stets aus ihrer jeweiligen selbstbezogenen Perspektive.*

Auch ohne Worte bist du schöpferisch

Während du dein Leben lebst, persönliche Erfahrungen machst und die Erfahrungen anderer beobachtest, siehst du häufig Dinge, die du *nicht willst*. Und immer wenn das geschieht, wird dir deutlich bewusst, was du *willst*. Manchmal ist ein solches Erlebnis so dramatisch, dass du klipp und klar sagen kannst: »Dieses will ich nicht! Nun begreife ich, dass ich mir stattdessen jenes wünsche.«

Wenn du mit unerwünschten Dingen oder Umständen konfrontiert wirst, erkennst du umso deutlicher, was du wirklich willst. Aber ob du dir dessen bewusst bist oder nicht, an jedem Tag deines Lebens, den du hier an vorderster Front der Evolution verbringst, werden in dir neue Wünsche geweckt.

Die meisten Menschen sind sich dieses Expansionsprozesses nicht bewusst. Sogar wenn sie eine Erklärung wie diese hier lesen, stellen sie keinen Bezug zu ihrer eigenen Lebenserfahrung her. Doch aus deiner Nicht-Physischen Perspektive, bevor du geboren wurdest, fandest du die physische Existenzform sehr faszinierend und unwiderstehlich. Du wusstest, dass deine Erfahrungen hier auf dem Planeten Erde, an vorderster Front der Evolution, auf wunderbare Weise zur ewigen Expansion des Universums beitragen würden. Damals warst du in der Lage, die großen Zusammenhänge der Schöpfung und Expansion zu überblicken. Und deshalb wollen wir dich heute wieder daran erinnern.

Dein Inneres Sein ist ganz auf die Erfüllung immer neuer Wünsche ausgerichtet

Und so werden aus deinen Lebenserfahrungen immer neue Wünsche geboren, auch wenn dir dieser Vorgang möglicherweise gar nicht bewusst ist. Wenn du mit etwas konfrontiert wirst, was du nicht willst, entsteht in dir sofort eine deutliche Vorstellung davon, was du dir stattdessen wünschst. Und dein *Inneres Sein* (oder die *Ur-Kraft* in dir) wendet diesem neuen, evolutionären Wunsch seine ganze Aufmerksamkeit zu!

Und jetzt kommt der wichtigste Punkt dieser Schöpfungsgeschichte und deines physischen, evolutionären menschlichen Anteils daran: *Jedes Mal wenn aus dem Leben, das du lebst, Ideen für die Verbesserung dieses Lebens geboren werden, hast du die Wahl, ob du in Harmonie zu diesen neuen Ideen gehst oder dich ihnen widersetzt, also inneren Widerstand aufbaust.* Und um diesen Augenblick der Wahl, der Entscheidung, geht es eigentlich in diesem Buch – vor allem aber hängt von dieser Wahl ab, ob du ein Leben in Freude oder im Elend führst und ob du dir erlaubst, *du* selbst zu sein, oder eben nicht.

Vor deiner physischen Geburt war sich dein Nicht-Physisches Inneres Sein also genau über die folgenden Tatsachen im Klaren:

- Du würdest dich in einem physischen Körper fokussieren.

- Du würdest in einer Welt voller starker Kontraste leben.

- Diese Kontraste würden dich dazu anregen, Ideen und Wünsche zu entwickeln, die zu einer Verbesserung und Expansion deines *Inneren Seins* beitragen würden.

- Dein größerer, Nicht-Physischer Anteil (dein *Inneres Sein*) würde alle deine neuen Ideen bereitwillig annehmen und zu ihnen in Schwingungsharmonie gehen.

Jeder Manifestation geht immer ein Gedanke voraus

Alles, was erschaffen wird, existiert zunächst als Gedanke. Alles, was du um dich herum siehst, war einmal ein Gedanke oder eine Idee – ein Schwingungskonzept, das sich dann in der von euch sogenannten physischen Realität manifestierte.

Wenn man sich an vorderster Front einer evolutionären Schöpfung befindet, kann man nicht weit genug zurückschauen, um den Anfang dieser Schöpfung nachvollziehen zu können. Doch über alles, was existiert und von euch als manifeste Form wahrgenommen werden kann, wurde zunächst so lange nachgedacht, bis das *Gesetz der Anziehung* seine Manifestation bewirkte. Nichts, was existiert, ist von diesem Schöpfungsprozess ausgenommen.

Über euren Planeten wurde im Nicht-Physischen schon lange nachgedacht, bevor die ersten Menschen darauf geboren wurden.

... Zuerst existiert immer der Gedanke, und wenn sehr viele Gedanken einem bestimmten Gegenstand gewidmet werden, nimmt dieser schließlich Form an und manifestiert sich in dem, was die Menschen »Realität« nennen. Und so wie euer Planet einst ins Dasein gedacht wurde, tragt auch ihr heute durch euer Denken zum fortlaufenden Schöpfungsprozess und der Evolution des Planeten und seiner Lebensformen aktiv bei.

Wenn dir klar wird, was du *nicht* willst, wird dir zugleich klarer, was du *willst*, und so entstehen aus den Kontrasten deines Lebens immer neue schöpferische, der ständigen Verbesserung der Umstände dienende Ideen. Während du beständig, von Tag zu Tag und von Augenblick zu Augenblick, die Details deines Lebens auswertest, strahlst du ein unaufhörliches Feuerwerk von Schwingungen aus (wir nennen sie *Wunschraketen*). *Jede deiner Wunschraketen bewirkt, dass die Ur-Kraft in dir – der Urgrund deines Seins, der weiterhin im Nicht-Physischen existiert – sich intensiv auf deine neue, erweiterte Version des Lebens konzentriert und zu dem Gewünschten wird. Während du dein Leben lebst und immer neue, immer bessere (offen ausgesprochene oder heimliche) Wünsche entwickelst, expandiert dein größerer Nicht-Physischer Wesensteil.*

Deine Hoffnungen, Träume, Absichten und Ideen bezüglich der ständigen Verbesserung deines Lebens werden in einer Art *Schwingungsguthaben* für dich gespeichert. Dieses Guthaben steht dir immer zur Verfügung und wartet darauf, dass du es anzapfst und nutzt. Dein größerer Nicht-Physischer Teil ist bereits in Schwingungsharmonie zur Erfüllung deiner Wünsche gegangen und lädt deinen physischen Teil beharrlich dazu ein, ihm zu folgen. Dein physischer Teil wird also von deinem Nicht-Physischen Selbst gerufen, um die neuen Ideen zu manifestieren, die du hervorgebracht hast. Diesen Ruf spürst du als Leidenschaft und Begeisterung.

Daher muss jetzt deine wichtigste Frage lauten: *Bist du offen für diese neu erschaffene, erweiterte, evolutionäre Version deines Selbst?* Wie offen du tatsächlich bist, kannst du an deinen *Gefühlen* ablesen. Je besser du dich fühlst, desto offener ist dein Kanal zu deiner Ur-Kraft, deinem *Inneren Sein*. Und je schlechter du dich fühlst, desto mehr sperrst du dich gegen diese Verbindung und blockierst den Energiefluss.

Empfindest du Liebe oder Freude – oder ein anderes positives Gefühl –, bist du in diesem Moment ganz buchstäblich die Verkörperung der positiven Entwicklung, zu der das Leben dich anregt. Verspürst du Angst, Wut oder Verzweiflung – oder ein anderes negatives Gefühl –, leistest du inneren Widerstand, das heißt, du lässt es nicht zu, die positive Evolution zu leben, und weigerst dich, das zu manifestieren, zu dem du im Nicht-Physischen Bereich bereits geworden bist.

Du bist ein Schwingungswesen

Ihr nehmt eure momentane physische Umgebung mithilfe eurer physischen Sinne wahr. Diese Interpretation eurer Umwelt vollzieht sich so natürlich – ohne dass ihr euch bewusst darauf konzentrieren müsstet –, dass die meisten unserer physischen Freundinnen und Freunde sich gar nicht darüber im Klaren sind, dass es sich bei dem, was sie sehen, hören, riechen, schmecken und berühren, eigentlich um Schwingungen handelt.

Wenn du fernsiehst, weißt du, dass die Menschen und Orte, die du auf dem Bildschirm siehst, sich nicht als Miniaturversionen des Lebens in dem kleinen Kasten befinden. Du weißt, dass das Fernsehgerät Signale empfängt, die es in Bilder umwandelt, sodass du sie dir ansehen kannst. Die Analogie ist nicht perfekt, aber es ist tatsächlich so, dass du in ähnlicher Weise *mithilfe deiner physischen Sinne Schwingungssignale in die Realität umwandelst, die du gegenwärtig erlebst. Und da du dabei mit so vielen anderen Schwingungswesen interagierst, erschafft ihr gemeinsam eine ganz wunderbare, eindrucksvolle Realität.*

Es musste dir nicht erst von anderen physischen Wesen beigebracht werden, wie du deine Augen gebrauchst. Hör-, Geruchs-, Geschmacks- und Tastsinn stehen dir ebenfalls ganz natürlich zur Verfügung, ohne dass du ihren Gebrauch erst erlernen musstest. Mit anderen Worten, du kamst in einem physischen Körper auf die Welt, der von Anfang an in seinen Zellen über das Wissen verfügte, wie Schwingungen in sinnvolle Lebenserfahrungen übersetzt werden.

Du hast einen sechsten Sinn

Neben den fünf physischen Sinnen, deren Existenz dir klar bewusst ist, gibt es noch einen weiteren, weniger offensichtlichen Sinn – den Gefühlssinn.

Dieser sechste Sinn muss ebenfalls nicht erst trainiert werden, sondern funktioniert von Geburt an. So, wie man dir das Hören, Riechen oder Schmecken nicht beibringen musste, brauchst du auch kein Training, um deine Emotionen zu *fühlen*. Dass du dir deiner Gefühle bewusst bist, bringst du tagtäglich zum Ausdruck, wenn du Dinge sagst wie: »Meine Gefühle wurden verletzt.« »Ich bin glücklich.« »Ich fühle mich schlecht.« »Ich fühle mich einsam.« »Ich habe Schuldgefühle.«

In deinem Leben und dem Leben aller Menschen, die du kennst, spielen Gefühle eine große Rolle. Aber nur wenige Leute sind sich wirklich darüber im Klaren, wie mächtig und wertvoll ihre Gefühle sind. Deshalb möchten wir dir helfen, zu einem bewussteren Verständnis deiner Emotionen zu gelangen: Warum es sie eigentlich gibt; was sie bedeuten; und vor allem, wie du sie auf sinnvolle Weise nutzen kannst. Wir möchten dir zeigen, dass deine Gefühle dir präzise anzeigen, wie es um die Harmonie zwischen deinem *physischen Selbst* und deinem *Inneren Sein* bestellt ist.

Kehren wir also wieder zur Größeren Perspektive zurück

Du warst im Nicht-Physischen fokussiert – und bist es immer noch. Du hast einen Teil dieses Nicht-Physischen Bewusstseins in den physischen Körper projiziert, in dem du geboren wurdest. Mithilfe deiner physischen Sinne nimmst du deine Umwelt wahr und startest immer neue Wunschraketen. Dein Nicht-Physischer Teil, der weiterhin Nicht-Physisch fokussiert ist, sieht deine neuen Wünsche, richtet seine ganze Aufmerksamkeit auf sie und wird regelrecht zur Verkörperung dieser Wünsche – und nun liegt es an dir, an dem physischen Du, Schwingungsharmonie zu dieser neuen, expandierten, weiterentwickelten Version deines Selbst herzustellen, damit deine Wünsche sich in der physischen Realität manifestieren können.

Tag für Tag veranlassen deine physischen Lebenserfahrungen dich, zu expandieren. Jede Begegnung mit anderen Menschen, jedes Buch, das du liest, jedes Erlebnis veranlasst dich, immer neue Wunschraketen loszuschicken. Wenn sich jemand dir gegenüber unfreundlich benimmt, wünschst du dir, von anderen freundlich behandelt zu werden. Wenn man dich missversteht, wünschst du dir, besser verstanden zu werden. Wenn es dir an Geld, Gesundheit oder Freunden mangelt, wünschst du dir, dass dieser Mangel beseitigt wird. *Das Leben veranlasst dich unaufhörlich, nach mehr zu streben.* Mit anderen Worten, entsprechend deiner Wertmaßstäbe und Wahrnehmungen strebst du nach kontinuierlicher Verbesserung und Weiterentwicklung deines Selbst, und dein Nicht-Physischer Teil ist unaufhörlich bestrebt, alles für dich zu manifestieren, was du dir in deinem Streben nach ständiger Verbesserung wünschst.

Deine Gefühle sind absolut zuverlässige Indikatoren

Wenn deine momentane Wahrnehmung deiner Lebenssituation bei dir ein Gefühl eines Mangels weckt – sei es an Geld, Zeit, Klarheit oder Ausdauer –, entstehen daraus Wünsche. Wenn du weißt, was dir fehlt, weißt du meistens auch ziemlich genau, was du dir wünschst. Mit anderen Worten, wenn du gerade krank bist, gibt es in dir einen starken Wunsch nach Gesundheit. Und je mehr sich deine Wünsche entfalten und entwickeln, desto mehr entfaltet und entwickelt sich auch dein Nicht-Physischer Wesensteil.

Wenn du dir so gut über deine Natur im Klaren wärest, wie dein *Inneres Sein* es ist, könntest auch du deine ungeteilte Aufmerksamkeit neuen Ideen zuwenden. Dann würdest du eine intensive Lebenslust und Begeisterung verspüren, und eine wunderbare körperliche Vitalität. Mit anderen Worten, würdest du mit deinem Nicht-Physischen Selbst Schritt halten, würde diese innere Verbindung dir jeden Tag unglaubliche Freude bereiten. Hältst du dagegen nicht mit deinem *Inneren Sein* Schritt und baust inneren Widerstand auf, fühlst du dich dementsprechend unwohl.

Die Gefühle, die du in jedem Augenblick deines Lebens gerade spürst, sind die Indikatoren für die Schwingungsbeziehung zwischen deinem physischen Selbst und deinem Nicht-Physischen Selbst. Deine Gefühle zeigen dir an, ob deine momentan vorherrschenden Gedanken sich in Harmonie zu deinem *evolvierten Selbst*, der Ur-Kraft in dir, befinden. Wenn diese Schwingungen zusammenpassen – oder wenigstens einigermaßen angeglichen sind –, fühlst du dich gut. Wenn die Signale nicht zusammenpassen, fühlst du dich weniger gut. Daher ist es für deine bewusste Evolution von entscheidender Bedeutung, dass du auf deine Gefühle achtest und weißt, was sie dir sagen wollen. Einfach ausgedrückt, *du musst einen Weg finden, mit dem Schritt zu halten, was das Leben dir an Entwicklungsimpulsen liefert. Nur dann kann dein Leben so froh und schön werden, wie es eigentlich gedacht ist.*

Expansion und Evolution enden nie

Wenn du feststellst, dass du nicht genug Geld zur Verfügung hast, um dir deine Wünsche zu erfüllen, weckt das in dir einen starken Wunsch nach mehr Geld. Dein Schwingungsguthaben dehnt sich entsprechend aus und beinhaltet nun diesen Wunsch. Alle Erlebnisse während des Tages, die deinen Wunsch nach mehr Geld weiter verstärken, bewirken, dass in deinem Schwingungsguthaben dein Wunsch nach finanziellem Wohlstand weiter ausgestaltet und geformt wird.

Wenn deine Lebenserfahrung in dir die Erkenntnis auslöst, dass dein Körper nicht so aussieht oder sich so anfühlt, wie du es gerne hättest, wird dieser Wunsch ebenso Teil deines Schwingungsguthabens und durch jede weitere dementsprechende Erfahrung immer mehr verstärkt.

Wenn du den Eindruck hast, dass die Leute an deiner Arbeitsstelle dich unfreundlich behandeln, verstärkt das in dir den Wunsch nach Wertschätzung und Anerkennung. Wenn deine Arbeit dich langweilt, verstärkt das deinen Wunsch nach einer interessanten, sinnvollen Tätigkeit. Wenn einer deiner Kollegen befördert wird oder eine Gehaltserhöhung bekommt, verstärkt das deinen Wunsch nach Anerkennung und beruflichem Erfolg.

Wenn du allein lebst und dich einsam fühlst, verstärkt das deinen Wunsch nach einem Partner oder einer Partnerin. Wenn du ständig Streit mit deiner Partnerin oder deinem Partner hast, verstärkt das deinen Wunsch nach einer harmonischen, erfüllten Beziehung.

In jedem wachen Augenblick deines Lebens wertest du alle Sinnesdaten und Gefühlseindrücke aus, die du in sämtlichen Lebensbereichen empfängst, und die daraus resultierenden Wünsche bewirken eine unaufhörliche Expansion und Evolution deines Selbst – und des gesamten Universums. Jedes Detail deines Lebens, mit dem du unzufrieden bist, veranlasst dich, Bitten um Verbesserung auszustrahlen, und diese von dir ausgestrahlten Schwingungen bewirken, dass der größere Teil von dir (dein *Inneres Sein*, deine *Ur-Kraft*) jene Evolution verkörpert, nach der dein Leben verlangt.

Letztlich geht es immer nur darum, deine Gedanken in Schwingungsharmonie zu bringen

Auf den ersten Seiten dieses Buches hast du nun immer wieder gelesen, dass *du einen Weg finden musst, mit dem Schritt zu halten, was das Leben dir an Entwicklungsimpulsen liefert, weil nur dann dein Leben so froh und schön werden kann, wie es eigentlich gedacht ist.* Diese wichtige Prämisse ist nicht nur Grundlage dieses wertvollen Buches, sondern das Fundament für alle Freuden des Lebens.

Die Idee, dass der Wunsch nach einer Sache verstärkt empfunden wird, wenn man zu wenig von ihr hat, wird kaum jemand anzweifeln. Und niemand stellt infrage, dass man sich besser fühlt, wenn man etwas *bekommt*, das man sich *gewünscht* hat. Aber es gibt dabei einen wichtigen Aspekt, den du nicht außer Acht lassen solltest: *Es handelt sich hierbei um einen geistigen Prozess, nicht um physische Aktivität. Es geht darum, dass du deine Gedanken in Schwingungsharmonie bringst. Es geht nicht darum, durch physisches Handeln Resultate herbeizuführen.*

Wenn dein Leben dich veranlasst, dir mehr Geld zu wünschen, empfehlen wir dir nicht, dir einen anderen Job zu suchen oder dir durch andere äußere Maßnahmen mehr Geld zu verschaffen.

Wenn dein Leben in dir die Erkenntnis auslöst, dass du fünfzig Pfund Übergewicht hast, raten wir dir nicht dazu, dich einer strikten Diät zu unterziehen oder dir ein rigoroses sportliches Trainingsprogramm aufzuerlegen, um abzunehmen.

Wenn du im Beruf zu wenig Anerkennung erhältst, empfehlen wir dir nicht, dass du kündigst und dir eine andere Arbeitsstelle suchst, wo man deine Leistungen eher zu schätzen weiß.

Wenn du deine Wünsche leben möchtest, musst du zunächst einmal deine gedanklichen Energien harmonisieren. Du musst deine Aufmerksamkeit bewusst auf das Gewünschte richten, statt dich auf jene Zustände zu konzentrieren, die den Wunsch in dir geweckt haben. Zwar wirst du früher oder später auch den Impuls für konkrete physische Handlungen verspüren, die dich deinem Ziel näher bringen, aber zunächst musst du nach Harmonie in deiner Gedanken-Energie streben, nach energetischer Schwingungsharmonie.

Wenn du dich im Zustand der Schwingungsharmonie befindest, wird sich jede Handlung, die du aufgrund deiner inneren Inspiration unternimmst, wunderbar anfühlen.

Bist du nicht in Schwingungsharmonie, wird sich jede physische Handlung, die du zur Verwirklichung deiner Wünsche unternimmst, schwierig und problematisch anfühlen.

Bist du in Schwingungsharmonie, werden deine Handlungen wunderbare Resultate hervorbringen und in jeder Hinsicht erfolgreich sein.

Ohne Schwingungsharmonie wird alles, was du unternimmst, in Misserfolg und Enttäuschung enden, sodass du entmutigt feststellen wirst: »Das will einfach nicht funktionieren!«

Schwingungsharmonie fühlt sich gut an und bringt Erleichterung

Wenn wir dir empfehlen, deine Schwingungen zu harmonisieren, meinen wir damit nur die Schwingungen innerhalb deines eigenen Selbst. Das hat gar nichts mit dem Verhalten anderer Leute zu tun. Damit tun sich viele von euch schwer, weil sie glauben, ihre Probleme hätten ausschließlich etwas mit dem Verhalten anderer zu tun. »Müssen sich also *diese* Leute nicht verändern, damit ich mich besser fühlen kann?«, fragen sie.

Es stimmt, dass der Umgang mit anderen Menschen in eurem Leben eine große Rolle spielt und oft eine Quelle für Unbehagen oder Probleme ist. Aber die Lösung besteht nicht daran, dass du von den anderen verlangst, *sie* müssten sich ändern. Die meisten von ihnen werden dir diesen Gefallen ohnehin nicht tun. Und selbst wenn sie dazu bereit *wären*, können sie dennoch nicht ständig so sein, wie du es gerne hättest, um dich gut zu fühlen. Die Lösung, um dich gut zu fühlen, kann immer nur sein, dass du deine innere Energie harmonisierst. Wie wir bereits gesagt haben, geht es darum, dass du mit dem Schritt hältst, zu dem der größere Teil von dir bereits geworden ist.

Nehmen wir beispielsweise an, du hast einen wirklich guten Tag: Du bist ausgeschlafen, hast gut gegessen und beschäftigst dich mit einem Projekt, das dir Freude macht – und dann kommt jemand, der dir wichtig ist, mit einem Problem zu dir. Es gibt nun nicht nur ein Problem, sondern diese Person möchte außerdem, dass du etwas tust, um das Problem zu lösen. Vielleicht ist es dein Ehepartner, eines deiner Kinder, ein Mitarbeiter, ein Klient, ein Freund oder vielleicht sogar jemand, den du überhaupt nicht kennst. Sagen wir beispielsweise, es handelt sich um einen deiner Angestellten, den du sehr schätzt, und er hat ein zwischenmenschliches Problem mit anderen Angestellten, die du ebenfalls schätzt.

Während du nun diesem Angestellten zuhörst, wie er dir die Situation aus seinem Blickwinkel schildert, spürst du, dass dein persönliches Glücksgefühl schwächer wird, deine Vitalität und deine geistige Klarheit werden beeinträchtigt. Du fühlst dich plötzlich traurig, müde und verwirrt. Du hörst ihm höflich zu und versuchst krampfhaft, eine Lösung für sein Problem zu finden, während du dir seine Beschreibung der Situation anhörst. Du merkst, wie du dich überfordert fühlst und sich bei dir innerer Widerstand aufbaut, denn dir wird klar, dass du weder über die Zeit noch über das nötige Wissen verfügst, um genug Informationen für eine rationale Entscheidung zu sammeln, mit der sich eine Lösung des Problems herbeiführen ließe. Du möchtest diese Informationen sammeln, vielleicht mit den anderen Beteiligten sprechen, um dir ein klares Bild zu verschaffen. Aber als du weitere Gespräche führst und Vorschläge zur Problemlösung machst, fühlst du dich noch schlechter als vorher.

Je mehr du zuhörst und diskutierst – und mit je mehr Leuten du über die Situation sprichst –, desto ohnmächtiger fühlst du dich. Dir wird immer klarer, dass es dir einfach nicht gelingen will, zum Kern des Problems vorzudringen und eine brauchbare Lösung zu finden. Zwar hast du die Macht, durchgreifende Entscheidungen zu treffen (schließlich sind es deine Angestellten, und wenn du willst, kannst du sie alle hinauswerfen und mit einem anderen, besser harmonierenden Team neu beginnen), aber du spürst, dass auch das nichts bringen wird.

Auch wenn du dir dessen in diesem Moment vielleicht nicht bewusst bist, bietet diese Situation dir eine wundervolle Gelegenheit für Evolution und Expansion, denn inmitten dieses nervenaufreibenden Durcheinanders startest du viele energievolle Wunschraketen. Jedes Mal wenn dir, während du die Probleme deiner Angestellten zu entwirren versuchst, deutlich bewusst wird, was du *nicht* willst, wird eine dem entgegengerichtete Wunschrakete gestartet, und dein größerer Nicht-Physischer Teil geht jedes Mal unverzüglich in *Schwingungsharmonie* zu diesen Wünschen. Und bei dem Unbehagen, das du verspürst – und das eine Reaktion auf das zu sein scheint, was deine Angestellten dir sagen –, handelt es sich eigentlich um die Disharmonie zwischen deinen momentanen, auf die Probleme gerichteten Gedanken und deinen neuen Wünschen, für die dein *Inneres Sein* sich bereitwillig öffnet.

Daher schwingst du innerlich nicht im Gleichklang, und wenn eine solche Schwingungsdisharmonie in dir besteht, kannst du in der Außenwelt nichts *tun*, um das Problem zu lösen. Du bist dann nicht in der Lage, wirkungsvolle Handlungen oder Worte, ja noch nicht einmal Gedanken oder Ideen zu finden, denn du bist in einem Zustand der Disharmonie. Und alles, was du in einem solchen Zustand zu tun versuchst, würde die Situation nur zusätzlich verschlimmern.

Wären wir an deiner Stelle, würden wir uns vor allem auf eines konzentrieren: Wir würden nach einem Weg suchen, uns besser zu fühlen, also bezüglich dieses ungeklärten Problems nach einer Form von emotionaler Erleichterung streben. Wenn du dann Erleichterung spürst, zeigt das an, dass du auf dem Weg bist, deine Energie zu harmonisieren.

Mit dem Strom schwimmen

Stell dir vor, du würdest dein Kanu in einen Fluss schieben und es in der Strömung treiben lassen. Dann jedoch wendest du es und paddelst mit aller Kraft *gegen* die Strömung an. Wenn wir das sähen, würden wir dich fragen: »Warum tust du das? Warum lässt du dich nicht einfach *flussabwärts* treiben?«

Die meisten Leute würden dann antworten: »Mich einfach treiben lassen? Aber dann wäre ich ja faul!«

»Aber wie lange kannst du denn diese Anstrengung durchhalten?«, fragen wir.

»Keine Ahnung«, bekommen wir zur Antwort. »Aber es ist meine Pflicht und Verantwortung, mich möglichst hart zu bemühen.« Und: »Das machen hier alle so. Meine Mutter hat es schon so gemacht, und ihre Mutter hat es auch schon so gemacht.« »Jeder, der es zu etwas bringen will, paddelt fleißig *gegen* den Strom.« »Den hart arbeitenden Menschen, die besonders lange *gegen* den Strom gekämpft haben, werden Orden verliehen und man baut Denkmäler für sie.« »Und nach dem Tod werden die, die so schwer arbeiten, besonders belohnt.«

Wir beobachten, wie ihr immer effizienter werdet, wenn ihr lange Zeit gegen den Strom anpaddelt. Eure Muskeln werden stärker, eure Boote werden schnittiger, und ihr entwickelt immer wirkungsvollere Paddel. Und stets lauschen wir geduldig euren zahlreichen Erklärungen dafür, warum ihr so verbissen gegen den Strom schwimmt. Aber wir antworten unseren physischen Freunden stets das Gleiche: *Keines der Dinge, die ihr euch wünscht und herbeisehnt, findet ihr stromaufwärts!*

Wir wissen das so genau, weil wir den Fluss kennen. Wir kennen seinen Ursprung, und wir sehen, wie er auf seiner Reise immer breiter und stärker wird. Wir kennen die Natur dieses Flusses und wissen, warum er so fließt, wie er es tut, und wir wissen, wohin dieser Fluss euch trägt, wenn ihr es geschehen lasst.

Dieser Fluss ist der Strom des Lebens, und es gab ihn schon lange Zeit, bevor ihr in eurer physischen Gestalt auf die Welt kamt. Und aus der Nicht-Physischen Perspektive gesehen, tragt ihr selbst zu dem Fluss bei – indem ihr eure Lebenseindrücke auswertet und daraus immer neue Wünsche entwickelt.

Jedes Mal wenn dein Leben dich veranlasst, dir etwas zu wünschen, das über das hinausgeht, was du bisher gelebt hast, reitet dein Nicht-Physischer Teil auf dieser Wunschrakete und wird ganz buchstäblich zur Erfüllung deiner Bitte. ... Jede Frage, die du stellst, bewirkt das Formulieren einer Antwort, und dein *Inneres Sein* fokussiert sich auf diese Antwort. Für jedes Problem, mit dem du konfrontiert wirst, gibt es eine Lösung, und dein *Inneres Sein* fokussiert sich nicht nur auf diese Lösung, sondern wird zu ihrem Schwingungsäquivalent.

Wenn du es zulässt, dann trägt dieser schnell dahinfließende Fluss dich stromabwärts zur Erfüllung all deiner Wünsche – denn all das wartet bereits in deinem Schwingungsguthaben auf dich. Du musst dich nur dem Fluss anvertrauen.

Dein Inneres Sein ist bereits in Schwingungsharmonie

Wenn dein Leben einen Wunsch in dir weckt, wird dein größerer *Nicht-Physischer Teil*, deine *Ur-Kraft*, dein *Inneres Sein* zum *Schwingungsäquivalent* dieses Wunsches. Darüber haben wir bereits gesprochen, als wir dir sagten, dass du dich unaufhörlich weiterentwickelst und damit die Expansion deines *Inneren Seins* bewirkst.

Das *Gesetz der Anziehung* ist das machtvollste Gesetz im Universum – es managt die Schwingungen von allem, was existiert, sei es sichtbar oder unsichtbar, elektronisch oder materiell, physisch oder Nicht-Physisch. Einfach ausgedrückt besagt dieses Gesetz: *Dinge, deren Schwingungsessenz gleichartig ist, ziehen sich gegenseitig an.* Viele Menschen sind sich der Wirkung dieses Gesetzes bewusst, sei es im gut erforschten Bereich der elektronischen Physik oder in ihrer persönlichen Erfahrung, wo sie immer wieder feststellen, dass ihre gewohnheitsmäßigen Gedanken Erlebnisse und Situationen anziehen, die perfekt zu diesen Stimmungen und Ansichten passen.

Das machtvolle *Gesetz der Anziehung* reagiert auf die Schwingungen deiner Wünsche, also auf die Expansion deines *Inneren Seins*, und lässt den Strom fließen. Dieser Strom des Lebens ist nichts anderes als die Kraft, die freigesetzt wird, wenn das *Gesetz der Anziehung* auf deine Wünsche reagiert.

Die große Frage, die du dir stellen solltest, lautet: Wie verhalte ich, in meiner physischen Form, mich gegenüber der Schwingung meines expandierenden Inneren Seins? Halte ich schwingungsmäßig mit der Evolution und Expansion mit, zu denen meine Wünsche mein Inneres Sein veranlassen?

Die Schwingungsdisharmonie zwischen dir und deinem Nicht-Physischen Teil

Weil das Leben dich zur Expansion angeregt hat und weil das *Gesetz der Anziehung* auf die Schwingung deines expandierten Selbst reagiert, kannst du jetzt bewusst deine Reaktion auf diese Energie spüren, die in Richtung der Erfüllung deiner Wünsche fließen will. Und dieses Spüren der Energie ist das, was ihr Gefühle nennt. Wenn deine Gedanken in diesem Augenblick im Einklang mit der Schwingung deines Größeren Selbst stehen, spürst du diese Harmonie in Form von positiven Gefühlen. Stehen aber deine momentanen Gedanken nicht im Einklang mit der Schwingung deines Größeren Selbst, spürst du die *Dis*harmonie in Form von negativen Gefühlen.

Kehren wir also zu der Analogie mit dem Kanu im Fluss zurück: *Wenn du dich frei im Fluss treiben lässt, ohne inneren Widerstand, schließt du die Kluft zwischen deinem momentanen Zustand und deinen Wünschen, die in deinem Inneren Sein bereits Wirklichkeit sind, und dementsprechend stellen sich dann positive Gefühle ein. Paddelst du jedoch gegen die Strömung an und leistest somit Widerstand gegen den natürlichen Fluss deiner Evolution, stellen sich negative Gefühle ein, die dir diesen inneren Widerstand anzeigen.*

Deine Gefühle als Messinstrumente

Würde dich jemand anrufen, der dir völlig unbekannt ist, und zu dir sagen: »Hiermit informiere ich Sie, dass ich Sie nie wieder kontaktieren werde«, würdest du denken: »Na und? Was soll's?« Du wärest weder traurig noch enttäuscht. Würde das aber ein Mensch zu dir sagen, den du gut kennst und der dir viel bedeutet, würdest du starke negative Gefühle spüren.

Deine Gefühle zeigen dir immer an, wie es um die Schwingungsrelation zwischen deinen Wünschen und deinen gegenwärtigen Gedanken bestellt ist, also gewissermaßen den Unterschied zwischen deinem Wunsch und deiner momentanen Überzeugung oder zwischen deinem Wunsch und deinen Erwartungen.

Wenn du zum Beispiel stolz auf dich bist, zeigt dieses Gefühl an, dass die Schwingung (oder der Gedanke) deines *Inneren Seins* und die Schwingung (oder der Gedanke), der hier und jetzt in dir vorherrscht, übereinstimmen. Wenn du dich schämst oder dir etwas peinlich ist, zeigen diese Gefühle dir an, dass du momentan Gedanken über dich selbst hegst, die sich sehr stark von dem unterscheiden, was dein Nicht-Physischer Teil über dich denkt.

Ehe du deine Gefühle sinnvoll deuten und dich von ihnen leiten lassen kannst, musst du dir klarmachen, dass du ein Wesen bist, das über zwei unterschiedliche Perspektiven verfügt, die ständig neu miteinander in Bezug gesetzt werden. Wenn dir klar ist, dass dein *Inneres Sein* oder dein *evolutionärer* Wesensteil immer an vorderster Front der Entwicklung steht und dich ständig ruft, ihm zu folgen, verstehst du das Gefühl der Leidenschaft und Begeisterung, das dich immer dann packt, wenn du diesem Fluss der Evolution folgst und nach der Erfüllung deiner Wünsche strebst. Und dann ist dir auch klar, warum du dich unwohl und unzufrieden fühlst, wenn du dich dem Ruf deines größeren Selbst widersetzt.

Ob es dir nun passt oder nicht: Wenn du Freude erfahren möchtest, bleibt dir nichts anderes übrig, als dich zu öffnen und in Reaktion auf die Wünsche, die das Leben in dir weckt, dein volles evolutionäres Potenzial zu entfalten.

Deine Gefühle zeigen dir den Grad deiner Schwingungsharmonie an

Täglich durchlebst du in Reaktion auf deine Wahrnehmungen und Gedanken zahlreiche unterschiedliche Gefühle. Jedes Gefühl, sei es gut oder schlecht, ist ein Schwingungsindikator. Es zeigt dir an, wie du in Relation zu deinem Größeren Selbst schwingst. Deine Gefühle zeigen an, ob du mit dir selbst Schritt hältst oder nicht.

Mit der Zeit habt ihr es euch angewöhnt, euren Gefühlen viele Namen zu geben. Und weil schon eine große Anzahl von Individuen diese Gefühle erfahren hat, seid ihr im Laufe vieler Generationen zu einer ziemlich einheitlichen Auffassung darüber gelangt, was ihr fühlt und mit welchen Worten ihr diese Gefühle beschreibt.

Wir finden es sehr erstrebenswert für euch, Gefühle von Begeisterung, Liebe und Freude zu erleben statt Angst, Hass und Wut. Aber weil wir wissen, welche schwingungsmäßigen Ursachen diese Gefühle haben, raten wir euch nicht, vom Gefühl der Angst unmittelbar zum Gefühl der Freude zu springen, denn der Schwingungsunterschied zwischen diesen beiden Emotionen ist so groß, dass euch das gar nicht möglich wäre. Und es gibt auch gar keinen Grund, diesen Sprung zu machen, denn wenn ihr euch schrittweise, allmählich in Richtung positiver Gefühle bewegt, genügt das vollauf.

Stromaufwärts erwartet dich nichts Wünschenswertes

Alles, was du rings um dich siehst (Land, Himmel, Flüsse, Gebäude, ja sogar Menschen und Tiere), hat zunächst als *Gedankenschwingung* existiert, ehe es physische Gestalt annahm. Auch wenn viele von euch sich dessen nicht bewusst sind, befindet ihr euch an vorderster Front der Evolution. Darüber hinaus seid ihr so gut darin, mittels eurer körperlichen Sinne Schwingung in physische Erfahrung zu übersetzen, dass ihr den Übersetzungsvorgang selbst gar nicht bemerkt. Es ist einfach euer Leben, und ihr lebt es.

Macht ihr euch aber einmal mit dem Konzept vertraut, dass alles, was ihr in manifestierter Gestalt in eurer physischen Umwelt wahrnehmt, zunächst als *Gedankenform* existiert hat, werdet ihr das größere Bild der Schöpfung begreifen. Dann werdet ihr nicht nur eine klarere Vorstellung davon haben, wie das, was ihr »das wirkliche Leben« nennt, ins Dasein gerufen wird, sondern ihr werdet außerdem den Strom des Lebens *spüren*, aus dem alle Dinge hervorgehen und der sie in nie endender Evolution vorwärts trägt.

Wenn wir sagen, dass *stromaufwärts* nichts Wünschenswertes auf dich wartet, meinen wir damit, dass deine Wünsche – weil du bereits über sie nachgedacht und um ihre Erfüllung gebeten hast – schon im Werden sind. Sie werden bereits erschaffen. *So, wie ein runder Gegenstand einen Berg hinabrollt, ohne dafür einen Motor oder zusätzlichen Krafteinsatz zu benötigen, rollen auch deine Wünsche sozusagen mühelos und natürlich ihrer Verwirklichung entgegen. Sobald dein Leben dich veranlasst hat, eine Wunschrakete zu starten, ist damit deine Arbeit erledigt. Den Rest besorgen die Kräfte und Gesetze der Natur.*

Unsere Analogie des Flusses eignet sich am besten, um dieses Muster der natürlichen Evolution zu veranschaulichen: *Jeder deiner Wünsche, ob groß oder klein, trägt zur Strömung dieses Flusses bei. Und alles, was du dir jemals gewünscht hast, befindet sich stromabwärts, wo es von dir leicht erreicht, in Besitz genommen und gelebt werden kann.*

Dein Leben fließt in einem natürlichen Zyklus

Uns gefällt diese Analogie von dir in einem Kanu auf dem Fluss, weil sie so schön veranschaulicht, wie sinnlos es ist, gegen den Strom zu schwimmen. Wenn du dich daran erinnerst, dass du eigentlich *Ur-Kraft* bist, Ursprungsenergie, die in einen physischen Körper hineingeboren wurde, um Wünsche hervorzubringen, die die Evolution vorantreiben, begreifst du den wahren Fluss des Lebens. Die Ur-Kraft selbst wird zur Verkörperung, zur Manifestation deiner Wünsche und ruft dich, damit du dich entwickelst und nach Schwingungsharmonie mit deinem Größeren Selbst strebst. Und wenn dir das klar ist, weißt du, wie sinnlos es ist, *gegen diesen Strom* anzupaddeln.

Integriere die folgenden Ideen in dein Denken und mache sie zu den Eckpfeilern deines Seins. Das wird dich in die Lage versetzen, ein Leben in Freude zu führen und jene Absicht zu erfüllen, mit der du geboren wurdest.

- Vor deiner Geburt hast du dich aus der Perspektive deines Nicht-Physischen Selbst, deiner *Ur-Kraft*, bewusst dafür entschieden, in diesem physischen Körper geboren zu werden.

- Aus deiner *Nicht-Physischen* Perspektive heraus hast du die Idee deines *physischen Selbst* entwickelt.

- *Das Gesetz der Anziehung hat auf diese Idee reagiert und deine physische* Manifestation herbeigeführt.

- Jetzt, in diesem Körper, bringst du immer neue Ideen und Wünsche zur Expansion und Evolution deines Lebens hervor.

- Das *Gesetz der Anziehung* reagiert hier und jetzt auf deine Ideen und Wünsche und bewirkt deren physische Manifestation.

- Dieser unaufhörliche evolutionäre Prozess – bei dem das *Gesetz der Anziehung* auf die von dir und anderen Wesen ausgestrahlten Gedanken reagiert – ist der Fluss des Lebens.

Wenn du die ewige Natur deines Wesens bewusst akzeptierst, wird es dir nicht schwerfallen, das Konzept einer nie endenden Expansion und Evolution des Universums zu begreifen.

Wenn du bewusst akzeptierst, dass du ein sich ewig weiterentwickelndes, ewig expandierendes Wesen bist, dann erkennst du, wie sinnvoll es für dich ist, in einer physischen Umwelt von fantastischer Vielfalt zu leben, in der ständig neue Wünsche und Ideen geboren werden.

Wenn du dir klarmachst, dass du ein Ewiges Wesen bist, das sich hier auf der Erde physisch verkörpert hat, wirst du viel besser verstehen, wie der Prozess der Schöpfung vor sich geht.

Wenn du dich erinnerst, dass dein *Inneres Sein* immer auf die expandierenden Ideen antwortet, die durch dein physisches Leben hervorgebracht werden, erkennst du die Kraft des Lebensstroms.

Und wenn du schließlich noch begreifst, dass das Ge*setz der Anziehung* auf jede deiner Ideen, jeden deiner Wünsche mit derselben Energie antwortet, die Welten erschafft, wird dir umso klarer bewusst werden, welche gewaltige Kraft dem Lebensstrom innewohnt.

Da wir die *Gesetze des Universums* sehr gut überblicken, wissen wir, welche wichtige Rolle du in diesem Universum spielst. Wir versichern dir und erinnern dich daran, dass du alles, was du dir wünschst, dann erlangen kannst, wenn du dich auf dem großen Fluss der Schöpfung *stromabwärts* bewegst. Und wenn du dich wirklich entspannst und die Reise genießt, wirst du das unvermeidliche Wohl-Sein erleben, das dein wahres Geburtsrecht ist. Dann lebst du dein Leben so, wie du es vor deiner physischen Geburt beabsichtigt hattest.

Lass einfach das Paddel los

Die meisten Leute versuchen ständig, die Entfernung zwischen ihrer augenblicklichen Position und ihrem Ziel zu berechnen. »Wie weit muss ich noch reisen? Was muss ich noch alles tun? Wie viele Kilos muss ich noch abspecken? Wie viel Geld werde ich brauchen?« Das liegt daran, dass ihr, in eurer physischen Form, ausgesprochen *handlung*sorientiert seid.

Wenn du aber einmal damit beginnst, eher in *Schwingungen* zu denken, statt dich ausschließlich mit physischer Aktivität zu befassen, wenn du dein Augenmerk eher auf die *Gedanken* richtest statt auf *Zeit*, *Raum* und *Entfernung*, wird es dir viel besser gelingen, die Kluft zwischen deinem Ist-Zustand und der Erfüllung deiner Wünsche zu überbrücken.

Selbst wenn wir euch Analogien wie die von dem Kanu im Fluss anbieten, neigt ihr trotzdem noch dazu, euren gewohnten Aktionismus beizubehalten. Mit anderen Worten, wenn unsere physischen Freunde eingesehen haben, dass sich das, was sie sich wünschen, *stromabwärts* befindet, wollen sie sich beeilen und so schnell wie möglich dorthin gelangen: »Wie kann ich noch schneller *stromabwärts* reisen? Ich werde mich besser konzentrieren. Ich werde mich mehr anstrengen. Ich werde länger arbeiten.«

Doch wenn du eine solche Haltung einnimmst, bewirkt das nur, dass du dich wieder *stromaufwärts* bewegst. Wenn du dich *stromabwärts* bewegst, ist es nicht nötig, dass du einen Motor an deinem Kanu anbringst, um schneller voranzukommen. Die Strömung wird dich tragen. ... Lass dein Paddel einfach los.

Wenn du nicht länger gegen die Strömung ankämpfst, also das Paddel loslässt und dich in dein Wohl-Sein hinein entspannst, wird der Fluss, der sich immer in Richtung auf deine Wünsche bewegt, dich zur Erfüllung deiner Träume tragen.

Wenn du glaubst, du müsstest Widerstände überwinden, bewirkt das automatisch, dass du *gegen den Strom* schwimmst. Machst du dir aber bewusst, dass alle deine Wünsche für dich leicht erreichbar sind, bewegst du dich *stromabwärts*. Dann praktizierst du die *Kunst des Sichöffnens*, die Kunst der Wunscherfüllung. Damit öffnest du dich für dein evolutionäres Potenzial.

Das Gesetz der Anziehung funktioniert immer auf Anhieb

Es gibt drei machtvolle *Universelle Gesetze*, über die du unbedingt Bescheid wissen solltest, wenn du ein erfülltes, selbstbestimmtes Leben führen willst. Das dritte dieser Gesetze ist das *Gesetz des Sichöffnens*. Eigentlich erscheint es logisch, dass wir die *Gesetze* eines nach dem anderen erläutern, vom ersten bis zum dritten – und genau das haben wir in unseren vorherigen Büchern getan. Diesmal wollen wir aber besonderes Gewicht auf das dritte *Gesetz* legen, denn ihr alle seid in erster Linie in diese Zeit und an diesen Ort gekommen, um dieses *Gesetz des Sichöffnens* zu meistern. Dieses *Gesetz* müsst ihr immer wieder erproben und anwenden, um eure Bestimmung als Bewusste Schöpfer zu erfüllen. Das erste *Gesetz*, das *Gesetz der Anziehung*, müsst ihr nicht trainieren, und das könntet ihr auch gar nicht, denn dieses *Gesetz* existiert in jedem Partikel des Universums – es *ist*.

So, wie das irdische Gesetz der Schwerkraft nicht trainiert werden muss, weil es bei jeder Form von Materie immer wieder in der gleichen Weise wirksam wird, musst du auch die Anwendung des *Gesetzes der Anziehung* nicht üben. Es gibt keine »Schwerkraft-Lehrer«, die dir beibringen, wie man nicht aufwärts fällt, weil es einfach keine Option ist, aufwärts statt abwärts zu fallen – und auch kein Problem. Und genauso wenig musst du üben, damit das *Gesetz der Anziehung* in richtiger Weise auf dich reagiert ... denn es bringt immer die Dinge zu dir, die zu den von dir ausgestrahlten Schwingungen passen, und zwar selbst dann, wenn du von diesem *Gesetz* überhaupt keine Ahnung hast.

Das zweite *Gesetz* ist das *Gesetz der Bewussten Schöpfung*. Wenn du *bewusst* deine Aufmerksamkeit und deine Gedanken auf das gewünschte Resultat richtest, kannst du jeden Wunsch verwirklichen. Die Anwendung dieses machtvollen *Gesetzes* hat die Manifestation des herrlichen Planeten bewirkt, auf dem ihr lebt, und aller Dinge, die ihr darauf seht. Und in der gleichen Weise, wie die Nicht-Physische *Ursprungsenergie* dieses *Gesetz* anwandte – und so durch machtvolle konzentrierte Aufmerksamkeit diese Umwelt erschuf, die ihr das Leben auf dem Planeten Erde nennt –, setzt ihr diesen Schöpfungsprozess aus eurer physischen Perspektive heraus fort.

Das Gesetz des Sichöffnens praktizieren

Zwar ist eure Kenntnis der beiden ersten *Gesetze* von großem Wert für euch und *Alles-was-ist, aber eure eigentliche persönliche Macht liegt in der Kenntnis und Anwendung des dritten Gesetzes.*

Das *Gesetz der Anziehung* besagt: »Dinge, deren Schwingungsessenz gleichartig ist, ziehen sich gegenseitig an.« Das bedeutet zum Beispiel: Solange du das Gefühl hast, dass andere dich nicht wertschätzen, kann das *Gesetz der Anziehung* dich nicht mit Menschen zusammenbringen, die dich wertschätzen. Das würde der Wirkungsweise dieses Gesetzes widersprechen.

Wenn du dich dick und unansehnlich fühlst, kannst du dich nicht in einen Bewusstseinszustand versetzen, der es dir ermöglichen würde, einen sich gut anfühlenden, gut aussehenden Körper zu haben. Auch das würde dem *Gesetz der Anziehung* zuwiderlaufen.

Wenn du dich wegen deiner finanziellen Situation entmutigt fühlst, kann diese Situation sich nicht verbessern. Entmutigung und eine Verbesserung der Situation schließen einander aus, denn das *Gesetz der Anziehung* lässt nur zusammenkommen, was auf der gleichen Welle schwingt.

Wenn du wütend bist, weil Leute dich ausnutzen, belügen oder gar dein Eigentum beschädigen, kann nichts, was du unternimmst, dieses Verhalten der Leute ändern, denn das wäre ein Verstoß gegen das *Gesetz der Anziehung*.

Das *Gesetz der Anziehung* spiegelt einfach präzise wider, welche Schwingungen du ausstrahlst. Kurz gesagt: Alles, was dir widerfährt, passt perfekt zu deiner gegenwärtig vorherrschenden *Schwingungsfrequenz* – und deine Gefühle zeigen dir an, welche Schwingungen du jeweils aussendest.

Viele Menschen treffen, wenn sie das machtvolle Wirken dieses *Gesetzes* erkannt haben, eine bewusste Entscheidung, künftig ihre Gedanken stärker zu kontrollieren, weil sie nun sehen, wie wichtig zielgerichtetes Denken ist. Sie versuchen, ihr Denken durch eine Vielzahl von Methoden zu kontrollieren – was von Hypnose, dem Versuch, unbewusste Gedanken zu kontrollieren, bis zu Meditationen, Affirmationen und anderen starken Methoden der Bewusstseinskontrolle reicht.

Aber es gibt einen viel einfacheren Weg der Bewussten Schöpfung deiner eigenen Erfahrungen und der Erfüllung deiner Lebensträume: die praktische Anwendung der *Kunst des Sichöffnens*, der Kunst der Wunscherfüllung. Dabei werden die Gedanken bewusst in die von dir gewünschte Richtung gelenkt, und zwar auf sanfte Weise, ohne starken Zwang oder Druck. Und je besser du ein Gespür für den mächtigen Strom des Lebens bekommst und erkennst, wer du wirklich bist, desto mehr wird die *Kunst des Sichöffnens* dir zur zweiten Natur werden. Du wirst erkennen, dass deine wahre Lebensaufgabe einfach darin besteht, dir deine Wünsche zu erfüllen, indem du Schwingungsharmonie mit deinem wahren, Größeren Selbst herstellst.

Folge dem Strom des Wohl-Seins

Daher widmen wir dieses ganze Buch der Aufgabe, dir zu zeigen, wie du dem Strom deines natürlichen Wohl-Seins folgen kannst. Wir werden auf fast alle denkbaren Lebenssituationen eingehen und dir Vorschläge machen, wie du dein Kanu wenden und *mit* der natürlichen Strömung schwimmen kannst, statt gegen sie anzukämpfen. Wir werden dir helfen, deine erstaunliche angeborene Wahrnehmungsfähigkeit wiederzuentdecken, mit deren Hilfe du deinen wahren Weg sicher finden wirst. Wir zweifeln nicht daran, dass die Lektüre dieses Buches dich in die Lage versetzen wird, dir wieder der Macht deiner Gefühle bewusst zu werden. Und dann kann das natürliche Wohl-Sein, das in deinem größeren Nicht-Physischen Selbst bereits verwirklicht ist, endlich ungehindert in deine physische Welt strömen.

Es gibt vor allem ein Missverständnis, das die Leute daran hindert, ihr Leben in den Griff zu bekommen und zu persönlicher Harmonie zurückzufinden, und zwar der Glaube, *sie müssten sofort in den gewünschten Zustand gelangen, so schnell wie irgend möglich.* Natürlich verstehen wir, dass ihr möglichst schnell Antworten auf eure Fragen und Lösungen für eure Probleme finden wollt, aber, glaubt uns, diese Ungeduld arbeitet gegen euch! Wenn du es *übermäßig eilig* hast, so schnell wie möglich an einen anderen Ort zu gelangen, baust du damit einen starken inneren Widerstand gegen deinen momentanen Aufenthaltsort oder deine augenblickliche Situation auf. Das bedeutet: Du paddelst *stromaufwärts*, also gegen die Strömung. Aber deine Herangehensweise hat einen noch wichtigeren Mangel: *Dein Glaube, möglichst schnell einen besseren Ort erreichen zu müssen, verleitet dich dazu, die Kraft, Richtung und Verheißung des Flusses zu missachten. Und wenn du diese Dinge vergisst, wendest du dich von deinem wahren Sein und deinen großen Möglichkeiten ab.*

Betrachte also erneut unsere *Stromaufwärts/Stromabwärts*-Analogie. Stelle dir vor, was es für eine *Erleichterung* wäre, wenn du, nachdem du längere Zeit mühsam *stromaufwärts* gepaddelt hast, plötzlich mit dem Paddeln aufhörst und es einfach geschehen lässt, dass die Strömung dein Kanu herumdreht und dich *stromabwärts* trägt. Sage dir nun zusätzlich, dass dieser Fluss des Lebens wohltätig und weise ist und dich immer in die richtige Richtung befördert. Male dir aus, wie du entspannt in deinem Kanu liegst, die natürliche Strömung spürst und vom sicheren Wissen erfüllt bist, dass dieser Fluss dich deinem Wohl-Sein und der Erfüllung deiner Wünsche entgegenträgt.

Du selbst trägst zur Kraft der Strömung bei

Die nachfolgenden Buchseiten haben das Potenzial, dich sehr schnell in Einklang mit allem zu bringen, was du dir jemals gewünscht hast. Aber dieser Einklang kann nur entstehen, wenn du die tiefe Wahrheit unserer Fluss-Analogie wirklich akzeptierst.

Akzeptiere, dass du aus deiner Nicht-Physischen Perspektive bestimmte Absichten in diese Welt mitgebracht hast und dass diese Absichten zur Kraft des Flusses beitragen. Akzeptiere, dass das Leben, das du in deinem physischen Körper lebst, immer neue Wünsche in dir weckt, die zur Kraft des Flusses beitragen. Und akzeptiere vor allem, dass dein *Inneres Sein*, die *Ur-Kraft* in dir, sich bereits in Schwingungsharmonie mit deinen Wünschen befindet und das *Gesetz der Anziehung* machtvoll die Manifestation dieser Wünsche vorantreibt. *Dann* verstehst du, wie ungeheuer stark die Strömung dieses Flusses ist.

Bevor du also weiterliest, lehne dich einen Moment zurück und denke über diesen wunderbaren mächtigen Strom des Wohl-Seins nach, der unaufhörlich in Richtung deiner Entfaltung und Erfüllung fließt. ...

Nun bist du vorbereitet, den *Stromaufwärts/Stromabwärts*-Vergleich auf alle Aspekte deines Lebens anzuwenden. Du bist jetzt in der Lage, Gedanke für Gedanke zu prüfen, ob du *gegen* die Strömung ankämpfst oder *mit* ihr schwimmst. Und damit kannst du stets genau sagen, ob du dabei bist, die Kluft zwischen deinem physischen Selbst und deinem *Inneren Sein* zu schließen, oder ob du diese Kluft künstlich aufrechterhältst oder gar vergrößerst.

Teil 2

Der praktische Umgang mit der Macht der Gefühle

Einige Beispiele, die dir helfen, das Paddel loszulassen

Wir präsentieren dir auf den folgenden Seiten Beispiele für Situationen, in denen Menschen sich häufig nicht in Schwingungsharmonie mit ihren Wünschen befinden. Dabei werden wir auf Wünsche, die den physischen Körper betreffen, ebenso eingehen wie auf eure zwischenmenschlichen Beziehungen, eure Lebensbestimmung, berufliche und finanzielle Probleme. Wir haben diese Beispiele aus den Schwingungen des Massenbewusstseins gesammelt, in dem ihr euer Leben lebt und dabei immer neue Wünsche nach Verbesserung und Expansion aussendet.

Manche dieser Beispiele werden in Bezug zu Dingen stehen, die für dich gegenwärtig von Bedeutung sind, während andere dir im Moment nur wenig sagen werden. Aber es wird hilfreich für dich sein, auch diese zu lesen, auch wenn es dabei nicht um »deine« persönlichen Probleme geht, denn diese Beispiele werden dir ein vollständiges

Verständnis der *Kunst und Wissenschaft der Bewussten Schöpfung* vermitteln.

Bei einigen Beispielen wirst du vielleicht Unbehagen empfinden, weil du die darin beschriebenen Wünsche für falsch oder unangemessen hältst. Wenn du dir beispielsweise ernstlich Sorgen um deine Gesundheit machst und gerade einen Abschnitt liest, in dem wir ausführlich auf die Verbesserung des zwischenmenschlichen Klimas am Arbeitsplatz eingehen, ärgerst du dich vielleicht, dass wir diesem Thema so viel Aufmerksamkeit widmen, statt uns mit *deinem* Problem zu befassen. Aber wir empfehlen dir, trotzdem alle Beispiele aufmerksam zu lesen, denn du wirst dadurch sehr viel darüber lernen, wie du in deinem Leben Schwingungsharmonie erzeugen kannst.

Wir beabsichtigen nicht, dir Ratschläge darüber zu geben, *was* du dir wünschen sollst, denn dein eigenes Leben sorgt schon dafür, dass in dir die richtigen Wünsche geweckt werden. Vielmehr wollen wir dir Hilfsmittel an die Hand geben, die dich in die Lage versetzen, dir deine ganz persönlichen Wünsche zu erfüllen.

Beispiel 1

Mir wurde eine beängstigende ärztliche Diagnose mitgeteilt: Wie lange werde ich brauchen, um eine Lösung für dieses Problem zu finden?

Beispiel: »Mein Körper weist deutliche Anzeichen eines Ungleichgewichts auf. Das Ungleichgewicht ist so groß, dass ich jetzt eine Besorgnis erregende ärztliche Diagnose erhalten habe. Daher habe ich Angst.«

Dass du unter diesen Umständen Angst hast, ist verständlich. Aber diese Angstgefühle zeigen dir an, dass du *stromaufwärts* schwimmst.

In einer solchen Situation kannst du leicht deine wirklichen Ziele aus dem Blick verlieren, weil du aus deiner Umgebung vermutlich viele, zum Teil widersprüchliche Ratschläge erhältst. Über das bei dir diagnostizierte Leiden sind schon Hunderte von Büchern geschrieben worden, aber wir zeigen dir, wie du die Verwirrung darüber, was du tun und lassen sollst, überwinden kannst, indem du dich einfach fragst, ob du gegenwärtig *stromaufwärts* oder *stromabwärts* schwimmst.

Es ist leicht, die Situation dadurch weiter zu verkomplizieren, dass du dich fragst, was du falsch gemacht hast und an welchen Weggabelungen du besser eine andere Richtung eingeschlagen hättest: »Ich hätte nicht all die Jahre dies oder das tun sollen.« Oder: »Ich hätte mich besser so und so verhalten sollen. Ich hätte besser auf mich achtgeben sollen. Wäre ich nur regelmäßig zur Vorsorgeuntersuchung gegangen. Hätte ich doch nur auf meine Mutter gehört!«

Aber das Einzige, worauf es jetzt wirklich ankommt, ist, dass du dir folgende Frage stellst: *Schwimme ich stromaufwärts oder stromabwärts?* Und wenn du deine ganze Aufmerksamkeit auf diese Frage richtest, versetzt dich das in die Lage, allmählich jene gute Gesundheit zu erreichen, die du dir wünschst. Mit anderen Worten, es sollte dich nur eines interessieren: *Bewege ich mich momentan auf eine Verbesserung zu oder von ihr weg?* Und deine Gefühle werden dir die Antwort geben.

Wann du dich bezüglich einer bestimmten Lebenssituation *stromaufwärts* (also von der Erfüllung deiner Wünsche weg) oder *stromabwärts* (also auf die Erfüllung deiner Wünsche zu) bewegst, ist individuell sehr verschieden und hängt unter anderem davon ab, wie schnell dein Lebensstrom gerade fließt. Hat man bei dir beispielsweise eine ernste, lebensbedrohliche Erkrankung diagnostiziert und verfügst du über einen sehr starken Überlebenswillen, wirst du einen starken Zug gegen den Strom (in Form eines sehr starken Angstgefühls) verspüren, sobald du dich gedanklich mit der Diagnose beschäftigst. Aber wenn du ohnehin nicht mehr sehr am Leben in diesem Körper hängst, dann wäre dein Unbehagen viel geringer. *Deine Gefühle verraten dir also stets zwei Dinge: (1) Wie schnell sich dein Energiestrom bewegt oder wie stark dein Wunsch nach einem bestimmten Resultat ist; und (2) ob du dich gerade stromabwärts oder stromaufwärts bewegst.*

Bevor wir uns gleich näher mit diesem Beispiel befassen, möchten wir dich darauf hinweisen, dass du dich sogar, wenn du nach »Heilung« strebst, *stromaufwärts* bewegst, denn du konzentrierst dich dann darauf, die Krankheit zu überwinden. Spüre einmal, wie anders es sich anfühlt, wenn du »Wohl-Sein zulässt«, statt »gegen die Krankheit zu kämpfen«.

Wir nennen nun einige Aussagen, die in solchen Situationen häufig geäußert werden. Versuche zu fühlen, ob die Aussage jeweils *stromaufwärts* oder *stromabwärts* ausgerichtet ist.

- *Das ist eine sehr schlimme Diagnose.* (stromaufwärts)
- *Ich hätte besser auf mich achtgeben sollen.* (stromaufwärts)
- *Diese Krankheit ist erblich.* (stromaufwärts)

- Die medizinischen Behandlungsmethoden sind äußerst unangenehm. (stromaufwärts)

- *Wie konnte es nur so weit kommen?* (stromaufwärts)

- *Warum muss gerade mir das passieren?* (stromaufwärts)

Bei diesen aufgezählten Aussagen wirst du vermutlich sofort spüren, dass sie *stromaufwärts* gerichtet sind und inneren Widerstand ausdrücken. Doch denke nun einmal über die folgenden Aussagen nach:

- *Ich werde schon damit fertig.*

- *Ich lasse mich davon nicht unterkriegen.*

- *Ich habe noch viel vor.*

- *Ich werde über diese Krankheit triumphieren.*

Mache dir bitte klar, dass es sich auch bei diesen Sätzen um *stromaufwärts* weisende Aussagen handelt, die inneren Widerstand zum Ausdruck bringen, denn auch hierbei konzentrierst du dich auf das, was du nicht willst, und gehst in Schwingungsharmonie mit dem Unerwünschten, statt mit dem, was du dir eigentlich wünschst. Wenn du Sätze wie diese sagst oder denkst, machst du dir nicht klar, dass bereits der Umstand, dass du dir diese unangenehme Krankheit zugezogen hast, den Wunsch nach Verbesserung deines Zustands beinhaltet und du diesen Wunsch bereits ausgestrahlt hast. Dein *Inneres Sein* hat deine Bitte bereits empfangen und ruft dich, ihm zur Erfüllung dieses Wunsches zu folgen – und *dorthin* wird der Strom dich tragen, wenn du dich *stromabwärts* bewegst. Gerade der Glaube, du müsstest dein Leiden aktiv bekämpfen und überwinden, bewirkt, dass du mühsam *stromaufwärts* schwimmst, weg von der gewünschten Lösung.

Wie fühlen sich die folgenden Aussagen an?

- *Diese Diagnose hat mich veranlasst, mir noch mehr Wohl-Sein zu wünschen.*
- *Mein größerer Teil, mein Inneres Sein, befindet sich bereits in diesem Zustand des Wohlbefindens.*
- *Ich werde meine Evolution fortsetzen und mir auch weiterhin viele gute Dinge wünschen.*
- *Auf der energetischen Ebene schwinge ich im höchsten Zustand des Wohlbefindens.*
- *Meinem Inneren Sein geht es immer gut.*
- *Das Gesetz der Anziehung führt auch mein bewusstes Selbst jetzt in diesen Zustand des Wohl-Seins.*
- *Der natürliche Strom des Lebens fließt immer in Richtung Gesundheit und positive Evolution.*
- *Viel wichtiger als äußere, physische Handlungen ist, dass ich mir dieses Stroms und seiner Kraft bewusst werde.*
- *Es gibt keinen Grund für mich, zu kämpfen und mich abzumühen.*
- *Mein Wohl-Sein ist unvermeidlicher Teil meiner Existenz.*

Das waren alles *Stromabwärts*-Aussagen! Nimm dir nun etwas Zeit, um die Erleichterung zu spüren, die diese entspannenden, innerlich öffnenden Sätze in dir auslösen.

Jedes Mal wenn du Erleichterung verspürst, hast du deinen inneren Widerstand reduziert. Und wenn du deinen Widerstand reduzierst, wendest du dein Kanu *stromabwärts*, und der Lebensstrom trägt dich der Erfüllung deiner Wünsche entgegen. Die physische Manifestation deines Wohl-Seins wird sich nicht augenblicklich einstellen, sondern etwas Zeit benötigen, aber sie wird sich auf jeden Fall einstellen.

Das kann gar nicht anders sein, denn nun hast du die Kunst des *Sichöffnens* und *Zulassens* entdeckt – die Kunst, dein Wohl-Sein zuzulassen, statt inneren Widerstand aufzubauen.

Wenn du damit fortfährst, deine Gedanken sanft stromabwärts zu lenken, wird dir das mit der Zeit in Fleisch und Blut übergehen. Es wird dir immer leichter fallen – und dein Wohlbefinden wird zurückkehren. Zunächst werden sich nur ab und zu Gefühle der Erleichterung einstellen, aber allmählich wird dies zum Normalzustand werden, und dann wird die physische Manifestation deiner vorherrschenden Gefühlslage entsprechen. Krankheit ist die Reaktion des Gesetzes der Anziehung auf inneren Widerstand. Wohl-Sein ist die Reaktion des Gesetzes der Anziehung auf innere Offenheit und harmonischen Energiefluss.

Wie lange wird es dauern, bis ich zu einer positiven Lösung gelange?

FRAGE: »Wie lange wird es dauern, bis sich meine körperliche Verfassung spürbar bessert? Mit anderen Worten, wann kann ich mit einer neuen, erfreulicheren ärztlichen Diagnose rechnen?«

Zwar ist es verständlich, dass du dir diese Fragen stellst, aber das Verlangen nach einer raschen Besserung deines Zustands beruht auf der negativen Prämisse, dass du Krankheitssymptome erlebst und dich möglichst schnell von ihnen befreien willst. Deshalb sind diese Fragen eindeutig *stromaufwärts* gerichtet. Auch offenbaren sie dein mangelndes Verständnis bezüglich der Macht des Stroms, seiner Fließrichtung und seiner Fähigkeit, dich zu dem gewünschten Zustand zu transportieren. Wenn du fragst: *Wie lange wird es dauern, bis sich eine Besserung einstellt?,* meinst du damit eigentlich: *Wie lange werde ich noch hier in dieser Situation ausharren müssen, in der ich nicht sein will?* Das mag dir unbedeutend erscheinen, aber die Auswirkungen, die eine solche Einstellung auf der Schwingungsebene hat, sind enorm!

Deine einzige Möglichkeit, deine Worte oder Gedanken *stromabwärts* auszurichten, besteht darin, bewusst ein Gefühl der Erleichterung anzustreben. Zum Beispiel:

- *Wann wird es mir endlich wieder besser gehen?* (stromaufwärts)

Versuche nun, eine Frage oder Sichtweise zu finden, die sich besser anfühlt. Konzentriere dich auf dein Gefühl und formuliere nun einen Satz, der bewirkt, dass du dich besser fühlst.

- *Verbesserung und positive Entwicklung sind ganz natürlich.* (stromabwärts)

- *Kommt Zeit, kommt Rat.* (stromabwärts)

Diese Aussagen werden dir nicht sehr weltbewegend vorkommen, und vielleicht glaubst du auch nicht wirklich, was du da behauptest, aber darauf kommt es nicht an. Es kommt ausschließlich darauf an, dass sie bewirken, dass du dich nun ein klein wenig besser *fühlst*. Du hast keinen Außenbordmotor an dein Kanu gehängt und rast jetzt einer dramatischen Wunderheilung entgegen, aber du hast inneren Widerstand abgebaut – du hast aufgehört zu paddeln und dein Kanu gewendet. Nun lässt du dich *stromabwärts* treiben, und das ist alles, was du hier und jetzt tun musst.

Ab und zu wird etwas passieren, du wirst etwas beobachten, jemand wird etwas zu dir sagen, das dich veranlasst, erneut *stromaufwärts* zu paddeln. Doch das ist nun kein Problem mehr, denn du weißt jetzt, wie du jederzeit deine Position im Strom überprüfen kannst. ... Also ersetzt du einfach den *Stromaufwärts*-Gedanken sanft durch etwas, das sich besser anfühlt.

Es kann zum Beispiel sein, dass du jemanden siehst, der an einer ihn stark beeinträchtigenden Krankheit leidet, und du den Eindruck hast, dass deine eigenen Symptome in eine ähnliche Richtung weisen – allerdings ist dieser Mensch viel kränker als du. Aber bei seinem Anblick bekommst du Angst und denkst: *Hoffentlich ergeht es mir nicht auch so.*

Aber diesmal räumst du diesem *Gedanken* gar nicht erst eine hohe Priorität ein. Stattdessen achtest du in erster Linie darauf, wie du dich *fühlst. Und du triffst die bewusste Entscheidung, Gedanken zu wählen, durch die du dich besser fühlst.*

- *Hoffentlich ergeht es mir nicht auch so.* (stromaufwärts)
- *Ich kenne ja die Vorgeschichte dieses Menschen gar nicht.* (stromabwärts)
- *Vielleicht geht es ihm/ihr heute schon viel besser als vor einem Monat.* (stromabwärts)
- *Ich weiß nicht, durch welche Gedanken dieser Mensch seinen Zustand herbeigeführt hat.* (stromabwärts)
- *Die Erfahrungen dieses Menschen und meine eigenen haben nichts miteinander zu tun.* (stromabwärts)
- *Ich sollte mich nicht auf Probleme und Schwierigkeiten konzentrieren.* (stromabwärts)

- *Ich denke, es ist besser, wenn ich mich um meine eigenen Angelegenheiten kümmere.* (stromabwärts)

Wieder geht es nicht darum, drastische Veränderungen auszulösen ... sondern ganz sanft zu bewirken, dass du dich besser fühlst. Wenn du während des Alltags auf deine Gefühle achtest und immer wieder sanft das Paddel einholst und dich *stromabwärts* treiben lässt, wird das schon bald zur natürlichen Angewohnheit werden. Und dann wird dein physischer Körper diese positive Veränderung deines Denkens widerspiegeln.

Wenn du dein Augenmerk darauf richtest, dich besser zu fühlen – was jederzeit möglich ist – schaffst du damit die energetische Grundlage für eine Besserung deines körperlichen Zustands. *Klammerst du dich hingegen ängstlich an das Wie und Wann dieser Besserung, zögerst du sie damit hinaus, weil du die Antworten auf diese Fragen nicht kennst und somit inneren Widerstand aufbaust. Kurz gesagt, auch wenn eine augenblickliche physische Genesung nicht möglich ist, kannst du deinen Gefühlszustand verbessern. Und das genügt!*

Beispiel 2

Ich schaffe es nicht, abzunehmen

BEISPIEL: »Ich bin schon übergewichtig, solange ich denken kann. Es gab ein paar kurze Phasen in meinem Leben, in denen ich es schaffte, mein Gewicht durch unangenehm strenge Diäten, die meine Lebensfreude beeinträchtigten, und ein anstrengendes Sportprogramm unter Kontrolle zu bekommen. Aber das fiel mir sehr schwer, und ich habe nie lange durchgehalten, sodass die unerwünschten Pfunde bald wieder zurückkehrten.

Ich fühle mich in meiner Kleidung unwohl, aber fürchte mich davor, mir etwas Neues zum Anziehen zu kaufen. Mir gefällt einfach nicht, wie ich aussehe, ganz egal, wie ich mich kleide.

Mein Gewicht macht mich schwerfällig und unbeweglich, und ich weiß genau, dass es mir insgesamt viel besser ginge, wenn ich etwas abnehmen könnte. Aber ich fühle mich außerstande, etwas gegen das Übergewicht zu tun, und bin sehr entmutigt.«

Zunächst möchten wir dich an den wichtigsten Aspekt bei der *Bewussten Schöpfung* erinnern: Es geht dabei nicht darum, etwas durch äußeres Handeln herbeizuführen, sondern die Dinge, die du dir wünschst, *geschehen zu lassen*. Und dieses Geschehenlassen ermöglichst du, indem du dich für die Erfüllung deines Wunsches innerlich öffnest und so in Schwingungsharmonie gehst.

Manchmal ist das nicht leicht, denn aus deiner persönlichen Lebenserfahrung weißt du, dass sich mit aktivem Handeln Resultate erzielen lassen. Du weißt, dass du es schon geschafft hast, abzunehmen, indem du deine Nahrungsaufnahme verringertest. Und natürlich steht für dich außer Frage, dass es zusätzlich geholfen hat, Sport zu treiben. Das alles wollen wir auch gar nicht abstreiten, denn es ist offensichtlich, dass aktives Handeln bei der Erschaffung vieler Dinge eine Rolle spielt. Ohne dieses Handeln gäbe es viele in eurer Zivilisation selbstverständliche Dinge überhaupt nicht. Wenn du aber äußere Aktivität zum Eckpfeiler deines Schöpfungsprozesses machst und dabei die Tatsache außer Acht lässt, dass dein Sein letztlich auf energetischen Schwingungen beruht, schränkst du dein Potenzial damit unnötig ein, denn du kannst den inneren Widerstand, den du durch disharmonisches Denken erzeugst, niemals durch äußere Aktivität kompensieren.

Vielleicht erinnerst du dich an eine Situation, in der jemand dir einen Vorschlag machte, wie du abnehmen kannst, und du sofort eine starke Begeisterung verspürtest. Diese Begeisterung könnte durch den Glauben dieses Menschen an sein Abnehmrezept entfacht worden sein, oder dadurch, dass dieser Vorschlag in Resonanz zu deinen eigenen Ideen stand. Jedenfalls ist es diese *Begeisterung*, auf die wir dein Augenmerk lenken wollen.

Deine Begeisterung zeigte dir an, dass sich zu jenem Zeitpunkt die Schwingung deines Seins in Harmonie befand. Und erinnere dich nun, was als Nächstes geschah: Du wolltest den Vorschlag rasch in die Tat umsetzen – und dabei haben sich dann vermutlich positive Resultate eingestellt. ... Es ist möglich, aktiv zu werden, weil dich jemand dazu ermutigt oder es von dir verlangt; und diese Aktivität kann dann bewirken, dass deine innere Einstellung sich positiv verändert. Aber wenn du vorher deine Schwingungen bewusst in Harmonie bringst, wird dein Handeln viel inspirierter sein und größere Erfolge nach sich ziehen.

Während jener Phasen der Entmutigung, als dir klar wurde, dass dein Körper nicht so ist, wie du es dir wünschst, hast du Wunschraketen gestartet, die, ohne dass du dir dessen bewusst bist, Teil deines Schwingungsguthabens geworden sind. Du hast auf der energetischen Ebene bereits eine Version deines neuen, besseren physischen Selbst erschaffen.

Und dabei handelt es sich keineswegs nur um einen schwachen Wunschtraum, der irgendwo in deiner Fantasie herumschwebt. Dieses neue physische Selbst ist kein illusionärer Selbstbetrug. Es handelt sich um einen vollkommen realen Schöpfungsvorgang, der genauso funktioniert wie die Erschaffung von allen materiellen Dingen, die du in deiner Welt siehst: Deine Lebenserfahrung ließ einen Gedanken in dir entstehen, der dann dadurch, dass du ihm genug Aufmerksamkeit gewidmet hast, zu dem wurde, was du »Realität« nennst.

Die Entmutigung, die du verspürst, zeigt dir also die Disharmonie an, die zwischen deiner sich ständig weiterentwickelnden Erschaffung deines schönen Körpers und den Gedanken besteht, die du bezüglich deines Körpers hegst. Dein Körper hat sich schwingungsmäßig längst schon weiterentwickelt, aber deine alten Denkmuster, deine Glaubenssätze (bei denen es sich lediglich um Gedanken handelt, die du immer wieder denkst), erzeugen eine Schwingungsdisharmonie. Und unter diesen Bedingungen kann sich dein Wunsch nicht verwirklichen. Alles, was du diesbezüglich zu tun versuchst, fällt dir dann sehr schwer und bringt wenig oder gar keine Resultate hervor, was dich noch mehr entmutigt.

Der Schlüssel, um eine körperliche Veränderung zu ermöglichen, liegt darin, dass du deinen Körper anders sehen, anders über ihn denken musst. Richte deine Aufmerksamkeit auf die gewünschte neue Version deines Körpers und ziehe sie bewusst von den negativen Aspekten deines jetzigen physischen Körpers ab. Denn solange du deinen Körper siehst, wie er ist, widersprichst du der Schwingung deiner Idee eines schlanken Körpers. Du kannst keine neue Realität erschaffen, während deine Aufmerksamkeit auf deine momentane Realität fixiert ist.

Nun möchten wir dir einige einfache Vorschläge machen, wie du jetzt, wo du weißt, warum deine Bemühungen bislang so wenig erfolgreich waren, unverzüglich damit beginnen kannst, deine Energien zu harmonisieren. Hast du einmal die *Gesetze des Universums* verstanden und begriffen, was die Grundlage jeder deiner *Bewussten Schöpfungen* ist, nämlich die einfache Harmonisierung deiner Schwingungen, bist du auf dem besten Weg, dir deine Wünsche zu erfüllen:

- Jetzt im Moment hast du nicht die Möglichkeit, idealgewichtig zu sein.

- Jetzt im Moment bleibt dir keine andere Wahl, als so viel zu wiegen, wie du nun einmal wiegst.

- Du wirst morgen noch ungefähr so viel wiegen wie heute, und auch übermorgen – von einem Tag zum anderen sind nun einmal keine dramatischen Gewichtsveränderungen möglich.

- Du hast also jetzt im Moment nicht die Möglichkeit, dein Gewicht zu ändern.

- Du hast aber sehr wohl die Möglichkeit, in dir Schwingungsharmonie zu erzeugen – und das *ist* eine sehr machtvolle Option.

- Auch ist es nicht nötig, dass du zwischen den Extremen wählst, dich großartig oder entsetzlich zu fühlen.

- Auch musst du nicht von Mutlosigkeit ins andere Extrem absoluter Begeisterung und Hochstimmung fallen.

- Deine momentanen Wahlmöglichkeiten sind subtiler und feinfühliger.

- Du entscheidest einfach, ob du dich ein bisschen schlechter oder ein bisschen besser fühlen möchtest.

- Du kannst dich für einen *Stromaufwärts*-Gedanken oder einen sich besser anfühlenden *Stromabwärts*-Gedanken entscheiden.

- Das sind deine beiden einzigen Wahlmöglichkeiten: *stromaufwärts* oder *stromabwärts*.

- Und diese beiden Wahlmöglichkeiten sind alles, was du brauchst.

Stelle dir beispielsweise vor, du machst einen Einkaufsbummel. Du gehst in viele große Geschäfte und schaust dich um. In den Geschäften sind außer dir noch Hunderte von anderen Leuten unterwegs, die sich nach Körpergröße, Figur und Kleidung stark voneinander unterscheiden. Du aber achtest vor allem auf jene, die besonders gut gekleidet, schlank und attraktiv sind. Dabei fängst du an, dich gehemmt und unsicher zu fühlen.

Du beurteilst deine eigene Kleidung sehr kritisch und bist unglücklich darüber, wie du heute aussiehst. Beim Gehen betrachtest du immer wieder dein Spiegelbild in den Schaufenstern. Je öfter du das tust, desto unglücklicher macht dich dein Anblick. Du fühlst dich verstört und entmutigt, und dein Einkaufsbummel ist alles andere als vergnüglich. Inzwischen hast du ganz vergessen, warum du eigentlich in die Stadt gefahren bist. Du hast überhaupt keine Lust mehr, shoppen zu gehen. Das Einzige, was deine Stimmung jetzt noch aufhellen kann, ist die Aussicht, irgendwo etwas zu essen. Einige angenehme Düfte steigen dir in die Nase. Dir wird klar, dass du hungrig bist und dir einen Imbiss gönnen möchtest. Es befinden sich mehrere Alternativen in Sichtweite, die alle gleichermaßen verlockend sind: eine Portion Eis, Kuchen oder vielleicht etwas Herzhaftes in Form eines Baguettes oder Sandwiches.

Nun spürst du den Wunsch, dir ein stilles Plätzchen zu suchen, wo du ungestört essen kannst. Du versuchst zwar, den Drang, deinem inneren Impuls zu folgen, zu unterdrücken, aber es ist viel leichter, ihm einfach nachzugeben und dir etwas zu essen zu beschaffen. Während du dich in die Schlange vor dem Eisverkäufer einreihst, fallen dir all die schlanken Leute auf, die vor dir dort stehen. Ihr Anblick ärgert dich, und mit deinem Ärger wächst auch dein Verlangen nach Eiskrem. ...

Ehe wir mit diesem Beispiel fortfahren und dir zeigen, wie sich diese Situation verbessern lässt, möchten wir etwas erläutern, was die meisten Menschen nicht verstehen und nicht recht glauben wollen: Ob du unter Aufbietung deiner Willenskraft den Eissalon links liegen lässt oder deinem Appetit nachgibst und eine große Portion Eis löffelst, macht überhaupt keinen Unterschied! Selbst wenn du an tausend Tagen hintereinander aufs Eis verzichtest und am Eissalon vorbeigehst, handelt es sich dabei lediglich um eine *äußere* Handlung. *Es kommt nicht darauf an, was du tust, sondern welche Schwingung du ausstrahlst. Nicht das, was du tust, macht dich dick, sondern deine Schwingung. Nicht, was du tust, ist entscheidend, sondern wie du dich fühlst bei dem, was du tust.*

Wenn du anfängst, bezüglich deines Körpergewichts Schwingungsharmonie herzustellen, empfindest du vielleicht eine starke Begeisterung dafür, Änderungen in deiner Ernährung vorzunehmen. Viele Leute würden dann sagen: »Nun, dann sehe ich nicht, worin diese Methode sich davon unterscheidet, einfach eine Diät zu machen, wie ich es schon so oft ausprobiert habe.« Aber achte dann bitte darauf, wie viel leichter dir das nun fällt, wo du Begeisterung spürst, statt aus deinem früheren entmutigten Zustand heraus. Auch werden dir in diesem verbesserten emotionalen Zustand viele neue, hilfreiche Ideen regelrecht zufliegen, Ideen, die bewirken, dass du dich immer besser fühlst. Und schon bald werden sich dann auch die gewünschten physischen Resultate einstellen. Das wird dann deine Begeisterung noch mehr verstärken, und schließlich wirst du mit Riesenschritten auf dein Ziel zumarschieren.

Wenn du dann dein Wunschgewicht erreicht hast (und das wird dir gelingen!), wirst du dir sagen: *Diesmal war es gar nicht schwer, und diesmal werde ich mein Gewicht halten. Und für die Zukunft weiß ich jetzt, was ich tun muss, um jeden physischen Zustand zu verwirklichen, den ich mir wünsche.*

BEDENKE FOLGENDES:

Wenn Schlanksein für dich Glücksgefühle bedeutet ...
und du immer nur dann Eis isst, wenn du dich glücklich fühlst ...
wärst du ein schlanker Mensch, der viel Eis isst.

Wenn dein Wunsch, schlank zu sein, während du gegenwärtig übergewichtig bist, mit einem Gefühl der Entmutigung einhergeht ...
und du immer dann Eis isst, wenn du dich entmutigt fühlst ...
wärst du ein dicker Mensch, der Eis isst.

Wenn dein Wunsch, schlank zu sein, während du gegenwärtig übergewichtig bist, mit einem Gefühl der Entmutigung einhergeht ...
und du ständig deine Willenskraft einsetzt, um dir das Eisessen zu verkneifen ...
wärst du ein dicker Mensch, der *kein* Eis isst.

Daraufhin werden einige Leute fragen: »Abraham, wenn man vom Unglücklichsein dick wird, warum gibt es dann keine dicken Menschen, wo Armut und Nahrungsmangel herrschen? Unter solchen Bedingungen sind die Betroffenen unglücklich, aber nicht dick. Oft verhungern sie sogar.« Darauf antworten wir: Wenn deine Aufmerksamkeit auf die momentane Situation der Nahrungsknappheit gerichtet ist und du dir Sorgen um dich selbst und deine Familie machst, bist du schwingungsmäßig in Resonanz zu dem, was du *nicht* willst. Dabei spielt es keine Rolle, ob du *stromaufwärts* denkst, weil du nicht dick sein willst oder weil du Angst hast, zu verhungern. Deine Gedanken-Energie fließt in jedem Fall *stromaufwärts*, gegen den Strom der Wunscherfüllung. Du befindest dich in einem Zustand des inneren Widerstands gegen das, was du dir wünschst, sei dies nun *Schlanksein* oder *genug zu essen für deine Familie*.

- *Schlanksein entspricht einer glücklichen Emotion.* (stromabwärts)

- *Dicksein entspricht einer unglücklichen Emotion.* (stromaufwärts)

- *Genug zu essen haben entspricht einer glücklichen Emotion.* (stromabwärts)

- *Nicht genug zu essen haben entspricht einer unglücklichen Emotion.* (stromaufwärts)

Der Schlüssel zur Erfüllung deiner Wünsche liegt darin, einen Weg zu finden, wie du dich auf die sich besser anfühlenden *Stromabwärts*-Gedanken konzentrieren kannst, selbst wenn deine momentane Situation solchen Gedanken zu widersprechen scheint. Du musst lernen, deine Willenskraft einzusetzen, um deine Gedanken auf deinen Wunsch und dein *wahres Sein* auszurichten, statt deine Willenskraft darauf zu verschwenden, Dinge zu tun, die *stromaufwärts* gerichtet sind, also sinnlos gegen den Strom anzupaddeln.

Anfangs werden deine Gedanken ungefähr so aussehen:

- *Ich bin dick.* (stromaufwärts)

- *Ich will nicht dick sein.* (stromaufwärts)

- *Ich kann meinen dicken Körper einfach nicht ertragen!* (stromaufwärts)

- *Ich mag gar nicht mehr in den Spiegel schauen.* (stromaufwärts)

- *Mir passt nur noch hässliche Kleidung.* (stromaufwärts)

- *Ich mag mir nichts Neues zum Anziehen kaufen.* (stromaufwärts)

- *Ich habe doch schon sämtliche Diäten ausprobiert.* (stromaufwärts)

- *Ich kann einfach nichts gegen mein Übergewicht machen.* (stromaufwärts)

- Denke daran, dass du nicht auf Anhieb die perfekte Lösung finden musst. Es genügt, wenn du einen Gedanken findest, der sich ein bisschen besser anfühlt:

- *Ich wünschte, ich könnte einen Weg finden.* (stromabwärts)

- *Wenn ich leichter würde, wäre das bestimmt angenehm für meine Füße.* (stromabwärts)

Wie schon gesagt, müssen das keine weltbewegenden Affirmationen sein. Es genügt, wenn sie sich etwas besser anfühlen. Denn dann bewegst du dich *stromabwärts* – und das genügt für den Anfang.

Jedes Mal wenn du merkst, dass du wieder in deine alten Denkmuster bezüglich deines Körpergewichts zurückfällst, genügt etwas bewusste Aufmerksamkeit, um dein Denken wieder *stromabwärts* auszurichten und diese Konzentration aufrechtzuerhalten, bis du eine leichte emotionale Besserung verspürst.

Wenn du diese Praxis beibehältst, wirst du schon nach sehr kurzer Zeit die Schwingungsbeziehung zwischen deinem Ist-Zustand und deinem Wunschziel erheblich verbessern. Du wirst verblüfft sein, welche eindrucksvollen Fortschritte diese verbesserte Schwingung bewirkt! Es wird dir immer leichter fallen, deinen neuen Kurs beizubehalten, und mit der Zeit wirst du dein Wunschgewicht erreichen und es mühelos halten.

Nehmen wir an, du befindest dich gerade mitten in deinem Arbeitsalltag. Du hast heute schon längere Zeit nicht an deinen Körper oder dein Gewicht gedacht, weil du wichtige Aufgaben zu erledigen hattest. Aber nun kommt die Mittagspause, und als du am Snackautomaten vorbeigehst, spürst du den Drang, dir einen Schokoriegel zu kaufen. Du wirfst Geld ein, der Schokoriegel fällt in das Ausgabefach, und während du die Verpackung aufreißt, befällt dich ein plötzliches Unbehagen.

»Ich kann es einfach nicht lassen«, sagst du dir und bekommst Schuldgefühle. Aber der innere Drang ist zu stark, und du beißt ein großes Stück von dem Riegel ab. Eine starke Welle der Enttäuschung steigt in dir hoch.

Doch die neuen *Stromabwärts*-Aussagen, die du bezüglich deines Gewichtsproblems getroffen hast, geben dir mehr positive Energie als zuvor, sodass dein Reaktionsmuster sich spürbar verändert.

Du erinnerst dich, *dass es nicht darauf ankommt, was du tust, sondern darauf, wie du dich dabei fühlst.* Also hältst du inne, betrachtest den Schokoriegel und triffst folgende Feststellungen:

- *Ich sollte dich eigentlich nicht essen.* (stromaufwärts)
- *Von dir werde ich nur noch dicker.* (stromaufwärts)
- *Allerdings schmeckst du ziemlich gut.* (stromabwärts)
- *Und so groß bist du eigentlich gar nicht.* (stromabwärts)
- *Ich könnte jetzt nur ein Stück abbeißen und mir den Rest für später aufheben.* (stromabwärts)
- *Ich mag es, immer mehrere Handlungsalternativen zu haben.* (stromabwärts)

- *Ich mag es, bewusste Entscheidungen zu treffen.* (stromabwärts)

- *Ich bin gerne selbst für mein Handeln verantwortlich.* (stromabwärts)

- *Hätte ich einen Moment nachgedacht, hätte ich wohl nicht so schnell mein Geld in diesen Automaten geworfen.* (stromabwärts)

- *Ich mache wirklich ziemlich viel Aufheben von einem so kleinen Schokoriegel.* (stromabwärts)

- *Du schmeckst wirklich gut, du kleiner Schokoriegel.* (stromabwärts)

- *Ich genieße dich ganz bewusst.* (stromabwärts)

- *Ab jetzt werde ich mich manchmal dafür entscheiden, einen dieser leckeren Riegel zu essen, und manchmal werde ich einfach daran vorbeigehen.* (stromabwärts)

- *Jetzt aber werde ich ihn essen.* (stromabwärts)

- *Und es genießen.* (stromabwärts)

Du hast gerade etwas geschafft, was dir zuvor fast nie gelang: Du isst einen Schokoriegel und hast dich dabei gleichzeitig in Schwingungsharmonie mit dir selbst und deinem Wunsch, schlank zu sein, gebracht. Du befindest dich in Harmonie mit deinem Inneren Sein. Das ist viel bedeutsamer als alles, was du in Bezug auf Schokoriegel äußerlich tun oder unterlassen könntest. Nun geht nach dir eine schlanke Frau zum Automaten, zieht sich einen Riegel und beginnt zu essen. Du siehst ihr an, dass sie ihren Schokoriegel wirklich genießt.

Früher hast du bei einem solchen Anblick stets gedacht:

- *Das ist einfach nicht fair!* (stromaufwärts)
- *Sie kann alles essen, ohne dass es ansetzt.* (stromaufwärts)
- *Oder vielleicht hungert sie ständig, um ihr Gewicht zu halten, und dieser Schokoriegel ist das Einzige, was sie heute den ganzen Tag lang isst.* (stromaufwärts)

Aber diesmal denkst du wegen der Schwingungsarbeit, die du inzwischen gemacht hast, stattdessen:

- *Ah, da ist jemand, der sich offensichtlich in Schwingungsharmonie mit seinem Wunsch befindet, etwas Süßes zu essen.* (stromabwärts)

Es kommt einzig und allein auf die Schwingungsharmonie an. Halte nicht nach sofortigen physischen Veränderungen Ausschau. Achte stattdessen auf Verbesserungen deiner Gefühlslage und inneren Einstellung. Wenn du dich besser fühlst, befindest du dich schwingungsmäßig in größerer Harmonie – und alles Weitere folgt daraus. So ist das *kosmische Gesetz*.

Beispiel 3

Meine Kinder streiten sich andauernd und rauben mir damit allmählich den Verstand!

BEISPIEL: »Wir haben zwei Kinder, einen zwölfjährigen Sohn und eine dreizehnjährige Tochter. Die beiden sind eigentlich wirklich toll – sie haben keinerlei Probleme in der Schule und bekommen nur gute Noten –, aber ständig zanken sie sich. Sie prügeln sich nicht, aber wenn sie zu Hause sind, gibt es dauernd lautes Geschrei und Türenschlagen. Sie haben beide ein eigenes Zimmer, sodass sie sich eigentlich aus dem Weg gehen könnten, doch sie finden immer neue Anlässe für hitzige Wortgefechte und Beleidigungen. Mein Mann und ich sind langsam mit den Nerven am Ende. Wir haben schon alles versucht – von einem Verbot, miteinander zu sprechen, bis zu einem ganzen Tag, den sie im selben Zimmer verbringen mussten, um sich auszusprechen und ihren Konflikt beizulegen. Doch das hilft alles nicht. Inzwischen graust mir regelrecht davor, wenn sie von der Schule nach Hause kommen.«

Es ist interessant, sich auf dem Feld der zwischenmenschlichen Beziehungen mit der *Bewussten Schöpfung* zu beschäftigen, oder der *Mitschöpfung*, wie wir es auch nennen. Wenn es darum geht, ihre Beziehungen zu anderen Menschen in den Griff zu bekommen, neigen viele von euch dazu, völlig den Überblick zu verlieren.

Es ist praktisch unmöglich, eure zwischenmenschlichen Probleme dadurch zu lösen, dass ihr andere Leute dazu bringt, sich so zu verhalten, wie ihr es von ihnen erwartet. Die meisten Leute versuchen eine Zeit lang, einen anderen Menschen dazu zu bringen, sich zu ändern, aber dann resignieren sie entweder oder beenden die Beziehung. *Von anderen eine Verhaltensänderung zu verlangen, damit du dich besser fühlst, funktioniert niemals.*

Würden wir mit einem oder beiden deiner Kinder sprechen, würden wir ihm oder ihr nicht raten, die Schwester oder den Bruder um eine Änderung seines beziehungsweise ihres Verhaltens zu bitten. Aber diese Situation ist sogar noch komplizierter: Du selbst stehst sozusagen außerhalb des Konflikts und möchtest erreichen, dass die beiden ihr Verhalten ändern. Und du spürst bereits – aufgrund deiner fehlgeschlagenen Versuche, den Streit zwischen den beiden zu schlichten –, dass du keine Kontrolle über die Beziehung zwischen deinem Sohn und deiner Tochter hast.

Eltern versuchen oft, das Verhalten ihrer Kinder zu kontrollieren. Arbeitgeber versuchen, das Verhalten ihrer Angestellten zu kontrollieren, und ähnlich läuft es auch in Vereinen, politischen Parteien und Kirchen ab. Man *belohnt* die Leute für gutes Benehmen und *bestraft* sie für schlechtes Benehmen – aber wir haben noch nie beobachtet, dass dies tatsächlich segensreiche Verhaltensänderungen bewirkt hätte. *Regeln und Bestrafungen, die Menschen von außen auferlegt werden, bewirken in der Regel nur, dass das unerwünschte Verhalten nicht mehr offen, sondern heimlich stattfindet – oder aber es kommt sogar zu offener Aufsässigkeit, einfach weil jeder Mensch tief in seiner Seele genau weiß, dass sein Lebenssinn nicht darin besteht, es anderen recht zu machen und deren Erwartungen zu erfüllen.*

Immer wieder weisen wir dich und alle unseren physischen Freunde darauf hin, *dass ihr die Schöpfer eurer eigenen Erfahrung seid*, und das bedeutet gleichzeitig, *dass ihr nicht die Schöpfer der Erfahrungen anderer Menschen seid. Jeder Mensch erschafft sich seine Erfahrungen* selbst. Aber uns ist natürlich bewusst, dass dann, wenn sich andere Menschen ihre Erfahrungen bei dir zu Hause erschaffen, wo du es tagtäglich mit ansehen und anhören musst, ihre Schöpfung sich unmittelbar auf deine eigene auswirkt. Daher ist es durchaus angebracht, wenn du ihnen diese Auswirkungen deutlich mitteilst. Natürlich bist du erfreut, wenn du bei anderen ein erfreuliches Verhalten beobachtest; und wenn du bei ihnen ein unerfreuliches Verhalten beobachtest, bist du dementsprechend nicht erfreut. Und natürlich ist deine persönliche Betroffenheit umso größer, wenn es sich dabei um deine eigenen Kinder handelt. Aber eines steht fest: *Wenn du dein Glück von deiner Fähigkeit abhängig machst, das Verhalten anderer Menschen zu kontrollieren, wirst du niemals glücklich sein – denn das Verhalten anderer zu kontrollieren ist unmöglich.*

Viele Menschen verbringen ihr ganzes Leben mit dem Versuch, das Verhalten anderer zu kontrollieren. Doch schließlich müssen sie feststellen, dass ihr Kontrollbedürfnis gegenüber anderen sie die eigene Freiheit kostet, denn sie vergeuden ihre ganze Aufmerksamkeit und Energie für etwas, was unmöglich ist, weil es den *Gesetzen des Universums* zuwiderläuft.

Eltern spüren oft ein starkes Bedürfnis, ihre Kinder anzuleiten, um sie zu beschützen. Deshalb hören sie solche Worte nicht gern, denn sie glauben, für das Wohl ihrer Kinder verantwortlich zu sein und ihnen deshalb Vorschriften machen zu müssen. Grundsätzlich ist nichts dagegen einzuwenden, wenn ihr als Eltern versucht, eure Kinder zu beraten und sie zu inspirieren. Aber das könnt ihr nur dann wirkungsvoll tun, wenn ihr selbst euch in Harmonie mit eurem *Inneren Sein* und *Allem-was-ihr-seid* befindet. Wenn ihr selbst wütend oder frustriert seid, weil ihr euch in einem Zustand innerer Disharmonie befindet, wird von euch kein positiver Einfluss auf eure Kinder ausgehen.

Erkennst du die Ironie der folgenden elterlichen Klage? »Das Verhalten meiner Kinder ärgert mich so sehr, dass ich meine Fähigkeit verliere, ihnen ein gutes Vorbild zu sein, und je mehr ich es versuche, desto vergeblicher ist es.« Nimmst du dir dagegen die Zeit, Harmonie zu deinem *Inneren Sein* herzustellen, drehst du dein Kanu in die Strömung und wirst vom machtvollen Fluss der Wunscherfüllung vorwärts getragen.

Jedes Mal wenn du den Streit deiner Kinder mit ansehen musstest, hast du eine machtvolle Wunschrakete gestartet, denn für dich handelte es sich um eine sehr kontrastreiche Erfahrung, durch die dir klar bewusst wurde, was du willst und was nicht. Und diese deine persönlichen Vorlieben und Wünsche sind es, die *du* unter Kontrolle hast und die *dich* etwas angehen. Nun ist deine Aufgabe sehr einfach: *Du musst Schwingungsharmonie zu deinen Wünschen herstellen.*

Die Streitereien deiner Kinder regen dich so auf, weil ihr Verhalten nicht dem Ideal entspricht, der Wunschvorstellung, die dieses Verhalten deiner Kinder in dir geweckt hat. Sogar schon vor der Geburt deiner eigenen Kinder hat deine Beobachtung der Kinder anderer Eltern Wünsche in dir geweckt, die damit zum Bestandteil deines Schwingungsguthabens wurden. Schon vor *deiner* physischen Geburt hast du Wunschbestellungen auf diesem Guthaben »eingezahlt«. Daher ist es kein Wunder, dass du nun, wo du etwas erlebst, das völlig diesen Idealwünschen widerspricht, eine starke Disharmonie empfindest. Es liegt nicht einfach daran, dass deine Kinder sich schlecht benehmen. *Vielmehr steht das, was du bei ihnen beobachtest, in Disharmonie zu deiner eigenen inneren Schöpfung in diesem Lebensbereich.*

Wenn du akzeptierst, dass dein Unbehagen allein auf deine inneren Schwingungsunterschiede zurückzuführen ist (den Widerspruch zwischen dem, was du beobachtest, und deinem Schwingungsguthaben) und nicht auf das, was deine Kinder tun (worüber du keine Kontrolle hast), wirst du erkennen, dass du Gedanken wählen kannst, die es dir ermöglichen, dich gut zu fühlen (und zwar unabhängig davon, was deine Kinder gerade tun). Und wenn dir das gelungen ist, wird es dir sehr viel leichter fallen, deine Kinder positiv zu beeinflussen und zu inspirieren.

Gehe also folgendermaßen vor:

- Du beobachtest das Fehlverhalten deiner Kinder.

- Du fühlst dich deswegen schlecht.

- Du denkst, dass du dich wegen ihres Verhaltens schlecht fühlst, aber in Wirklichkeit fühlst du dich schlecht, weil du dich nicht in Schwingungsharmonie mit deinen eigenen Wünschen befindest.

- Also schenkst du dem, was deine Kinder tun, keine Beachtung und nutzt deine persönliche Fähigkeit, dich so zu fokussieren, dass du dich wohlfühlst.

- Wenn du das tust, stellst du eine Verbindung zu deinem wahren *Inneren Sein* her.

- Und zugleich befindest du dich nun in Schwingungsharmonie zu der Vorstellung glücklicher Kinder, die einander gern haben und sich gut verstehen, einer Vorstellung, die schon lange Teil deines Schwingungsguthabens ist.

- Diese innere Harmonisierung bewirkt, dass du einen besseren Zugang zu den positiven Energien und Ressourcen des Universums hast. Und damit können deine Wünsche bezüglich deines Lebens, deiner Kinder und deiner Familie nun viel leichter in Erfüllung gehen.

- Nun wirst du zur rechten Zeit das Richtige tun und die richtigen Worte finden, wodurch sich der innere Widerstand deiner Kinder verringert und du bei ihnen positive Veränderungen auslösen kannst.

Aber diese positive Schöpfung bewirkst du nicht durch äußere Handlungen, sondern dadurch, dass du Schwingungsharmonie mit deinen Wünschen herstellst.

Wenn du also willst, dass dein Sohn und deine Tochter sich anders verhalten, kannst du spüren, wie der damit verbundene Konflikt bewirkt, dass du angestrengt stromaufwärts paddelst. Wenn du aber stattdessen deine Aufmerksamkeit darauf richtest, dein eigenes Denken sanft in andere Bahnen zu lenken, kannst du dich in die Erfüllung deiner Wünsche »hineinfühlen«, was viel einfacher ist.

Gelingt dir das, werden wunderschöne Veränderungen in deiner Lebenserfahrung nicht lange auf sich warten lassen. Du wirst dich nicht nur sofort besser fühlen, wenn du deine Gedanken bewusst wählst, sondern du wirst auch Verhaltensänderungen bei deinen Kindern bewirken (herbeigeführt durch das *Gesetz der Anziehung*), ohne dass irgendjemand erfährt, was du tust. Und obendrein wirst du deinen Kindern durch dein Vorbild vermitteln, wie wertvoll und wirkungsvoll innere Schwingungsharmonie ist. *Anderen Menschen durch dein eigenes Beispiel zu zeigen, wie sie Harmonie mit der Ur-Kraft erzeugen können – und zwar selbst unter schwierigsten äußeren Bedingungen –, ist das Wertvollste, was du ihnen mitgeben kannst.*

Beginnen wir also jetzt mit der *Stromaufwärts/Stromabwärts-Methode*, und dabei beginnst du dort, wo du dich momentan befindest, denn du kannst immer nur dort beginnen.

- *Meine Kinder machen mich wahnsinnig.* (stromaufwärts)
- *Ständig zanken sie sich.* (stromaufwärts)
- *Ich kann sie einfach nicht davon abbringen.* (stromaufwärts)
- *Sie hören nicht auf mich.* (stromaufwärts)
- *Eines Tages werden sie es bedauern, dass sie heute so gemein zueinander sind.* (stromaufwärts)
- *Ich weiß einfach nicht, was ich dagegen machen soll.* (stromaufwärts)
- *Ich habe wirklich alles versucht.* (stromaufwärts)

Es ist ganz natürlich, dass deine Aussagen anfangs alle *stromaufwärts* ausgerichtet sind. Aber denke daran, dass es bei dieser Methode nicht darum geht, das Offensichtliche festzustellen und herauszufinden, was du dagegen unternehmen kannst. Alles, was du tun musst, ist, *Gedanken zu finden, die bewirken, dass du dich besser fühlst*.

Schon das kleinste Gefühl der Erleichterung ist ein Zeichen, dass du etwas inneren Widerstand abgebaut hast. Und das ist viel weniger anstrengend als der krampfhafte Versuch, andere Menschen dazu zu bringen, ihr Verhalten zu ändern. Du hörst auf zu paddeln, und dein Kanu wendet ganz automatisch und gleitet nun sanft mit dem Strom. Jetzt werden dir weitere Erleichterung bringende Gedanken einfallen, was bewirkt, dass du dich allmählich immer besser fühlst. Und wenn das geschieht, wirst du schon bald auch bei deinen Kindern positive Verhaltensänderungen bemerken. *Je besser du dich in Harmonie mit deinen eigenen Wünschen befindest, desto eher wirst du auch bei anderen Menschen positive Verhaltensänderungen bewirken. Positiver Wandel kann nur dann in deinem Leben Einzug halten, wenn du es schaffst, dich besser zu fühlen.*

- *Letztlich ist es ihre Sache, wie sie miteinander umgehen.* (stromabwärts)

- *Vielleicht bereitet ihr Verhältnis zueinander mir viel mehr Unbehagen und Kopfzerbrechen als ihnen selbst.* (stromabwärts)

Wenn du es schaffst, ungefähr einen Tag lang in Schwingungsharmonie mit dieser letzten Aussage zu bleiben, würde sich deine Schwingung dadurch so stark verändern, dass eine Veränderung in der Außenwelt eintritt. Aber da diese Aussage dir gerade erst in den Sinn gekommen ist und du es noch nicht gewohnt bist, so über die Sache zu denken, wirst du wahrscheinlich rasch wieder zu deinen üblichen *Stromaufwärts*-Gedanken zurückkehren. Um also kontinuierlich Widerstand abzubauen und innere Harmonie zu erzeugen, solltest du längere Zeit damit fortfahren, nach weiteren Gedanken zu suchen, die dir Erleichterung bringen. *Je länger du diesen verbesserten Gefühlszustand beibehalten kannst, desto mehr angenehme Vorstellungen und Gefühle erzeugst du damit in dir. Auf diese Weise wird es dir mit etwas*

Übung und Geduld gelingen, völlige Schwingungsharmonie zu deinem Wunsch herzustellen.

- *Als sie klein waren, waren sie so lieb.* (stromabwärts)

- *Damals haben sie sehr harmonisch miteinander gespielt.* (stromabwärts)

Während du nach erleichternden Gedanken suchst, kann es passieren, dass eine Aussage, von der du zunächst angenommen hast, sie würde bewirken, dass du dich besser fühlst, eine Verschlechterung deiner Gefühlslage hervorruft. Manchmal, während du nach besseren Gedanken suchst, geschieht es, dass du dadurch nur dein Mangelgefühl verstärkst, weil dir stärker bewusst wird, dass du das Gewünschte noch *nicht* erlangt hast. Statt *Erleichterung* verspürst du dann größeres Unbehagen – aber das bedeutet nicht, dass du dich in die falsche Richtung bewegst.

Denke daran: *Wie du dich jetzt im Moment fühlst, steht immer nur in Bezug dazu, wie du dich kurz davor gefühlt hast. Betrachte diese Übung also in einem fließenden, flexiblen Sinne. Du kannst dich dabei jederzeit Schritt für Schritt in die von dir angestrebte Richtung bewegen. Verliere dabei nicht dein Ziel aus den Augen, das stets darin besteht, Erleichterung zu finden und dich besser als vorher zu fühlen, und dann noch ein bisschen besser, und noch ein bisschen besser... Wenn sich dazwischen einmal ein Gedanke einschleicht, der sich schlechter anfühlt als der vorherige, ist das überhaupt kein Problem. Strebe einfach sofort wieder nach Erleichterung. Das wird dir auf jeden Fall gelingen – und zwar meistens sehr schnell.*

- *Es kommt immer wieder vor, dass Kinder sich streiten.*

- *Das hilft ihnen, das Leben besser zu verstehen.*

- *Sie haben das Recht, in aufrichtiger Weise auf ihre Umwelt zu reagieren.*
- *Sich schlecht zu fühlen gefällt ihnen genauso wenig wie mir.*
- *Und wenn sie es nicht mögen, sich schlecht zu fühlen, werden sie auch eine Lösung für ihr Problem finden.*
- *Ich werde damit aufhören, die Sache durch meine negative Reaktion zusätzlich zu verschlimmern.*
- *Ich werde darauf vertrauen, dass sie das allein regeln.*
- *Es wird interessant werden, zu beobachten, wie die beiden dieses Problem auf ihre Weise in den Griff bekommen.*
- *Ich nehme diese Sache viel zu wichtig.*
- *Warum rege ich mich eigentlich so darüber auf?*
- *Mit etwas innerer Gelassenheit und Distanz kann ich viel besser damit umgehen.*
- *Schließlich haben wir zwei wirklich tolle Kinder!*
- *Und als Familie halten wir zusammen.*
- *Es ist gut, dass ich die Kontrolle über meine eigenen Gefühle habe.*
- *Indem ich meine Kinder durch meine eigene positive Ausstrahlung inspiriere, kann ich dazu beitragen, dass sie sich besser fühlen.*

- *Es ist gut, dass sie freie Individuen sind, die selbst darüber entscheiden können, was sie denken und fühlen wollen.*

- *Und ich kann selbst entscheiden, was ich in Bezug auf meine Kinder denke und fühle.*

Deine Beobachtung der Streitereien deiner Kinder hat dich veranlasst, Wunschraketen zu starten und dadurch dein Schwingungsguthaben zu vergrößern. Die Konflikte zwischen deinen Kindern mitzuerleben hat bei dir bewirkt, dass deine Wünsche bezüglich deines Familienlebens sich enorm weiterentwickelt haben. Wenn du dich nun bewusst *stromabwärts* ausrichtest, hin zur Erfüllung deiner Wünsche nach einem glücklicheren Familienleben, bewegst du dich auf die Verwirklichung deiner Ideale zu.

In Wirklichkeit läuft in deinem Leben also überhaupt nichts falsch – alles entfaltet sich so, wie du es dir gewünscht hattest, ehe du damals die Entscheidung trafst, dich in dieser physischen Gestalt zu verkörpern. Du bist hierhergekommen, um dein Leben zu leben, dir über deine Wünsche klar zu werden und der Verwirklichung dieser Wünsche dann deine ungeteilte Aufmerksamkeit zu widmen. Und genau das ist es, worum es bei der Bewussten Schöpfung geht!

Beispiel 4

Ich bin so furchtbar unorganisiert!

BEISPIEL: »Ich wäre so gern ein ordentlicher und disziplinierter Mensch, aber ich schaffe es einfach nicht, mein Leben und meinen Haushalt gut zu organisieren! Ich habe viele Interessen, und das bringt es mit sich, dass sich aller mögliche Kram bei mir zu Hause ansammelt. Mein Zuhause ist angefüllt mit Dingen, die ich interessant finde, aber inzwischen kann man kaum noch treten, und ich weiß nicht, wie ich Ordnung in dieses Durcheinander bringen soll!

Immer denke ich über neue Projekte nach und schleppe Dinge an, die ich für diese Projekte benutzen will, aber ich finde nicht die Zeit, endlich aufzuräumen. Ab und zu plane ich dafür sogar einen ganzen Tag ein, aber wenn ich anfange, gebe ich schon nach kurzer Zeit frustriert auf, weil mir alles inzwischen wirklich über den Kopf gewachsen ist.

Ich weiß, ich sollte einen großen Teil dieser Utensilien wegwerfen, aber dazu kann ich mich nicht durchringen aus Angst, dass ich sie eines Tages vielleicht doch noch gebrauchen könnte. Also sammle ich immer weiter, obwohl mir mein Haus schon jetzt völlig vollgestopft vorkommt. Ich kann das Aufräumen auch nicht an andere Leute delegieren, weil nur ich selbst weiß, was für mich wichtig ist. Und außerdem wüsste ich, wenn ein anderer für mich aufräumen würde, erst recht nicht, wo ich finde, was ich jeweils gerade brauche. Ich weiß, ich müsste wirklich ganz dringend Ordnung schaffen, aber ich fühle mich wie gelähmt und schaffe es nicht, die Sache in Angriff zu nehmen.«

Das ist eine gute Gelegenheit, dir zu verdeutlichen, welche Auswirkungen das *Gesetz der Anziehung* in deinem Leben hat. Du schaust dich um, siehst das Durcheinander und fühlst dich ohnmächtig, und weil du dich ohnmächtig und überfordert fühlst, bist du nicht in der Lage, etwas gegen die Unordnung zu tun. Daher geht es jetzt zunächst nicht darum, aufzuräumen, denn dazu bist du ja, wie du selbst erkannt hast, momentan gar nicht in der Lage. *Zunächst musst du einen Weg finden, deine emotionale Verfassung zu verbessern. Sobald du dich emotional besser fühlst, wirst du einen Weg finden, deine physische Umgebung vernünftig zu ordnen und zu organisieren. Mit anderen Worten, du musst zuerst mit der Unordnung in deinem Bewusstsein aufräumen, dann kannst du auch deren äußere Manifestationen beseitigen.*

- *Ich sollte dieses ganze Zeug endlich wegwerfen.*
- *Wie konnte ich nur all diesen Krempel anhäufen? Ich muss verrückt sein!*
- *Was habe ich mir nur dabei gedacht?*
- *Aber wenn ich jetzt vorschnell etwas wegwerfe, stellt sich später vielleicht heraus, dass ich es doch hätte brauchen können.*
- *Das Ganze wird immer schlimmer und schlimmer.*
- *Es wird mir nie gelingen, Ordnung zu schaffen.*

Diese Aussagen haben alle ihre Berechtigung, und sie sind alle *stromaufwärts* ausgerichtet. Es sind Feststellungen darüber, wie du dich gegenwärtig fühlst. Versuche nun, statt festzustellen, wie die Dinge *sind* oder wie sie *waren*, Aussagen zu finden, die bewirken, dass du dich besser fühlst. Dein Ziel sollte hierbei also nicht sein, den *Ist-Zustand* zutreffend zu beschreiben, sondern Dinge zu sagen oder zu denken, die in dir ein Gefühl der Erleichterung auslösen. Wenn es dir gelingt, dich bezüglich deines Themas dauerhaft besser zu fühlen, wird die Energie sich verändern, sodass du dich nicht länger gelähmt und überfordert fühlst. Sobald das eintritt, werden sich ganz von selbst die richtigen, sich gut anfühlenden Ideen einstellen, wie du die Unordnung bei dir zu Hause in den Griff bekommen kannst. Wenn du dich besser fühlst, zeigt dir das an, dass du eine größere Schwingungsharmonie zwischen dir und deinem *Inneren Sein* erreicht hast: *Widerstand* oder innere *Offenheit*, *gegen den Strom* oder *mit dem Strom*.

- *Es ist nichts dagegen einzuwenden, dass ich meinen Interessen und Neigungen nachgehe.*
- *Es ist völlig logisch, dass ich mich mit den erforderlichen Utensilien und der Literatur ausstatte, die ich zur Verwirklichung meiner Wünsche und Ziele benötige.*
- *Viele Leute haben Hobbys, denen sie sich leidenschaftlich widmen.*
- *Es hat mir viel Spaß gemacht, alle diese Dinge zusammenzutragen.*
- *Mein Interesse an diesen Themen hat bewirkt, dass ich interessantes Material zu diesen Themen entdeckt habe.*
- *Daran kann man sehen, wie gut das Gesetz der Anziehung funktioniert.*
- *Es ist ja gar nicht nötig, dass ich alles wegwerfe.*
- *Es ist überhaupt nichts Schlechtes, Dinge zu sammeln, die mich interessieren.*
- *Ich werde alles vernünftig ordnen und katalogisieren, damit ich immer rasch finde, was ich gerade benötige.*

- *Ich muss ja nicht alles auf einmal erledigen.*

- *Schließlich lebe ich jetzt schon eine ganze Weile mit diesen Dingen, es besteht also kein Grund zur Eile.*

- *Schritt für Schritt schaffe ich Ordnung und entscheide, was ich behalte und wo ich es unterbringe.*

- *So, wie mir das Finden dieser Dinge Freude gemacht hat, wird es mir auch Freude machen, sie zu sortieren und zu ordnen.*

Beachte, welche Wandlung nun mit deinen Emotionen vor sich gegangen ist, ohne dass sich an der äußeren Situation etwas geändert hat. Du fühlst dich nun nicht mehr überwältigt und überfordert, weil du dein Denken wieder in Einklang mit deinem wahren *Inneren Sein* gebracht hast.

Manche Leute sagen, es sei ein ungesunder Zustand der Verleugnung, wenn du dich weigerst, deine eigenen Schwächen anzuschauen. Darauf entgegnen wir, dass du dich gerade dann im stärksten Zustand der Verleugnung befindest, wenn du dich auf deine Schwächen fokussierst, denn damit leugnest du dein *Inneres Sein* und sperrst dich gegen dein eigenes Potenzial.

Häufig werden Menschen, die sich auf ihre eigenen guten Seiten und Stärken konzentrieren, von anderen kritisiert. Man wirft ihnen vor, arrogant oder selbstsüchtig zu sein. Darauf entgegnen wir, dass diese Art von »Selbstsucht« eine gute Sache ist: Wenn du innere Harmonie zu deinem Größeren Selbst herstellst, tust du damit zweifellos dir selbst etwas Gutes (was du daran merkst, dass du dich besser fühlst). Aber gerade das versetzt dich überhaupt erst in die Lage, auch etwas für andere zu tun. Im Zustand der Depression kannst du anderen nichts geben, denn du bist dann vom Strom des Wohl-Seins abgeschnitten – und alles von Wert, was du anderen geben kannst, kommt aus diesem Strom.

Beispiel 5

Mein früherer Mann verbreitet Lügen über mich

BEISPIEL: »Ich war über zehn Jahre verheiratet, und wir haben eine zehnjährige Tochter. Im vergangenen Jahr haben wir uns scheiden lassen und teilen uns das Sorgerecht für unser Kind. Wir wohnen in derselben Stadt, sodass unsere Tochter sich relativ einfach zwischen unseren beiden Haushalten hin und her bewegen kann. Rein von der praktischen Seite her haben wir das gut organisiert.

In unserer Scheidungsvereinbarung einigten wir uns darauf, dass unsere Tochter während der Woche bei mir und an den meisten Wochenenden bei ihrem Vater sein würde. (Manche Wochenenden verbringt sie auch bei mir, aber die meisten bei ihrem Vater. An den Geburtstagen und Feiertagen wechseln wir uns ab, unabhängig davon, ob sie auf einen Werktag oder ein Wochenende fallen.) Sie ist ein wunderbares Mädchen und, wie es scheint, kommt sie mit alledem recht gut klar. Wenn sie allerdings nach den Besuchen beim Vater zu mir nach Hause kommt, habe ich den Eindruck, dass etwas nicht in Ordnung ist. Sie wirkt dann gereizt, und man merkt ihr an, dass ihr etwas zu schaffen macht.

Nun habe ich erfahren, dass ihr Vater in ihrer Gegenwart schlecht über mich redet, was mich nicht überrascht – ich habe schließlich auch keine gute Meinung von ihm. Aber er behauptet Dinge, die einfach nicht wahr sind. Er erzählt Lügen über mich. Ich fürchte, dass er das tut, um einen Keil zwischen unsere Tochter und mich zu treiben. Ich habe Angst, dass sie *ihm* glauben wird und wir uns dadurch voneinander entfremden. Ich möchte mich verteidigen, aber ich weiß nicht genau, was er über mich behauptet, sodass ich auch nicht genau auf die Vorwürfe eingehen kann. Und ich weiß auch nicht, mit wem er noch darüber redet und *was* er herumerzählt. Wie kann ich ihn dazu bringen, damit aufzuhören?«

Da es euch schon während eurer Ehe nicht gelang, zu einem harmonischen Miteinander zu finden, kommt es für dich natürlich nicht überraschend, dass dies auch nach eurer Trennung schwierig bleibt. Aber es ist dennoch *möglich*. Wenn du dir bewusst machst, dass eure gemeinsame Zeit für euch beide in vielerlei Hinsicht eine wertvolle Erfahrung war, könnt ihr weiterhin enorm von eurer Beziehung profitieren, auch wenn eure Ehe inzwischen zu Ende ist.

Wir möchten dir helfen einzusehen, dass zwar deine Ehe beendet ist, deine Beziehung zu diesem Menschen jedoch nicht. Und so wird es ewig bleiben. Das gehört zu den ziemlich beunruhigenden Erfahrungen, die Menschen nach einer Scheidung oder Trennung machen. Sie durchleben extrem negative Gefühle und glauben, die Trennung von dem betreffenden Menschen würde ihre Probleme lösen. Aber die meisten Leute stellen fest, dass ihre Gefühle gegenüber dem Exmann oder der Exfrau sich nach der Scheidung gar nicht oder nur wenig verbessern. Meistens konzentrieren sie sich so sehr darauf, vor sich selbst und anderen zu rechtfertigen, warum die Scheidung eine gute Idee war, dass sie darüber in Schwingungsharmonie zu allem stecken bleiben, was sie sich im Hinblick auf Ehe und Partnerschaft gerade *nicht* wünschen. Also leben sie zwar nicht mehr unter einem Dach mit dem Expartner, aber er oder sie ist in ihrem Denken immer noch auf negative Weise allgegenwärtig, selbst wenn sie einander nur noch selten oder gar nicht sehen. Und weil sich zwar ihre äußeren Lebensumstände verändert haben, nicht jedoch ihre Schwingungen, wird ihre nächste Liebesbeziehung wieder mit den gleichen Problemen belastet sein wie die letzte.

Denke daran, dass diese Ehe, so unerfreulich sie auch gewesen sein mag, doch deine innere Entwicklung angeregt hat. Die dadurch geweckten Wünsche sind nun Teil deines Schwingungsguthabens, und dein *Inneres Sein* befindet sich bereits an dem Ort, wo diese Wünsche erfüllt und verwirklicht sind. Dein Größeres Selbst hat sich längst darauf eingeschwungen. Wenn es dir gelingt, Gedanken zu finden, die sich gut anfühlen, und wenn du durch ständiges Üben Schwingungsharmonie zu diesen Gedanken herstellst, kannst du von den Erfahrungen deiner Ehe profitieren. Doch nur dadurch, dass du dich immer wieder beharrlich auf sich besser anfühlende Gedanken konzentrierst, kannst du die Kluft schließen und zu jenem höher entwickelten Wesen werden, das die aus der Erfahrung geborenen Wünsche verwirklicht und lebt.

Beginnen wir also nun damit, nach ein paar *Stromabwärts*-Gedanken Ausschau zu halten. Gehe dabei von deinem Ist-Zustand aus:

- *Ich bin froh, dass ich nicht mehr mit ihm zusammenleben muss.*
- *Ich habe eigentlich schon von Anfang an geahnt, dass unsere Ehe nicht funktionieren würde.*
- *Ich weiß nicht, warum ich es überhaupt so lange mit ihm ausgehalten habe.*
- *Es überrascht mich nicht, dass er immer noch versucht, Ärger zu machen.*
- *Es macht mich wütend, dass ich mich nicht gegen seine Lügen wehren kann.*
- *Er hat so wenig Selbstwertgefühl, und ich glaube, er wird sich nie ändern.*
- *Die unerfreulichen Erinnerungen an unsere Ehe werde ich nie mehr los.*
- *Wegen unserer Tochter bin ich an ihn gekettet.*

Wenn du gerne Gedanken finden möchtest, die sich besser anfühlen, heißt das noch nicht, dass diese dir nun mühelos zufließen. Das *Gesetz der Anziehung* bewirkt, dass dir nur Gedanken zugänglich sind, die nicht allzu weit von deiner momentan aktiven Schwingung entfernt sind. Und da du schon ziemlich lange negativ über deinen Exmann gedacht hast, kannst du jetzt nicht plötzlich zu sich wunderbar anfühlenden Gedanken überwechseln. Aber das ist auch gar nicht nötig. Es genügt, deinen Fokus ein klein wenig zu verschieben.

Um dein Kanu zu wenden und dich zu einem angenehmeren Zustand hingleiten zu lassen, musst du lediglich aufhören, gegen den Strom anzupaddeln. Das genügt. Lasse die sich unangenehm anfühlenden Gedanken einfach los, so gut es geht. Halte nicht verbissen an ihnen fest. Jedes Mal wenn du das tust, wirst du ein wenig Erleichterung verspüren, die dich ein Stück *stromabwärts* gleiten lässt. Und schon wirst du einen weiteren Erleichterung bringenden Gedanken finden ... und noch einen und noch einen.

Jetzt im Moment sollte dein Ziel sein, einfach mit dem Paddeln gegen den Strom aufzuhören. Höre damit auf, dich zu verteidigen und zu rechtfertigen, deine Situation, deine Entscheidung, dich scheiden zu lassen und so weiter – lass dich einfach in deinem Kanu treiben.

- *Ich habe keine Lust mehr, mich zu streiten.*

- *Ich will nicht mehr kämpfen.*

Im Vergleich zu den vorherigen Aussagen sind diese beiden Sätze eine große Verbesserung – und deshalb verspürst du jetzt Erleichterung. Es ist nicht nötig, dass du diese Übung so lange machst, bis du dich richtig wunderbar fühlst. Manchmal genügt es, loszulassen und das *Stromaufwärts*-Paddeln zu beenden. Aber wenn du Lust hast, noch etwas weiterzumachen, kann dir das natürlich zusätzlich Schwung verleihen.

- *Es ist gut, dass wir uns haben scheiden lassen.*

- *Es ist sinnlos, jemandem die Schuld zu geben.*

- *Wir haben uns in gegenseitigem Einvernehmen getrennt.*

- *Ich bin froh, dass wir nicht weit entfernt wohnen, sodass unsere Tochter problemlos Zeit mit uns beiden verbringen kann.*

- *Seit wir nicht mehr unter einem Dach leben, ist alles viel leichter geworden.*

Manchmal genügt diese vergleichsweise geringe Anstrengung, um eine erheblich bessere Gefühlslage zu erreichen. Wenn dir das gelingt, nutze die Gelegenheit und treffe weitere positive *Stromabwärts*-Aussagen.

- *Mir ist klar, dass mein Exmann und ich auf gewisse Weise immer verbunden bleiben werden.*

- *Ich will das Beste aus unserer Situation machen.*

- *Ich möchte meiner Tochter ihren Vater nicht vorenthalten.*

- *Ich glaube nicht, dass er ihr die Mutter vorenthalten will.*

- *Ich glaube nicht, dass sie viel über mich reden.*

- *Wir führen jetzt beide unser eigenes Leben.*

- *Ich möchte, dass meine Tochter sich gut mit ihren beiden Eltern versteht.*

- *Ich möchte, dass meine Tochter und ich uns gut verstehen.*
- *Ich möchte sogar, dass sie sich gut mit ihrem Vater versteht.*
- *Es gibt keinen Grund für uns, die alten Kämpfe fortzuführen.*
- *Ich bin wirklich nicht daran interessiert, mich mit ihm zu streiten.*

Nun mag es den Anschein haben, wir wären mit diesen Sätzen dem eigentlichen Problem ausgewichen, dass »er Dinge behauptet, die einfach nicht wahr sind ... Lügen über mich erzählt«. Und das ist wahr. Wir haben ganz bewusst die besonders unangenehmen Probleme vermieden, jedenfalls zu Anfang, weil es dann leichter für dich ist, durch bessere Gedanken Erleichterung zu finden.

Wenn du dir deiner Gefühle bewusst bist und konsequent nach Gedanken suchst, die bewirken, dass du Erleichterung empfindest, werden diese intensiven negativen Emotionen allmählich immer schwächer – nicht, weil dein Exmann sich geändert hätte, sondern weil du Harmonie herstellst zu den Wünschen, die deine schwierige Ehe in dir geweckt haben.

Wenn du begreifst, welchen Wert es hat, die emotionale Kluft zwischen deinem physischen Selbst und deinem *Inneren Sein* zu schließen, das bereits im Zustand der erfüllten Wünsche lebt, wirst du schließlich sogar eine gewisse Hochachtung für diesen Schuft empfinden, der dir so viel Kummer gemacht hat. Aber alles zu seiner Zeit.

Beispiel 6

Mein Mann gibt mir beim Autofahren ständig Ratschläge

BEISPIEL: »Ich bin eine gute Autofahrerin. Ich hatte noch nie einen Unfall und habe viel Fahrpraxis. Allerdings ist mein Orientierungssinn nicht so gut und ich habe Schwierigkeiten, Straßenkarten zu lesen. Aber wenn ich eine Strecke einmal gefahren bin, behalte ich sie im Gedächtnis und finde mich beim zweiten Mal meist auf Anhieb zurecht.

Mein Mann und ich fahren oft gemeinsam, und dann möchte er in der Regel, dass ich fahre. Aber er gibt mir ständig Ratschläge, wie ich fahren soll. Andauernd erteilt er mir Anweisungen, wann ich die Spur wechseln oder einen Lastwagen überholen soll. Er dirigiert mich sogar bei der Parkplatzsuche. Dabei gibt es beim Fahren so viele Entscheidungsmöglichkeiten, die fast immer zu ähnlichen Ergebnissen führen. Deshalb begreife ich nicht, warum es so wichtig ist, dass wir *so herum* von einem Parkplatz herunterfahren statt andersherum. Selbst wenn seine Ideen manchmal vielleicht wirklich etwas besser sind, fühlt es sich doch für mich so an, dass der Geist, der die Entscheidungen trifft, nicht mit dem Körper verbunden ist, der das Auto lenkt. Dadurch fühle ich mich beim Autofahren ständig unbehaglich, weil meine natürlichen Impulse ständig von *seinen* Instinkten überlagert werden.

Wenn er fahren möchte, sollte er auch selbst hinter dem Steuer sitzen. Und wenn ich fahre, sollte er mich wirklich fahren lassen. Es müsste doch ein angenehmer Kompromiss möglich sein, wo er mich weitestgehend machen lässt und nur gelegentlich eine hilfreiche Bemerkung beisteuert.

So ist es eine ständige Qual für mich. Das beginnt schon, wenn ich aus einer Parklücke herausfahre und mich frage, ob meine natürliche Entscheidung, wie ich den Wagen rangiere, mit seiner Vorstellung übereinstimmt. Es ist wirklich nicht angenehm, unter solchen Bedingungen Auto zu fahren, und wahrscheinlich ist es sogar gefährlich. Ich merke, dass ich, wenn mein Mann mit im Wagen sitzt, unsicher und ängstlich fahre, statt auf meine natürlichen Fähigkeiten zu vertrauen.«

Du solltest unbedingt erkennen, dass deine Erfahrungen damit zusammenhängen, dass du Mitschöpferin bist. Mit anderen Worten, dein Mann tut *dir* das nicht an, sondern ihr habt dieses Szenario über einen längeren Zeitraum gemeinsam erschaffen. Vielleicht hat es damit begonnen, dass du dich während einer gemeinsamen Autofahrt tatsächlich einmal *nicht* entscheiden konntest, wohin du abbiegen solltest, während er das genau wusste.

In der damaligen Situation war es hilfreich, dass er seinen Standpunkt mitteilte. Inzwischen ärgerst du dich jedoch so über seine ständige Einmischung, dass du darüber deine innere Harmonie verloren hast. Und diese Disharmonie bewirkt, dass du, wenn er beim Autofahren neben dir sitzt, dich zögerlich und unsicher verhältst, was ihn veranlasst, umso mehr zu kritisieren und zu dirigieren. So entsteht ein für euch beide unangenehmer Teufelskreis. Seine dauernden Ratschläge und Ermahnungen irritieren dich und bewirken, dass du unsicher fährst, er will dir helfen und gibt noch mehr Ratschläge, wodurch du noch irritierter wirst und noch unsicherer fährst. ... Ihr habt beide bezüglich dieser Situation nicht nur gewohnheitsmäßige Verhaltensweisen und Sprechmuster entwickelt, sondern auch die entsprechenden Gedanken und Gefühle.

In deinem Zustand der Verärgerung und Frustration findest du keine Lösung. Dein Fahrstil wird sich nicht verändern (und es gibt für dich ja auch keinen Grund, daran etwas zu ändern, denn du glaubst nicht, dass deine Fahrweise das Problem ist). Und deinen Mann um eine Änderung seines Verhaltens zu bitten wird auch nicht viel bringen. Solange du also nicht deine Gefühle bezüglich der Situation veränderst, kann sich die Lage nicht bessern.

Viele Leute würden dir vermutlich dazu raten, *ihn* fahren zu lassen, gar nicht mehr gemeinsam zu fahren oder ihm zu sagen, er solle sich nicht einmischen, wenn du am Steuer sitzt. Andererseits gibst du aber zu, dass seine Vorschläge ja mitunter durchaus sinnvoll und hilfreich sind.

Äußere Einwirkung auf Verhaltensmuster führt immer dazu, dass der energetische Widerstand sich verstärkt. Mit anderen Worten, wenn du dich bei ihm darüber beschwerst, dass du seine Einmischung störend findest, und er daraufhin gar nichts mehr sagt, bekommst du auch da keine Ratschläge mehr von ihm, wo sie bislang hilfreich waren. Es ist eigentlich unmöglich, zu jemandem zu sagen: »Ich will, dass du *immer* das tust oder jenes lässt.« Es scheint manchmal einfacher, aber in der Praxis ist es undurchführbar.

Was du wirklich willst, ist, Harmonie zu deinem Größeren Selbst herzustellen, was dich in die Lage versetzt, die Dinge aus dessen größerer Perspektive zu sehen. Was du wirklich willst, ist, so in Schwingungsharmonie mit dem vollen Potenzial deines Seins zu kommen, dass du alles, was du tust, mit Bravour meisterst – sei es Autofahren oder jede andere Tätigkeit.

Wir versprechen dir: Wenn du zur Harmonie mit deinem *Inneren Sein* gelangst, wird dein gesamtes Handeln geschickt, klar und präzise sein. Du kannst dich dann absolut auf deine Instinkte verlassen und wirst jederzeit gute Entscheidungen treffen. Vielleicht wird dein Mann auch weiterhin eigene Vorschläge machen, wenn ihr Auto fahrt. Aber er wird es dann nicht mehr tun, weil er an deinen Fähigkeiten zweifelt, sondern aus dem Wunsch, spielerisch mit dir gemeinsam mitschöpferisch zu sein.

Es gibt für dich keine Möglichkeit, deinen Mann zu verändern. Und du kannst dein Verhalten nicht so weit ändern, dass er seine Neigung, sich vom Beifahrersitz aus einzumischen, aufgeben würde. Aber du *kannst* Schwingungsharmonie zu deinem *Inneren Sein* herstellen, deinem Größeren Selbst – und wenn du das tust, wird sich deine gesamte Lebenssituation verbessern.

Es geht also immer um das Gleiche. Gehe von deinem Ist-Zustand aus, aber finde bezüglich deines Problems Formulierungen und Gedanken, die sich besser anfühlen, weil sie *stromabwärts* ausgerichtet sind und sich stärker im Einklang mit *deinem wahren Selbst* befinden.

Oft hören wir an dieser Stelle den Einwand: »Abraham, es ist ärgerlich, dass alle eure Vorschläge immer nur darauf hinauslaufen, was *ich* tun soll. Nie sagt ihr, dass auch die anderen Leute ihr Verhalten ändern müssen. Ich finde es ungerecht, dass immer ich es sein soll, dass *mir allein* die ganze Verantwortung für eine positive Veränderung aufgebürdet wird.« Wir können deinen Ärger verstehen, aber du hast die Wahl, diesen Umstand entweder aus der *Stromaufwärts*- oder aus der *Stromabwärts*-Perspektive zu betrachten:

- *Um alles muss ich mich selbst kümmern.* (stromaufwärts)

- *Ich habe die Macht, mein Leben selbst zu gestalten.* (stromabwärts)

Wenn du glaubst, andere Menschen müssten ihr Verhalten ändern, damit dein Leben besser werden kann, befindest du dich in einer ohnmächtigen Position, denn du kannst das Verhalten der anderen nicht wirklich kontrollieren. Ein solches Denken ist *stromaufwärts* ausgerichtet.

Wenn du aber erkennst, dass du deine Gefühle steuern kannst, indem du deine Gedanken bewusst wählst, und dass du mit etwas Übung lernen kannst, in allen Lebensbereichen immer wieder Harmonie mit deinem *Inneren Sein* herzustellen, erlangst du nicht nur völlige Kontrolle über deine Gefühle, sondern dein Leben wird sich zwangsläufig auf sehr angenehme Weise entfalten. Denn dann ist dein Denken *stromabwärts* ausgerichtet.

Wenn du herauszufinden versuchst, warum sich dein Mann so verhält (*hatte er früher schlechte Erfahrungen mit anderen Autofahrern ... langweilt er sich, wenn er beim Fahren nicht beteiligt ist ... hat er ein*

Kontrollproblem ... bin ich am Ende wirklich eine schlechte Autofahrerin, weil er immer so reagiert ...?), machst du dich verrückt. Dadurch wird alles nur noch schlimmer. Du musst gar nicht die Gründe verstehen, die zu dieser Situation geführt haben. Du musst lediglich, und zwar hier und jetzt, damit aufhören, Schwingungen auszustrahlen, mit denen du solche Situationen anziehst.

Wenn du dich gedanklich ständig mit dem *Ist-Zustand* beschäftigst, erhältst du ihn dadurch aufrecht. Wenn du aus einer negativen Emotion heraus handelst, erhältst du ihn aufrecht. Die Situation kann sich erst verbessern, wenn du dich besser fühlst.

Suche also, von der momentanen Situation ausgehend, nach Gedanken, die sich besser anfühlen. Wenn du eine leichte Besserung spürst, wähle einen weiteren Gedanken, der sich noch besser anfühlt.

- *Ich mag es nicht, dass mein Mann mir ständig Ratschläge gibt, wenn ich Auto fahre.*
- *Wenn er alles besser weiß, soll er doch selbst fahren!*
- *Manchmal macht er allerdings wirklich hilfreiche Vorschläge.*
- *Da er nicht auf die Straße und den Verkehr achten muss, kann er die Karte studieren oder nach Abzweigungen Ausschau halten.*
- *Vier Augen sehen oft mehr als zwei.*
- *Wenn ich beim Autofahren einen Fehler mache, reagiert er nie auf unfreundliche Weise.*
- *Er will nicht, dass ich mich schlecht fühle.*
- *Seine Ratschläge sind gut gemeint.*

- *Eigentlich verstehen wir uns doch sehr gut.*
- *Es ist schön, einen Partner zu haben, der sich für mich interessiert und dem ich wichtig bin.*
- *Ich weiß sein Interesse und seine Hilfsbereitschaft zu schätzen.*
- *Ich bin eine gute Autofahrerin.*
- *Ich bin eine gute Autofahrerin mit einem guten Helfer.*
- *Wir zwei sind ein gutes Team.*

Beispiel 7

Ich bin bei der Arbeit unglücklich und unzufrieden

BEISPIEL: »Ich arbeite jetzt seit einem knappen Jahr in dieser Firma und mache meinen Job wirklich gut. Es handelt sich um einen kleinen Familienbetrieb mit etwa zwanzig Mitarbeitern. Einige Mitarbeiter kommen aus der Familie, der die Firma gehört, aber die meisten von uns sind nicht mit den Firmeninhabern verwandt. Ich bin derjenige, der am wenigsten lange im Team ist, und wurde für ganz bestimmte Arbeiten angeheuert. Aber weil es ein sehr kleiner Betrieb ist, wird man oft auch für Dinge herangezogen, die eigentlich nicht zu dem Aufgabenbereich gehören, für den man eingestellt wurde. Ich mache meine Sache gut, bin schneller als die meisten anderen Leute und arbeite eigentlich sehr gern hier.

Es gefällt mir aber nicht, dass die meisten meiner Kollegen sich die Arbeit ziemlich einfach machen und viel weniger leisten, als sie eigentlich könnten. Und ich spüre, dass es ihnen missfällt, dass ich immer mein Bestes gebe. Sie sehen das so, dass ich damit einen zu hohen Standard setze und nun von ihnen erwartet wird, dass sie auch so viel leisten. Deshalb machen sie mir auf subtile – und manchmal gar nicht so subtile – Weise das Leben schwer.

Mir gefällt meine Arbeit, und ich bin sehr flexibel und kann eigentlich alle anfallenden Aufgaben übernehmen. Aber ich merke, dass fast alle älteren Kollegen sich die Rosinen herauspicken und mir und einigen anderen neueren Angestellten die weniger angenehmen Arbeiten aufhalsen. Ich war schon ein paarmal drauf und dran, mich deswegen beim Chef zu beschweren, aber dann schrecke ich davor zurück, weil ich nicht zur Zielscheibe ihres Zorns werden will.

Ich denke darüber nach, zu kündigen und mir einen anderen Job zu suchen. Aber ich habe jetzt schon dreimal die Firma gewechselt, und jedes Mal finde ich mich in einer ähnlichen Situation wieder. Vielleicht gibt es diese Zustände also in jeder Firma. Außerdem muss ich bei jedem Arbeitsplatzwechsel wieder von vorn anfangen, was meine Stellung in der Firma angeht, und mich mit dem geringeren Anfangsgehalt begnügen.

Ich weiß nicht, was ich machen soll. Ich will nicht kündigen, aber ich will auch nicht bleiben. Einen Lottogewinn könnte ich jetzt gut gebrauchen – dann müsste ich nicht mehr arbeiten gehen.«

Es ist gut, dass du hinter diesem wiederkehrenden Problem am Arbeitsplatz ein einheitliches Muster erkennst. Dieses Muster erhältst du dadurch aufrecht, dass du an deiner gegenwärtigen Arbeitsstelle bestimmte Dinge beobachtest (gute ebenso wie schlechte). Damit aktivierst du eine entsprechende Schwingung, und das *Gesetz der Anziehung* sorgt dafür, dass du in der nächsten Firma wieder eine ähnliche Situation antriffst – und immer so weiter.

Welche Erfahrungen du machst, hängt immer davon ab, welche Schwingungen du überwiegend ausstrahlst. Viele Leute tun sich mit dieser Vorstellung sehr schwer, weil es ihnen schwerfällt, nicht zu beobachten, was in ihrer Umgebung geschieht. Das Problem bei einer so genauen Beobachtung des Ist-Zustands besteht darin, dass du dann, wenn du ständig unerwünschte Dinge beobachtest, noch *mehr* unerwünschte Dinge in dein Leben ziehst. Aber wenn du etwas siehst, das du dir nicht wünschst, hat das auch seine guten Seiten: Du startest dann nämlich jedes Mal eine Wunschrakete, denn wenn du siehst, was du *nicht willst*, wird dir klarer bewusst, was du *willst*.

Wenn du also am Arbeitsplatz Dinge beobachtest, die dir ungerecht und falsch erscheinen, erschaffst du dir in solchen Augenblicken ein *Schwingungsguthaben* eines besseren Arbeitsumfelds. Und dein *Inneres Sein* ist nun ganz auf die Verwirklichung dieser Verbesserungen fokussiert. Deine negativen Emotionen zeigen an, dass *du*, als dein physisches Selbst, immer noch auf den unerwünschten *Ist-Zustand* fokussiert bist, während dein *Inneres Sein* bereits der Erfüllung deiner Wünsche zustrebt.

Die folgende *Stromaufwärts/Stromabwärts-Übung* wird dir helfen, innerlich mit dem in Einklang zu kommen, was du dir von *jetzt* an für dein Berufsleben wünschst:

- *Ich halte es nicht für richtig, dass die meisten meiner Kollegen so wenig Leistungsbereitschaft zeigen.*

- *Ich finde es unmöglich, dass sie keine Hemmungen haben, ihren vollen Lohn zu kassieren, obwohl sie keine wirkliche Leistung abliefern.*

- *Offenbar glauben sie, wenn sie morgens zur Arbeit erscheinen, hätten sie sich damit schon ihren Lohn verdient.*

- *Wenn ich zuverlässig und gewissenhaft meine Arbeit tue, was doch eigentlich selbstverständlich sein sollte, falle ich unter den Kollegen unangenehm auf.*

- *Die Firmeninhaber haben gar keine Ahnung, was in ihrem Betrieb vor sich geht.*

- *Wenn sie es wüssten, würden sie fast alle Mitarbeiter hinauswerfen, da bin ich mir sicher.*

Wenn eine Situation in dir starke Gefühle auslöst, wirst du am Anfang dieser Übung mehrere *Stromaufwärts*-Feststellungen machen, die einfach nur ausdrücken, wie du dich im Moment fühlst. Denke daran, dass das *Gesetz der Anziehung* immer auf deine momentan aktivsten Schwingungen anspricht. Wenn dich also etwas ärgert, werden dir zuallererst Gedanken in den Sinn kommen, die diesen Ärger zum Ausdruck bringen. Denke auch daran, dass die *Stromaufwärts/Stromabwärts-Übung* dazu dient, deine gewohnheitsmäßige, zwanghafte Fixierung auf diese Gedanken zu lockern, sodass es dir immer leichter fällt, Gedanken zu wählen, die sich besser anfühlen. Mit etwas Geduld und Übung wird sich dein Fokus dauerhaft auf diese sich besser anfühlenden Gedanken verlagern.

Fahre nun also damit fort, Gedanken zu finden, die in dir angenehmere Gefühle wecken:

- *Es besteht kein Grund, jetzt sofort zu entscheiden, ob ich bleibe oder kündige. Ich kann mir damit noch etwas Zeit lassen.*
- *Ich weiß nicht wirklich, was die Firmeninhaber über ihre Mitarbeiter wissen oder nicht wissen.*
- *Sie fragen mich jedenfalls nicht nach meiner Meinung, und darum ist es in Ordnung, wenn ich meine Beobachtungen erst einmal für mich behalte.*
- *Ich weiß eigentlich kaum etwas über meine Kollegen.*
- *Ich weiß nicht, warum sie sich so verhalten.*
- *Eigentlich ist es doch gar nicht meine Sache, was die anderen tun oder nicht tun.*
- *Meine Arbeit hier ist sehr vielseitig, und das macht mir Freude.*
- *Es gibt jeden Tag etwas Interessantes zu tun.*
- *Weil ich mich für meine Arbeit interessiere, langweile ich mich nie.*

- *Unglücklich bin ich in dieser Firma eigentlich nur, wenn ich mich an der Arbeitsweise der anderen störe.*

- *Ich bin durchaus in der Lage, mich seelisch im Gleichgewicht zu halten und mit Freude meinen Job zu machen.*

- *Ich werde mein Wohlbefinden nicht mehr davon abhängig machen, was die anderen von mir denken.*

- *Außerdem kann ich gar nicht wirklich wissen, was sie über mich denken. Ich kann es nur vermuten.*

- *Ich kann aber bewusst wählen, was ich über meine Kollegen denke.*

- *Jede Erfahrung, die ich mache, veranlasst mich, mir genauer über meine Wünsche klar zu werden und mich positiv weiterzuentwickeln.*

- *Somit tragen alle Erfahrungen, die ich in dieser Firma mache, dazu bei, in Zukunft positivere Erfahrungen zu machen.*

- *Wie schnell sich diese positiveren Erfahrungen verwirklichen, hängt allein von mir selbst ab und davon, ob ich harmonische oder disharmonische Gedanken wähle.*

- *Ich kann Stromaufwärts-Gedanken oder Stromabwärts-Gedanken wählen – aber in jedem Fall ist es meine eigene Wahl.*

Beispiel 8

Mein Mann und mein Sohn kommen nicht miteinander aus

BEISPIEL: »Ich habe aus meiner ersten Ehe einen Sohn im Teenageralter. Mein jetziger Mann und mein Sohn kommen überhaupt nicht miteinander zurecht. Sie verhalten sich nicht offen feindselig, aber mein Mann verlangt von meinem Sohn ständig Dinge, die dieser ablehnt.

Mein Sohn ist sehr intelligent und ziemlich selbstständig. Aufgaben, für die er sich begeistert, meistert er mit Bravour. Aber er will die Dinge aus freien Stücken tun und mag es nicht, wenn man ihm etwas aufzwingt und ihn herumkommandiert. Daher findet zwischen ihm und meinem Mann ein ständiger Machtkampf statt, und ich stehe dabei zwischen den Fronten.

Mein Mann hat sehr feste Vorstellungen davon, wie Kinder sich benehmen sollten, und er wird jedes Mal wütend, wenn er den Eindruck hat, dass mein Sohn sich ihm oder mir gegenüber respektlos benimmt. Ich finde das Verhalten meines Mannes nicht richtig, möchte aber, dass wir alle eine Familie sind und gut miteinander auskommen.

Diese ständigen Spannungen sind derart ermüdend! Ich frage mich ernsthaft, ob es überhaupt Patchworkfamilien gibt, die miteinander glücklich sind. Und ob es Stiefeltern gibt, die ihre Stiefkinder wirklich lieben?«

Es ist verständlich, dass diese Situation dich belastet, aber es würde dir sehr helfen, dir etwas bewusst zu machen, das von großer Wichtigkeit ist: Es gibt einen sehr einfachen Weg, gut mit anderen Menschen auszukommen – nämlich ihre Wünsche zu erfüllen und zu tun, was sie von dir erwarten, damit sie sich besser fühlen. Dann sind die meisten Menschen ziemlich umgänglich.

Solange du ihre Erwartungen erfüllst, werden sie dich durchaus mögen – und viele Menschen gestalten alle ihre Beziehungen zu anderen auf dieser Grundlage. Einer von beiden übernimmt die dominante Rolle, einer ordnet sich unter. Und dabei akzeptieren beide mehr oder weniger diese Rollen, für die sie sich entschieden haben. (Es wird dich vielleicht überraschen, das zu hören, aber der Großteil aller zwischenmenschlichen Beziehungen funktioniert bis zu einem gewissen Grad so.) Wenn nun aber eine dritte Person einbezogen wird, die andere Dinge von dir verlangt, gerät die Grundlage der bisherigen Beziehung in Gefahr.

In deinem Fall hattet du und dein Sohn bereits eine Beziehung fest etabliert. Auch wenn dir das vielleicht nicht bewusst war, hatte dein Sohn die dominante Rolle übernommen, während du dich untergeordnet hast, was gut zu euren beiden Persönlichkeiten passte. Da dein Sohn selbstbewusst – und auch bereits sehr selbstständig – ist, gab es für dich keinen Grund, die Kontrolle zu übernehmen und Machtkämpfe mit ihm auszutragen. Dann ist dein neuer Partner auf der Bildfläche erschienen und hat die dominante Rolle in der Familie für sich beansprucht. Dadurch wurde das bisherige Gleichgewicht gestört.

Es ist nicht schwierig für dich, es einem Menschen recht zu machen, aber wenn da plötzlich zwei Leute sind, die unterschiedliche Dinge von dir erwarten, musst du entscheiden, wen von den beiden du zufriedenstellen willst. Und wenn sie darauf so wie die meisten Leute reagieren – und glauben, sich nur wohlfühlen zu können, wenn sie bei dir die Reaktion auslösen, die sie brauchen –, hast du jetzt ein echtes Problem, denn du kannst sie nicht beide zufriedenstellen. Je mehr Menschen du es auf solche Weise recht zu machen versuchst, desto weniger wird es dir gelingen und desto unzufriedener werden *alle* sein.

In gewisser Hinsicht ist es natürlich schmeichelhaft, dass du ihnen so viel bedeutest, dass es ihnen wichtig ist, was du denkst oder wie du dich verhältst. Aber wie du es auch drehen und wenden magst, ein solches Verhältnis zu anderen Leuten, bei dem es nur darum geht, die

Erwartung des oder der anderen zu erfüllen, ist immer wie ein Käfig – du sitzt in der Falle. *Es funktioniert einfach nicht, das eigene Leben ausschließlich an den Bedürfnissen der anderen auszurichten, und wenn überhaupt, dann wäre es nur möglich, wenn du die Zahl deiner zwischenmenschlichen Beziehungen dramatisch reduzierst. Mit anderen Worten, du wärest immer nur in der Lage, einer einzigen dominanten Person zu dienen.*

Daher möchten wir dich ermutigen, eine neue Entscheidung zu treffen. Allerdings wird den Menschen in deinem Leben, die du ja darauf trainiert hast, bestimmte Verhaltensweisen von dir zu erwarten, diese neue Entscheidung vermutlich nicht sehr gefallen. *Entscheide dich dafür, von nun an nach Schwingungsharmonie mit deinem Inneren Sein zu streben. Mit anderen Worten, konzentriere dich darauf, dein momentanes Denken mit der am höchsten entwickelten Version deines Selbst in Einklang zu bringen, und halte alle anderen Menschen – und deren Meinungen – aus dieser Gleichung völlig heraus.*

Diese neue Entscheidung wird dir anfangs sehr radikal vorkommen. Sie wird dir aber ausgezeichnete Dienste leisten, denn es allen recht zu machen wird dir ohnehin niemals gelingen, wie sehr du dich auch abmühst ... und wenn du es trotzdem versuchst, wird das nur bewirken, dass *du* dich miserabel fühlst und trotzdem alle unzufrieden sind. Du musst dich bewusst dafür entscheiden, dich selbst zufriedenzustellen, damit Schwingungsharmonie zwischen *dir* und deinem *Inneren Sein* entsteht.

Hast du diese Harmonie hergestellt, kannst du anderen Menschen wirklich dein Bestes geben, aber es hängt dann von ihnen ab: Sie müssen sich ihrerseits dafür entscheiden, ebenfalls Schwingungsharmonie mit ihrem *Inneren Sein* zu erzeugen. Nur dann wird das, was du ihnen zu bieten hast, sie zufriedenstellen. *Bringe ihnen bei, dass sie für ihr Glück selbst verantwortlich sind. Dadurch wirst du frei.*

Beginne also, wie immer, bei deiner augenblicklichen Situation und versuche, angenehmere Emotionen in dir wachzurufen, als die nachfolgenden Aussagen sie auslösen:

- *Mein Mann und mein Sohn kommen nicht miteinander aus.*

- *Ich glaube, sie können sich nicht ausstehen.*

- *Mein Mann ist überempfindlich, was meinen Sohn angeht, und verhält sich ihm gegenüber sehr ungeschickt.*

- *Mein Sohn gießt seinerseits ständig Öl ins Feuer und macht damit alles noch schlimmer.*

So hast du dich bisher gefühlt. Finde nun Sätze, die sich besser anfühlen. Da du mit diesem Problem tagtäglich konfrontiert bist, hast du reichlich Gelegenheit, an deinem diesbezüglichen Denken zu arbeiten. Jedes Mal wenn du dir die Zeit nimmst, bewusst dein Kanu *stromabwärts* auszurichten, erhöhst du damit deine innere Harmonie, auch wenn äußerlich zunächst alles so weiterzulaufen scheint wie bisher. Hälst du beharrlich daran fest, in dieser Sache innere Schwingungsharmonie herzustellen, wird sich das zwangsläufig auf die Situation auswirken und früher oder später muss sich ein physischer Beweis zeigen. Und obendrein wirst du dich sehr viel besser fühlen, noch bevor dein Mann und dein Sohn ihr Verhalten ändern.

Übrigens wird die Disharmonie zwischen den beiden teilweise durch deine Reaktion auf das Problem mit verursacht. Beide benutzen dich und deine Reaktion als Rechtfertigung für ihren Konflikt. Wenn du deine negativen Emotionen auflöst und zu Harmonie gelangst, wird sich die Lage umso mehr entspannen. Mit anderen Worten, das Feuer brennt vielleicht noch, aber du schüttest nicht mehr länger Benzin darauf. Fahre also fort, Sätze zu finden, die dir etwas Erleichterung verschaffen:

- *Sie sind doch beide eigentlich sehr liebenswerte Menschen.*

- *Sie müssen sich noch an diese neue Familiensituation gewöhnen.*

- *Bei dem Konflikt kommen verschiedene Faktoren zusammen, die ich gar nicht alle verstehen muss und kann.*

Hier kannst du erst einmal abbrechen. Du fühlst dich nun schon besser. Für den Augenblick ist deine Arbeit getan. Aber wenn du gern weitermachen möchtest, kannst du von dem Schwung profitieren, den du erzeugt hast:

- *Ich sehe jetzt, wodurch ich zur Verschärfung der Situation beigetragen habe. Wenn ich das künftig unterlasse, wird sich die Lage ganz von selbst verbessern.*

Diese Aussage wird vermutlich bewirken, dass du dich wieder etwas schlechter fühlst, weil du erneut versuchst, Verantwortung für die Beziehung zwischen den beiden zu übernehmen. Nur *du allein* kannst wissen, bei welchen Gedanken oder Aussagen du dich besser oder schlechter fühlst. Suche nun deswegen weiter nach *Stromabwärts*-Gedanken:

- *Kommt Zeit, kommt Rat. Kein Problem währt ewig.*

- *Mein Sohn wird sowieso eines Tages ausziehen.*

Der letzte Gedanke fühlt sich wahrscheinlich nicht so gut an, denn du möchtest nicht, dass er sich bei euch nicht willkommen fühlt und deshalb wegzieht. Formuliere die Aussage also um, sodass sie sich für dich besser anfühlt:

- *Kinder möchten doch selbstständig und unabhängig werden.*

- *Die meisten Kinder wünschen sich ihre Unabhängigkeit schon lange, bevor sie sie bekommen.*

- *Jugendliche besitzen einen natürlichen Freiheitsdrang und werden bockig, wenn jemand versucht, ihnen Zügel anzulegen.*

- *Das gilt besonders, wenn dieser Jemand neu für sie ist und bisher nicht zur Familie gehörte.*

Zwar mag dieser Gedanke dir bezüglich deines Sohnes Erleichterung schenken, aber andererseits fühlst du dich nun vielleicht schlechter im Hinblick auf deinen Mann und sein Verhalten. Versuche also, auch hier Erleichterung zu finden:

- *Für meinen Mann ist das alles noch sehr neu.*

- *Ich weiß, dass er das nur tut, weil er glaubt, es sei für meinen Sohn das Beste.*

- *Er versucht noch, seine Rolle in der neuen Familie zu finden.*

- *Ich kann dazu beitragen, für eine entspanntere Atmosphäre zu sorgen.*

- *Wenn ich mir meine innere Harmonie und Ausgeglichenheit bewahre, wird sich das auch auf die beiden positiv auswirken.*

- *Wir alle möchten uns gut fühlen. Und wenn ich mich gut fühle, hat das in jedem Fall eine positive Wirkung.*

- *Sich gut zu fühlen wirkt ansteckend auf andere.*

- *Ich war schon immer gut darin, andere zu inspirieren und die Stimmung anzuheben.*

- *Ich liebe es, spielerisch mit den Dingen umzugehen und Neues auszuprobieren.*

- *Es passiert leicht, dass wir das Leben viel zu ernst nehmen.*

- *Im Grunde wollen doch alle nur das Beste.*

- *Insgesamt gesehen machen wir drei unsere Sache ziemlich gut.*

- *Es macht mir Freude, zu beobachten, wie sich meine Wünsche entfalten und erfüllen.*

- *Ich werde Schwingungsharmonie zu meinem Inneren Sein herstellen und dann die Früchte dieser Harmonie genießen.*

- *Ich habe nicht die Absicht, andere Menschen zu beherrschen und zu kontrollieren, aber es wird mir Freude machen, den positiven Einfluss zu beobachten, den ich auf andere ausübe.*

Wenn du dich konsequent darin übst, *stromabwärts* zu denken, wirst du, verglichen mit einem inneren Zustand, bei dem deine Energien disharmonisch und ungeordnet sind, einen enormen Einfluss auf andere ausüben. Der innere Konflikt, den du durchlebt hast, hat klare Wünsche in dir geweckt, und wenn du entsprechende *Stromabwärts*-Gedanken praktizierst, wirst du Schwingungsharmonie herstellen zu einer erfüllteren, glücklicheren Version deiner Beziehung zu deinem Mann und deinem Sohn.

Beispiel 9

Ich komme nicht über den Tod meines Vaters hinweg

BEISPIEL: »Vor inzwischen über einem Jahr ist mein Vater gestorben, und ich bin noch immer nicht darüber hinweg. Ich verstehe gar nicht, warum ich so sehr um ihn trauere. Ich habe schon seit über zwanzig Jahren nicht mehr bei ihm gewohnt, und in den letzten Jahren haben wir uns kaum gesehen – vielleicht einmal jährlich, und dann war es immer nur ein kurzer Besuch, bei dem wir uns nicht viel zu sagen hatten. Es gab nie viel Gemeinsames, Verbindendes zwischen uns. Warum also macht mir sein Tod derartig zu schaffen?«

Auch während ihr in eurem physischen Körper aus Fleisch, Blut und Knochen lebt, seid ihr in erster Linie Schwingungs- und Energiewesen. Zwar wäre es euch durchaus möglich, jeden Tag frische, neue Schwingungen auszustrahlen auf der Basis dessen, worauf ihr jeweils gerade eure Aufmerksamkeit richtet. Aber die meisten Menschen schleppen viel alten Schwingungsballast mit sich herum, der aus früheren Erfahrungen stammt. Sie tun das, weil es viel einfacher ist, die Schwingung eines alten, vertrauten Gedankens aufrechtzuerhalten, als bewusst eine neue Richtung einzuschlagen.

Nehmen wir beispielsweise an, du machst dir wegen etwas Sorgen und denkst einige Tage lang immer wieder darüber nach. Nun kommst du mit jemandem ins Gespräch, der sich wegen der gleichen Sache Sorgen macht, und ihr tauscht euch lange und in aller Ausführlichkeit über dieses sich unbehaglich anfühlende Thema aus. Dann ist es nach einer Weile sehr viel leichter für euch, bei diesem Gesprächsinhalt zu bleiben, als das Thema zu wechseln. Und wenn sich weitere Leute hinzugesellen, wird die energetische Intensität, die ihr beiden inzwischen erzeugt habt, sie entweder veranlassen, sich an dem Gespräch zu beteiligen, oder sie werden rasch wieder gehen, weil sie sich nicht dafür interessieren. Aber es ist sehr unwahrscheinlich, dass es ihnen gelingen würde, das Gespräch in völlig andere Bahnen zu lenken.

In ähnlicher Weise erlernt ihr als Kinder in Reaktion auf eure Umgebung bestimmte gewohnheitsmäßige Schwingungsmuster. Und weil ihr euch oft viele Jahre lang in dieser Umgebung aufgehalten habt, in der eure Eltern meistens schwingungsmäßig den Ton angaben, fällt es euch leichter, dieses Muster in eurem späteren Leben beizubehalten, auch wenn ihr schon lange nicht mehr mit euren Eltern unter einem Dach lebt.

Auch wenn du dir dessen wahrscheinlich nicht bewusst bist, haben viele deiner heutigen Reaktionen im Lebensalltag mit deinen frühen physischen Erfahrungen während der Kindheit zu tun. Einfach ausgedrückt, entwickelt sich bei euch allen euer Weltbild schon früh in der Kindheit und ändert sich dann meist nicht mehr wesentlich.

Das soll nicht heißen, dass du mit allen *Vorstellungen* deiner Eltern einverstanden warst. Wir sprechen hier über *Schwingungen*, die auf einer viel tieferen Ebene wirken als das, was ihr als *Ideen* oder *Vorstellungen* bezeichnen würdet. Konzepte wie *Stabilität, Sicherheit* oder *Wohl-Sein* wurden in deiner frühkindlichen Umgebung genährt, selbst wenn diese Umgebung, gemessen an den Normen eurer Kultur, zu wünschen übrig ließ. Da aber alle diese Dinge relativ sind, wurzelt dein Gefühl für *Wohl-Sein* tief in den frühen Schwingungen deiner Kindheit. Und auf vielen unbewussten Ebenen sind diese Schwingungen bei dir aktiv geblieben, während du durch dein Leben gingst. *Weil das Gesetz der Anziehung auf die Schwingungen deines Seins reagiert und weil deine gegenwärtigen Schwingungen aktive Muster beinhalten, die weit in deine Vergangenheit zurückreichen, bist du, in dieser Hinsicht, immer noch an deine Vergangenheit gebunden.*

Andererseits bist du, wie ihr alle, ein sehr vielschichtiges Wesen und führst hier und jetzt ein erfülltes und aktives Leben. Während du also einerseits diese in deiner Kindheit verwurzelte Schwingungsbasis weiterhin aufrechterhältst, bist du erwachsen geworden und hast dich weiterentwickelt. Daher strahlst du heute viele Schwingungen aus, die in keinem Bezug zu deiner Vergangenheit stehen. Und weil das eine allmähliche Entwicklung war, hast du sie gar nicht bemerkt. Du greifst ständig weiter in die Zukunft hinaus, stellst innere Harmonie zu neuen Gedankenmustern her und bewahrst dabei deine innere Stabilität. Das ist der ewige Prozess der Evolution, den alle Lebewesen durchlaufen.

Durch den Tod deines Vaters verlagerte sich deine Aufmerksamkeit vorübergehend von der Gegenwart in die Vergangenheit. Mit anderen Worten, du hast dich für eine kurze Zeit auf deine Kindheitserinnerungen konzentriert und über deine damaligen Erfahrungen nachgedacht. Du hast mit Menschen geredet, zu denen du jahrelang keinen Kontakt hattest, vielleicht sogar ohne überhaupt je an sie zu denken. Während dieser intensiven Tage hast du deine Schwingungsvergangenheit neu aktiviert, und diese passt nicht zu deinem heutigen Schwingungsmuster. Deshalb fühlst du dich innerlich aus dem Gleichgewicht.

Dein Leben hat neue Wünsche in dir geweckt, du wolltest mehr als das, was du in der Kindheit kennengelernt hast (und alle diese Wünsche sind nun Teil deines Schwingungsguthabens). Es ist dir ziemlich gut gelungen, mit diesen Wünschen Schritt zu halten, und du entfaltest dieses Potenzial auf gute Weise. Aber als dann dein Vater starb, hast du plötzlich zurückgeschaut statt nach vorn. Du hast dich *stromaufwärts* ausgerichtet – und das fühlt sich niemals gut an.

Wenn du so bist wie die meisten Menschen, war dein bisheriges Leben eine Version des folgenden Szenarios: Du wurdest geboren. Dein Leben hat dich veranlasst, Wünsche zu entwickeln, aber unter deinen einzigartigen, individuellen Wünschen waren auch einige, die deinen Eltern nicht gefielen. Sie haben versucht, dir eine Richtung vorzugeben und dich zu erziehen. Manchmal hast du auf sie gehört, manchmal nicht, je nachdem, wessen Gefühle stärker waren – *deine* oder *ihre*. Aber meistens hast *du* dich durchgesetzt, denn schließlich war es ja dein Leben und nicht ihres. Solange du aber Dinge nur getan hast, um deine Eltern (oder irgendwelche anderen Leute) zufriedenzustellen, warst du innerlich nicht im Gleichgewicht. Wenn du dann Dinge getan hast, die deinen eigenen Wünschen entsprachen, kehrte dein inneres Gleichgewicht zurück. Mit der Zeit spielten die Vorstellungen deiner Eltern eine immer geringere Rolle für dein Schwingungsgleichgewicht, weil du nicht mehr so oft mit ihnen gesprochen hast und ihre Meinung dir inzwischen weniger wichtig war. Du wandtest deine Aufmerksamkeit Dingen zu, die nichts mit deinen Eltern zu tun hatten, und sie wandten ihre Aufmerksamkeit Dingen zu, die nichts mit dir zu tun hatten.

Es ist immer einfacher, ein inneres Schwingungsgleichgewicht zu finden und aufrechtzuerhalten, wenn du nicht versuchst, die Erwartungen anderer Leute zu erfüllen. Und wenn du dir die Zeit nimmst, deine Schwingungen zu harmonisieren, wird das *Gesetz der Anziehung* keine Leute mehr in deinen Erfahrungsbereich bringen, die nicht mit dir harmonieren. Wenn du aber nicht in Harmonie mit dir selbst bist, kannst du eine ziemlich sonderbare Mischung von Leuten in dein Leben ziehen.

Wenn ein Mensch eine für ihn unangenehme Umgebung verlässt, wird er natürlich Erleichterung empfinden. Doch dann geschieht es oft, dass dieser Mensch, statt zunächst einmal nach Schwingungsharmonie mit seinem *Inneren Sein* zu streben, sich Hals über Kopf in die nächste Beziehung stürzt, die dann stark der vorherigen ähnelt. Oft geschieht es, dass beispielsweise eine junge Frau, die unter einem herrschsüchtigen Vater gelitten hat, diese physische Umgebung verlässt, nur um dann einen herrschsüchtigen Mann zu heiraten. Zwar haben sich die Gesichter und die Orte geändert, aber die grundsätzliche Erfahrung bleibt die gleiche.

Betrachten wir nun die Schwingungsaspekte deiner Beziehung zu deinem Vater im Hinblick darauf, ob deine Gedanken *stromaufwärts* oder *stromabwärts* ausgerichtet sind. Da sich eure Beziehung mit der Zeit veränderte – und dein diesbezügliches Schwingungsgleichgewicht sich ständig weiterentwickelt hat –, bleibt dir nichts anderes übrig, als bei deinen momentanen Gedanken und Gefühlen zu beginnen. Wahrscheinlich wirst du viele der Gedanken, die bei dieser Übung auftauchen werden, aus der Vergangenheit wiedererkennen als etwas, das du früher schon einmal gedacht hast ... Dinge, die lange Zeit gewissermaßen in dir geschlafen haben und nun beim Tod deines Vaters wieder an die Oberfläche kamen.

Beachte, dass solche Gedanken, bei denen du starke Emotionen verspürst, momentan aktiv und dominant sind. Handelt es sich dabei um unangenehme Emotionen, zeigt dir das an, dass die Gedanken, von denen sie ausgelöst werden, *stromaufwärts* gerichtet sind. Und alle *Stromaufwärts*-Gedanken laufen deinem natürlichen Lebensfluss (und der Evolution deines Seins) zuwider. Daher ist es sehr hilfreich, wenn du diese Gedanken abmilderst, dir Erleichterung verschaffst und dein Kanu wieder mit der Strömung *deines wahren Seins* treiben lässt. Das ist der Zweck dieser Übung:

- *Ich fühle mich verstört und aus dem Gleichgewicht.*
- *Ich bin wirklich deprimiert.*
- *Der Tod meines Vaters traf mich ganz unvorbereitet.*
- *Ich fühlte mich der Situation völlig ausgeliefert.*
- *Es tut mir leid, dass ich nicht mehr Zeit mit ihm verbracht habe.*
- *Andererseits konnten wir beide nie viel miteinander anfangen.*
- *Ich weiß gar nicht wirklich, was er für ein Mensch war.*
- *Ich weiß nicht, was er sich vom Leben erhoffte.*
- *Ich wünschte, er hätte ein erfüllteres Leben gehabt.*

Diese Gedanken spiegeln genau wider, wie du dich gegenwärtig fühlst, und sie sind alle *stromaufwärts* gerichtet – was auch völlig in Ordnung ist. Unter diesen Umständen ist das normal. Aber es bedeutet auch, dass deine Energie momentan nicht im Einklang mit deinem wahren Sein fließt. Versuche also jetzt, Gedanken zu finden, die dir emotionale Erleichterung bringen:

- *Ich habe mir immer ein besseres Verhältnis zu meinem Vater gewünscht.*

- *Ich hätte mich stärker darum bemühen sollen.*

- *Aber ich weiß nicht, was ich hätte anders machen können.*

- *Eine schlechte Beziehung hatten wir eigentlich nicht.*

- *Im Grunde weiß ich gar nicht, ob es zwischen uns überhaupt so etwas wie eine wirkliche Beziehung gab.*

Das ist noch keine große Verbesserung, aber dein Wunsch nach Erleichterung wächst spürbar. Du gewinnst etwas Schwung, der sich nun bald auszahlen wird. Gib also nicht auf:

- *Unsere Beziehung war so, wie sie eben war.*

- *Unsere Eltern-Kind-Beziehung machte nur einen kleinen Teil unseres vielschichtigen Lebens aus.*

- *Ich wurde nicht dazu geboren, um ihn zufriedenzustellen und ihm mein Leben zu widmen, und er wurde nicht geboren, um mich zufriedenzustellen und mir sein Leben zu widmen.*

- *Vielleicht hat sich einfach alles so entfaltet, wie es für alle Beteiligten am besten war.*

Jetzt fühlst du dich besser. Du hast, wenigstens vorübergehend, aufgehört, *stromaufwärts* zu paddeln.

- *Aber trotzdem wünschte ich, ich hätte ...*

Stromaufwärts. Versuche es erneut:

- *Die Erfahrungen mit meinem Vater sind ein wichtiger Teil meines Lebens, aber da gibt es noch so viel mehr.*

- *Ich bin dankbar für das, was meine Eltern mir in meiner Kindheit gegeben haben.*

- *Ich kann nicht das Rad zurückdrehen und mein bisheriges Leben noch einmal neu leben.*

- *Aber das will ich auch gar nicht.*

Noch besser. Weiter so!

- *Es gibt so viele andere Dinge, auf die ich meine Aufmerksamkeit richten kann.*

- *Mein Leben hat viele positive Aspekte.*

- *Meine Vergangenheit wird immer ein Teil von mir sein, aber leben und mich entfalten kann ich nur in der Gegenwart.*

- *Ich bin glücklich darüber, wie sich mein Leben entwickelt.*

- *Ich finde, dass ich auf einem guten Weg bin.*

Es kann sein, dass mehrere Schichten von Schwingungen nun an die Oberfläche kommen, aber du weißt ja nun, was du jeweils tun musst.

Beim Tod des Vaters oder der Mutter werdet ihr an eure eigene Sterblichkeit erinnert. Dann stellt sich oft ein Gefühl ein, *dass das Leben zu kurz ist*. Es gibt innerhalb einer solchen Erfahrung also viele Anlässe für unangenehme Gefühle. Jedes Mal wenn das geschieht, besteht deine Aufgabe darin, zu erkennen, dass der unangenehme Gedanke *stromaufwärts* gerichtet ist. Suche also einfach nach einem Gedanken, der sich etwas besser anfühlt.

Oft veranlasst euch erst der Tod eurer Eltern, eure Schwingungen zu harmonisieren. Da euer Schwingungsmuster sehr stark durch das Zusammenleben mit euren Eltern in der Kindheit geprägt ist, gehen viele Muster, die euch heute in eurer Entwicklung behindern, auf jene Lebensphase zurück. *Der Tod eines Elternteils kann ein entscheidender Wendepunkt in eurem Leben werden, wenn ihr euch die Zeit nehmt, diese unangenehmen Gedanken zu identifizieren und sie stromabwärts umzulenken, sodass ihr Erleichterung verspürt. Auf diesem Weg lassen sich jahrelang unerkannte innere Widerstandsmuster auflösen.*

Diese Methode ermöglicht es dir, einen Zustand zu erreichen, bei dem du dich besser fühlen wirst als je zuvor. Außerdem wirst du eine so klare Schwingungsverbindung zu deinem wahren Sein aufbauen – dem Selbst, zu dem du dich entwickelt hast –, dass du deine Kindheit und deine Vergangenheit aus dieser Größeren Perspektive sehen kannst – und dann werden deine Erinnerungen an deine Kindheit so angenehm und positiv sein, wie du es dir immer gewünscht hast:

- *Meine Kindheit hatte viele wundervolle Seiten.*

- *Ich bringe meinen Eltern große Wertschätzung entgegen, weil sie mir den Weg in dieses wundervolle Leben eröffneten.*

- *Sie haben meinen Weg bereitet und mir dann die Freiheit geschenkt, mir mein eigenes Leben zu erschaffen.*

- *Das Leben ist gut.*

Im Leben geschehen viele Dinge, die das Potenzial haben, starke negative Emotionen in dir zu wecken, wenn du ihnen Aufmerksamkeit widmest. Und überwiegend handelt es sich dabei um Dinge, die sich weitgehend deiner Kontrolle entziehen.

Du kannst den Tod deiner Eltern nicht verhindern, und du kannst auch ihre Persönlichkeit nicht verändern. Wenn du es dir aber zur festen Gewohnheit machst, stets den sich am besten anfühlenden Gedanken zu wählen, der dir momentan zugänglich ist – indem du auf deine Gefühle achtest und dein Kanu bewusst stromabwärts ausrichtest und treiben lässt –, kannst du dir freudvolle Lebenserfahrungen erschaffen, und zwar ungeachtet der äußeren Umstände, mit denen du jeweils konfrontiert bist.

Beispiel 10

Ich bin ein Teenager

BEISPIEL: »Ich gehe noch in die Highschool. Ich wohne zu Hause bei meinen Eltern, und ich halte mich für ziemlich normal. Meine Noten sind okay. Zwar hasse ich die Schule, aber es gibt eine Menge Dinge, für die ich mich interessiere, und ich habe ein paar wirklich gute Freunde. Meine Eltern kontrollieren mich auf Schritt und Tritt. Das ist wirklich zum Verrücktwerden! Ständig muss ich sie um Erlaubnis fragen. Immer tun sie so, als würde ich alles falsch machen. Dadurch habe ich dauernd ein ungutes Gefühl, wenn ich mit ihnen zusammen bin. Am liebsten würde ich gar nicht mehr nach Hause gehen.

Ich wünschte, ich könnte schon ausziehen. Dann könnte ich mein eigenes Leben führen und machen, was ich will. Aber ich weiß auch, dass ich vorher den Schulabschluss machen sollte, damit ich mir Arbeit suchen kann und nicht mehr auf das Geld meiner Eltern angewiesen bin.

Ich wünschte, meine Eltern würden mich einfach in Ruhe lassen. Ich habe immer wieder Schuldgefühle, obwohl ich gar nichts Falsches tue. Was ist bloß mit ihnen los? Warum leben sie nicht einfach ihr Leben und lassen mich meines leben?«

Wir könnten dich bitten, dich einmal in die Rolle deiner Eltern hineinzuversetzen, damit du ihre Sichtweise etwas besser verstehst und so Antworten auf einige deiner Fragen findest. Aber man kann niemals wirklich durch die Augen eines anderen Menschen sehen. Überhaupt ist es gar keine gute Idee, wenn du versuchst, die Dinge aus der Perspektive anderer Leute zu sehen, denn das bringt nur noch mehr Verwirrung in deine inneren Schwingungen. Natürlich haben andere Menschen oft gute Ideen, die du in deinen eigenen kreativen Prozess integrieren kannst, aber es ist viel einfacher, dir über *deine* eigenen Wünsche und Absichten klar zu werden, als zu versuchen, dein Leben nach den Wünschen und Vorstellungen anderer Leute auszurichten.

Genau das ist es, was bei den meisten Eltern-Kind-Beziehungen schiefläuft: Deine Eltern denken, sie seien viel älter und klüger, weil sie über mehr Lebenserfahrung verfügen. Und sie wollen, dass du von ihrer Erfahrung profitierst. Eltern vergessen so leicht, dass ihr Kind sich ein eigenes Leben erschaffen muss. Von deiner Geburt an sind du und dein Wohlergehen so wichtig für sie gewesen, dass sie dich und dein Leben oft als *ihre* Schöpfung betrachten – und das führt dann zwangsläufig zu Problemen.

Während sie ihr eigenes Leben lebten und dein Leben beobachteten, haben sie viele Wunschraketen bezüglich deines Wohl-Seins und deines Lebens gestartet. Und dann haben sie oft das Bedürfnis, dein Verhalten zu kontrollieren, damit es zu der Vision passt, die sie für dich erschaffen haben. Wären wir jetzt bei ihnen zu Besuch, würden wir ihnen empfehlen, sich stattdessen auf ihre eigene Schwingungsharmonie zu konzentrieren. Aber hier und jetzt bist du unser Gesprächspartner, nicht deine Eltern...

So, wie wir deinen Eltern erklären würden, dass deine Aufgabe nicht darin besteht, dich ihren Wünschen entsprechend zu verhalten, erklären wir dir, dass du nicht von deinen Eltern verlangen solltest, sich deinen Wünschen entsprechend zu verhalten.

Wir wissen, dass es dir so scheint, als würde das Verhalten deiner Eltern bewirken, dass du dich schlecht fühlst. Wenn du dir klarmachst, dass du selbst die Kontrolle über deine Reaktionen auf ihr Verhalten hast, wirst du beginnen, dich etwas freier zu fühlen. Aber wenn du glaubst, dass du dich nur besser fühlen kannst, wenn sie sich ändern (was unwahrscheinlich ist), bist du in einer echten Zwickmühle – kein Wunder, dass du den Wunsch verspürst, von zu Hause wegzulaufen.

Wenn du anfängst, bewusst *Stromabwärts*-Gedanken zu wählen, wirst du in Harmonie mit deinen eigenen Wünschen und Möglichkeiten kommen. Diese innere Harmonie wird dich mit Zuversicht erfüllen und dir neue Lebensfreude schenken. (Und das ist es auch, was deine Eltern sich in Wahrheit für dich wünschen.) Und wenn du diese Schwingungen ausstrahlst, werden sich auch deine Eltern besser fühlen und dir mehr Freiraum lassen.

Jetzt sagst du vielleicht: »Aber dann bleibt die ganze Arbeit ja an mir hängen! *Ich* soll mein Denken ändern. *Ich* soll innere Harmonie erzeugen, damit ich mich besser fühle und mich dann so benehme, dass es für meine Eltern angenehmer wird – und sie können sich an meiner veränderten Persönlichkeit erfreuen und brauchen dafür gar nichts zu tun! Wie wäre es, wenn *sie* auch etwas tun müssen, damit *ich* mich besser fühle?«

Wie schon gesagt, wenn wir jetzt bei ihnen zu Besuch wären, würden wir ihnen zeigen, wie sie ihrerseits zu innerer Schwingungsharmonie gelangen können. Wir würden sie daran erinnern, dass sie wirklich keine Kontrolle über dein Verhalten haben. Aber du solltest begreifen, dass du dich wirklich im Nachteil befindest, wenn du glaubst, andere Leute müssten bestimmte Dinge tun, damit du dich besser fühlst. Denn du hast keine Kontrolle über ihr Verhalten. Wenn du verstehst, dass die Art, wie du dich fühlst, ausschließlich mit der Schwingung deiner eigenen Gedanken-Energie zu tun hat, und du in dir Harmonie erzeugst – unabhängig vom Verhalten anderer Leute –, wirst du dadurch stark und unabhängig. So erlangst du wirkliche Freiheit.

Daher raten wir dir nicht, dich allzu sehr darum zu bemühen, den Standpunkt anderer Menschen zu verstehen – obwohl das *manchmal* tröstlich sein mag. Aber unser Versuch, dich zu trösten, geht in die gleiche Richtung wie dein Wunsch, dass die anderen ihr Verhalten ändern sollen, damit du zufrieden bist und dich gut fühlst. Zwar glauben die meisten Menschen, dass es das ist, was sie wirklich wollen, aber wir möchten dir klarmachen, dass diese Erwartungshaltung unter allen Umständen kontraproduktiv ist.

Wenn du dich davon abhängig machst, dass es dir gelingt, andere Menschen zu einer Änderung ihres Verhaltens zu bewegen, machst du dir damit das Leben unnötig schwer. Im besten Fall schränkst du deine Möglichkeiten dadurch ein, im schlimmsten Fall wird es dich völlig lähmen und handlungsunfähig machen. Wenn du einsiehst, dass du selbst steuern kannst, wie du dich fühlst, indem du bewusst *Stromabwärts*-Gedanken wählst, erzeugst du in dir ständig Schwingungsharmonie ... und fühlst dich gut. Du gewinnst deine Eigenmacht zurück. Das wird bewirken, dass du in jeder Hinsicht gedeihst und auch die Menschen in deiner Umgebung in beeindruckender Weise positiv beeinflusst. Wir möchten noch hinzufügen, *dass es relativ einfach für dich ist, die Richtung deiner eigenen Gedanken zu steuern und damit deine Gefühle positiv zu beeinflussen. Einen anderen Menschen dazu zu bringen, sein Verhalten zu ändern, ist dagegen extrem schwierig und oft völlig unmöglich.*

Wir werden nun ein paar Situationen und deine möglichen Reaktionen darauf beschreiben. Dann werden wir dir zeigen, wie du deine Gedanken *stromabwärts* umlenken kannst.

Du hast deinen Eltern gesagt, dass du etwas mit Freunden unternehmen möchtest. Du weißt, dass deine Eltern dir das letztlich nicht verbieten werden, aber du musst dir wieder einmal ihre üblichen sarkastischen Bemerkungen anhören – nicht nur darüber, welche Freunde du dir ausgesucht hast, sondern auch darüber, wie du deine Freizeit verbringst. Und du denkst:

- *Woher wisst ihr, was gut für mich ist?*
- *Woher wisst ihr, was mir Freude macht?*
- *Ich glaube, ihr habt gar keine Ahnung, was Freude ist.*
- *Ich glaube, ihr habt euch überhaupt noch nie amüsiert!*

Angesichts der Einstellung, die deine Eltern auf dich übertragen, sind deine Reaktionen absolut verständlich. Aber trotzdem handelt es sich um *Stromaufwärts*-Gedanken.

- *Ihr versteht mein Leben nicht.*

- *Ihr gebt meinen Freunden ja gar keine Chance und wollt überhaupt nicht wissen, wie sie wirklich sind.*

- *Ihr gebt euch nicht die geringste Mühe, mich zu verstehen.*

Verständlich, aber immer noch *stromaufwärts*. Verlange nicht von deinen Eltern, dass sie sich ändern sollen, damit du dich besser fühlen kannst. Versuche, deine Gedanken so zu verändern, dass du dich von allein besser fühlst:

- *Es ist gar nicht nötig, dass ihr meine Freunde mögt! Hauptsache, ich mag sie.*

- *Ich weiß aus eigener Erfahrung, dass sie gute Freunde sind.*

- *Wenigstens versucht ihr nicht wirklich, meine Erfahrung zu kontrollieren.*

- *Habe ich erst einmal das Haus verlassen und bin mit meinen Freunden zusammen, verbringe ich eine schöne Zeit.*

- *Ich nehme an, dass ihr es eigentlich gut meint und das Beste für mich wollt.*

Jetzt fühlst du dich besser.

- *Aber ich glaube nicht, dass ihr wirklich wissen könnt, was das Beste für mich ist.*

Dieser Gedanke ist wieder stärker *stromaufwärts* gerichtet.

- *Aber ich mache euch nicht zum Vorwurf, dass ihr es versucht.*

- *Trotzdem treffe ich mich mit meinen Freunden.*

- *Und ihr versucht nicht wirklich, mich daran zu hindern.*

- *Es gibt wahrscheinlich viel schlimmere Eltern als euch.*

- *So schlecht habe ich es bei euch eigentlich nicht.*

Nun hat sich äußerlich gar nichts verändert. Deine Eltern machen dir immer noch das Leben schwer, und du triffst dich immer noch mit deinen Freunden, obwohl deine Eltern an ihnen kein gutes Haar lassen. Aber weil du nun deine Gedanken bewusst *stromabwärts* ausrichtest, hat sich deine Schwingungsfrequenz spürbar erhöht, deine innere Harmonie ist größer als zuvor. Wenn du jetzt mit deinen Freunden ausgehst, brodeln nicht mehr diese rebellischen Gefühle in dir. Du fühlst dich leichter und freier, und so kannst du die Zeit mit deinen Freunden von Anfang an viel mehr genießen. Diesmal machst du ihnen gegenüber gar keine negativen Bemerkungen bezüglich deiner Eltern. Du denkst nicht ärgerlich an deine häuslichen Probleme. Also bist du viel besser gelaunt, und ist der Abend vorbei und du machst dich auf den Heimweg, sind deine Erwartungen längst nicht mehr so negativ.

Möglicherweise hat deine Schwingung sich bereits so weit verändert, dass deine harmonisierte Energie sich auf deine Eltern auswirkt. Vielleicht liegen sie schon schlafend im Bett, statt wie sonst im Wohnzimmer auf dich zu warten und dir Vorwürfe zu machen. Und ob sich nun schon äußere Veränderungen einstellen oder noch nicht, in jedem Fall *fühlst du dich besser. Das zeigt an, dass eine positive Veränderung stattgefunden hat – und darauf kommt es an.*

Beispiel 11

Meine Freundin redet hinter meinem Rücken schlecht über mich

BEISPIEL: »Ich gehe noch zur Schule, und eine meiner Freundinnen (sie ist meine beste Freundin – wir kennen uns schon von Kindheit an) versucht offenbar, mein Leben zu ruinieren. Wenn wir miteinander reden, tut sie immer noch so, als wäre sie meine Freundin, aber dann höre ich, was sie bei anderen Leuten über mich verbreitet. Sie behauptet, ich hätte Dinge gesagt, die ich niemals sagen würde. Das tut sie nur, um mich bei den anderen schlechtzumachen. Am schlimmsten ist, dass ich nicht weiß, mit wem sie über mich redet und was sie ihnen erzählt. So weiß ich nicht, wie ich mich dagegen wehren soll. Inzwischen bin ich schon richtig paranoid, weil ich immer, wenn ich andere Leute treffe, daran denken muss, welche Lügen sie ihnen vielleicht über mich erzählt hat. Warum tut sie das, und wie kann ich sie dazu bringen, damit aufzuhören?«

Wir wissen, dass du das jetzt vermutlich nicht gerne hören wirst, aber leider ist es so, dass du die falschen Fragen stellst. Wenn du viel Zeit damit verbringst, dich zu fragen, *warum* sie sich so verhält, hältst du damit noch mehr an dieser Schwingung fest, was nur bewirkt, dass du noch mehr davon in dein Leben ziehst. Das könnte dazu führen, dass schließlich auch noch andere Freundinnen anfangen, sich dir gegenüber so zu verhalten.

Es bringt wirklich überhaupt nichts, wenn du versuchst, einen anderen Menschen dazu zu bringen, sein Verhalten zu ändern. Selbst wenn du die Körperkraft oder das gebieterische Auftreten hättest, andere wirkungsvoll unter Druck zu setzen, strahlst du dann eine Schwingung aus, die deinem wahren Wunsch völlig widerspricht. Dadurch gerätst du nur noch mehr aus dem inneren Gleichgewicht.

Statt andere zu einer Verhaltensänderung aufzufordern, gibt es für dich eine viel wirksamere Möglichkeit: Du kannst deine Reaktion auf ihr Verhalten ändern. Du hast keine Kontrolle über das Verhalten der anderen, aber du hast die völlige Kontrolle über deine eigenen Reaktionen.

Wenn du einer Sache Aufmerksamkeit widmest, aktivierst du damit in dir eine Schwingung, die zu dem passt, worauf du dich konzentrierst. Wenn du dich auf etwas konzentrierst, das sich im Einklang mit deinem *wahren Sein* befindet, fühlt sich das gut an, weil du damit in dir Schwingungsharmonie erzeugst. Wenn du dich dagegen auf etwas konzentrierst, das in dir ein ungutes Gefühl auslöst, zeigt dir das an, dass die zwei Aspekte deines Wesens – dein physisches Selbst und dein *Inneres Sein* – nicht im Einklang sind. Wenn du verstehst, dass diese innere Harmonie das Einzige ist, worauf du deine Aufmerksamkeit richten solltest, wirst du dich nicht nur die meiste Zeit über gut fühlen, sondern es werden auch immer mehr Dinge in deinem Leben so laufen, wie du es dir wünschst.

Wenn wir die Leute auffordern, *selbst* eine Veränderung herbeizuführen, indem sie bewusst *ihre* Aufmerksamkeit in andere Bahnen lenken, halten sie uns oft entgegen: »Aber was ist mit der Person, die die Lügen über mich verbreitet? Soll ich denn dagegen gar nichts unternehmen? Warum fordert ihr *mich* auf, mein Denken zu verändern, obwohl doch die andere Person sich falsch verhält?« Die Antwort auf diese berechtigte Frage ist sehr einfach: *Wenn dein Glück davon abhängt, dass andere Leute sich ändern, wirst du niemals glücklich sein, denn es wird immer Leute geben, die sich nicht so verhalten, wie du es gerne hättest.*

Schau dich um: Du siehst eine Menge Dinge, über die du absolut keine Kontrolle hast. Lernst du aber, dein eigenes Denken bewusst so zu steuern, dass du zu persönlicher Schwingungsharmonie gelangst, kommst du mit dir selbst in Einklang. Du wirst dich dann nicht nur besser fühlen, sondern auch ein starkes, klares Schwingungssignal aussenden, was das *Gesetz der Anziehung* zu einer dementsprechenden

Reaktion veranlassen wird. Und welche Absichten die anderen Menschen auch immer haben mögen – selbst wenn diese Absichten etwas mit dir zu tun haben –, sie werden dann nicht mehr in der Lage sein, den mächtigen Strom der Harmonie zu beeinträchtigen, den du erzeugst. Wenn deine Frequenz richtig eingestellt ist, du also optimal auf deine Ur-Kraft, dein *wahres Sein*, eingestimmt bist, kann nur das in deinen Erfahrungsbereich gelangen, was du als gut erachtest. Du befindest dich dann einfach nicht mehr auf der Wellenlänge von Menschen mit negativen Absichten, und deshalb können sie dir keinen Schaden zufügen.

Wenn jemand absichtlich Lügen über dich verbreitet, ist das ein Hinweis darauf, dass dieser Mensch ein sehr geringes Selbstwertgefühl hat. Jemand, der sich im Einklang mit seiner Ur-Kraft befindet, würde so etwas niemals tun. Viele Leute würden dir raten, dass du dieser Freundin helfen sollst, sich besser zu fühlen, besonders weil ihr beide schon so lange befreundet seid. Vielleicht würdest du das auch wirklich gerne tun, weil du dir aufrichtig wünschst, dass es ihr besser geht. Aber wenn du ihr aus dem Bewusstsein heraus zu helfen versuchst, dass deine Freundin seelisch nicht im Gleichgewicht ist, verstärkst du dieses Ungleichgewicht zusätzlich und ihr Zustand wird sich weiter verschlimmern.

Wenn du deiner Freundin wirklich helfen willst, musst du anfangen, ihre positiven Seiten zu sehen. Und das wird dir erst gelingen, wenn du in dir selbst Harmonie zu deinem wahren Sein erzeugst. Die Methode, immer wieder bewusst Stromabwärts-Gedanken zu wählen, wird bewirken, dass du dich besser fühlst; und wenn du dich besser fühlst, wird auch deine Ausstrahlung gegenüber deiner Freundin positiver und inspirierender sein. Mehr kannst du nicht tun – und das genügt vollauf.

Beginne also bei deiner momentanen seelischen Verfassung:

- *Meine sogenannte Freundin verbreitet Unwahrheiten über mich und macht mir damit absichtlich das Leben schwer.*

- *Ich weiß nicht, warum sie das tut, und ich weiß nicht, wie ich sie davon abhalten soll.*

- *Sie ist nicht länger eine echte Freundin.*

- *Freundinnen würden so etwas einander niemals antun.*

Das trifft alles zu, hilft dir aber nicht weiter. Suche nun nach Gedanken, die bewirken, dass du dich etwas besser fühlst:

- *Die Leute neigen leider dazu, üblen Gerüchten Glauben zu schenken.*

- *Ich weiß nicht, mit wem sie über mich redet und was sie genau erzählt.*

Das mag stimmen, aber du hast leider keinerlei Kontrolle über diese Dinge. Also bist du *stromaufwärts* ausgerichtet und befindest dich in einem Zustand inneren Widerstands. Denke daran, dass dein Ziel darin besteht, *dich besser zu fühlen*, nicht, den momentanen Zustand zu beklagen.

- *Sie redet nicht mit allen.*

- *Wenn sie ständig negative Stimmung verbreitet, werden die Leute, die sich gut fühlen wollen, ihr aus dem Weg gehen.*

- *Viele Leute glauben durchaus nicht alles, was ihnen erzählt wird, besonders wenn es sich um negatives Gerede handelt.*

- *Vielleicht ist das Interesse der Leute daran, negative Behauptungen über mich zu verbreiten, gar nicht so groß, wie ich befürchte.*

- *Schließlich haben die Leute genug mit sich selbst zu tun, und ich stehe gar nicht so im Zentrum ihrer Aufmerksamkeit.*

Jetzt fängst du an, dich etwas besser zu fühlen. Versuche nun, den leichten Schwung zu nutzen, den du erzeugt hast. ... Das wäre jetzt eine gute Gelegenheit, dich bewusst auf die positiven Aspekte der Menschen in deinem Freundeskreis zu konzentrieren. Wenn du dich in Schwingungsharmonie befindest und eine deiner anderen Freundinnen würde dich auf die Behauptungen ansprechen, die deine Unruhe stiftende Freundin in die Welt setzt, würde sie sofort spüren, dass an der Sache nichts dran ist. Bist du hingegen wütend und verletzt und konzentrierst dich auf die Lügen, die über dich erzählt werden, schwingst du genau auf der gleichen Frequenz wie die Lügen, und dann werden die Menschen in deiner Umgebung diese Schwingungen auffangen und eher geneigt sein, deiner falschen Freundin zu glauben, einfach weil deine Schwingungen mit den negativen Schwingungen ihrer Lügen übereinstimmen.

Stimmst du dich gedanklich auf die positivsten Aspekte der Menschen in deinem Freundeskreis ein, wird niemand von ihnen auch nur auf die Idee kommen, an den Gerüchten könnte etwas Wahres sein. Sie würden, wenn sie solche Behauptungen hören, einfach denken: »Das klingt doch gar nicht nach ihr. So ist sie nicht. Ich kann mir einfach nicht vorstellen, dass sie so etwas gesagt haben soll.« Und damit hätten sie natürlich recht.

- *Ich möchte, dass sich meine Freundin besser fühlt.*

- *Es ist so schön, wirklich gute Freunde zu haben.*

- *Wir haben alle gute und schlechte Tage.*

- *Es ist gut zu wissen, dass die guten Tage überwiegen können.*

- *Ich weiß, dass das Gesetz der Anziehung alles harmonisch regelt.*

- *Es kann niemals etwas geschehen, das gegen dieses Gesetz verstößt.*

- *Ich weiß, dass ich die Kontrolle über meine Gefühle habe.*

- *Ich weiß auch, dass ich keine Kontrolle über die Gedanken und Gefühle anderer Menschen habe.*

- *Ich hoffe, meine Freundin fühlt sich schon besser.*

- *Ich mache mir deswegen keine Sorgen.*

- *Alles entwickelt sich harmonisch.*

Beispiel 12

Ich habe so wenig Geld! Und es gibt keine Aussicht auf Besserung

BEISPIEL: »Ein Freund hat angerufen und mich gefragt, ob wir zusammen essen und anschließend ins Kino gehen, aber ich kann mir das im Moment nicht leisten. Es ist nicht so, dass ich geizig wäre und unbedingt Geld sparen möchte. Ich habe wirklich *kein* Geld. In zwei Tagen bekomme ich meinen Gehaltsscheck, aber bis dahin bin ich völlig pleite. Ich habe noch genug zu essen zu Hause – nichts Besonderes, aber ein paar Dosensuppen, Haferflocken, Kekse, Brot und Erdnussbutter. Ich werde also nicht verhungern.

Aber ich bin es so leid, nie genug Geld zu haben! Einige meiner Freunde haben mehr Geld als ich, und das, obwohl sie gar nicht arbeiten gehen – ihre Familien schicken ihnen Geld. Das ist wirklich beneidenswert! Ich würde gerne wieder zur Schule gehen, um mich für einen besseren Job zu qualifizieren, aber ich weiß nicht, wie ich es schaffen soll, die Schule zu besuchen und außerdem noch arbeiten zu gehen. Ich wünschte, jemand würde *mir* Geld schenken!«

Wenn ihr gerade eine besonders intensive Lebenserfahrung durchmacht, ist euch eure schwierige Lage nur allzu deutlich bewusst. Es ist völlig logisch, dass du dich intensiv mit deinem momentanen Geldmangel beschäftigst, weil deine finanzielle Situation eine so starke Auswirkung auf dein Leben hat – vieles, was dir wichtig ist, ist mit deinem finanziellen Status verknüpft. Zwar verstehen wir, dass du den Umstand, momentan kein Geld zu besitzen, kaum ignorieren kannst, aber wir möchten dich doch darauf hinweisen, dass du durchaus eine Wahl hast, wie du dich diesbezüglich *fühlen* willst. Mit anderen Worten, du kannst pleite sein und dich deswegen ängstlich oder wütend fühlen, oder du kannst pleite sein und diesen Zustand amüsant finden. Die meisten Leute glauben, dass es von den äußeren Umständen abhängt, wie sie sich fühlen: *Wenn ich pleite bin, aber weiß, dass ich bald mein Gehalt überwiesen bekomme, fühle ich mich besser, als wenn ich pleite bin und keine Ahnung habe, wann ich wieder Geld bekomme.*

Die meisten Menschen machen ihren Gefühlszustand davon abhängig, was momentan gerade in ihrem Leben geschieht. Wenn die Dinge gut laufen, fühlen sie sich gut; wenn es nicht gut läuft, fühlen sie sich schlecht – und das ist der Grund, warum so viele Menschen das Bedürfnis haben, die Zustände in ihrer Umgebung permanent zu überwachen und zu kontrollieren.

Wir verstehen, wie verlockend es für euch ist, wenn ihr eure äußeren Lebensumstände zu kontrollieren versucht, denn durch gezieltes Handeln und Anstrengung *könnt* ihr tatsächlich manche Zustände zu einem gewissen Grad gestalten und beherrschen – aber wenn ihr anfangt, eure Welt und euer Leben energetisch, also als *Schwingungs*phänomen, zu betrachten, werdet ihr die Macht und die »Hebelwirkung« eurer Gedanken entdecken. Ihr werdet entdecken, von welcher Macht die wohlhabenden und einflussreichen Menschen in eurer Welt von jeher Gebrauch gemacht haben.

Während du den zugegebenermaßen höchst unangenehmen Zustand durchlebst, kein Geld zu haben, geschehen einige wirklich gute Dinge ... denn du weißt dann sehr genau, was du *nicht* willst, und das wiederum bewirkt, dass du Wunschraketen startest mit dem, was du wirklich willst: Du willst größere materielle Sicherheit und du willst mehr Geld. Du wünschst dir eine faszinierende, befriedigende berufliche Tätigkeit, die dir genug Geld einbringt, um davon gut leben zu können. Du möchtest dir Dinge und Aktivitäten leisten können, die dir Freude machen. Mit anderen Worten, deine gegenwärtige Situation ist die Basis, von der aus du viele Wunschraketen startest. Und während du noch unter deiner misslichen Lage leidest, sammelt sich in deinem Schwingungsguthaben all das, was du dir wünschst, und wartet darauf, dass du dich innerlich auf die Schwingungsfrequenz finanziellen

Wohlstands einschwingst, damit es sich in deinem Leben manifestieren kann.

Solange du dich aber in diesem Gefühlszustand des Unbehagens befindest, hast du keinen Zugang zu dem, was du dir wünschst. Dein Unbehagen bedeutet, dass du *stromaufwärts* paddelst. Doch all das, was du dir wünschst, befindet sich *stromabwärts*. Du musst also bewusst einige *Stromabwärts*-Gedanken zum Thema Geld finden. Solange du das nicht tust, kann sich in deinem Leben nichts verändern. Versuche also, einen Gedanken zu finden, der dir ein wenig Erleichterung verschafft:

- *Freitag bekomme ich mein Gehalt, dann habe ich wieder etwas Geld.*

Dieser Gedanke bringt eine gewisse Erleichterung, aber sie hält nicht lange an, denn du kennst das übliche Muster nur zu gut: Du bekommst dein Gehalt, aber das Geld reicht nur für ein paar Tage und dann bist du wieder genauso pleite wie zuvor. Dein Unbehagen rührt also nicht nur daher, jetzt im Moment kein Geld zu haben. Es geht auch darum, dass du nie mit deinem Gehalt auskommst und es dir nicht leisten kannst, das Leben zu führen, das du dir wünschst. Vielleicht macht es dich unglücklich, dass du früher in der Schule nicht fleißig genug warst und noch keinen College-Abschluss gemacht hast, der dir bessere Berufschancen eröffnen würde, während die meisten deiner Freunde dies längst erreicht haben. Vielleicht hegst du einen Groll gegen deine Eltern, weil sie dich nicht genug finanziell unterstützten, um dir einen College-Besuch zu ermöglichen, weil sie dir nicht in anderer Weise bei deinem Start ins Berufsleben halfen oder weil sie kein großes Vermögen haben, das sie dir vererben könnten. …

Beim Thema Geld gibt es häufig tief verwurzelte Muster, die du zunächst durch Erleichterung erzeugende Gedanken auflösen musst, ehe du dein Kanu wenden und dich stromabwärts treiben lassen kannst. Mit anderen Worten, es lohnt sich immer, nach Erleichterung zu streben, sobald du dir einer negativen Emotion bewusst wirst. Denn immer wenn du das tust, baust du wieder etwas inneren Widerstand ab. Mit der Zeit kannst du auf diese Weise wirklich widerstandsfrei werden, selbst bei einem schwierigen Thema wie dem Geld, mit dem in eurer Gesellschaft so viele negative Gedanken und Gefühle verknüpft sind.

Führe dir immer wieder vor Augen, dass du bist, wo du bist – und dass das gut so ist. Beginne einfach dort, wo du gerade stehst, und finde Gedanken, die sich ein wenig besser anfühlen und dir etwas Erleichterung verschaffen – denn dann bewegst du dich stromabwärts, auf deine Wünsche zu.

- *Am Freitag bekomme ich mein Gehalt, aber Montag bin ich wahrscheinlich schon wieder pleite.*

- *Ich verdiene einfach nicht genug, um gut davon leben zu können.*

Nun, damit beschreibst du deine gegenwärtige Situation. Aber wenn du dich ein bisschen bemühst, kannst du dich besser fühlen:

- *Immerhin habe ich eine Arbeit, auch wenn sie mir nicht besonders gefällt.*

- *Und immerhin ist es mir nicht schwergefallen, diesen Job zu bekommen.*

- *Außerdem gibt es für mich durchaus andere berufliche Möglichkeiten.*

- *Ich glaube, wenn ich es wirklich will, kann ich eine bessere Arbeit finden.*

Nun stellt sich eine leichte Besserung ein. Und auch eine geringfügige emotionale Besserung ist schon eine gute Sache, denn damit öffnet sich dir eine Tür zu besseren Ideen.

- *Anfangs gefiel dieser Job mir richtig gut.*
- *Zum damaligen Zeitpunkt hätte ich mir auch gar keine größeren Aufgaben zugetraut.*
- *Inzwischen sind meine Ansprüche gewachsen.*
- *Heute traue ich mir mehr zu.*

Sinngemäß sagst du in diesem letzten Satz das Gleiche wie im letzten Satz der vorherigen Gedankenkette, aber jetzt *fühlst* du es deutlicher. Deine *Erleichterung* ist nun sehr deutlich.

- *Es gibt gut bezahlte Jobs, die ich mir durchaus zutraue.*
- *Wenn meine Freunde mehr Geld verdienen, kann ich das auch schaffen.*
- *Jeder fängt schließlich klein an.*
- *Es gibt eine Menge Selfmade-Millionäre.*
- *Nun sieh einer an: Eben fühlte ich mich noch hoffnungslos pleite, und jetzt denke ich schon daran, Millionen zu verdienen.*

Zwar verfügst du immer noch über keinen Cent mehr, aber was deine Schwingungen angeht, hat in den vergangenen Minuten eine enorme Veränderung stattgefunden. Wie du dich zuvor gefühlt hast und wie du dich nun fühlst – dieser Unterschied ist es, der darüber entscheidet, ob du nie Geld haben wirst oder ein Vermögen verdienst. Aber du musst diese Fokussierungsübung mehr als einmal machen, um eine dauerhafte Veränderung und damit konkrete materielle Resultate zu bewirken. Mit anderen Worten, was du gerade getan hast, genügt dann, wenn du dieses freiere, sicherere, humorvollere Gefühl beim Thema Geld ab jetzt dauerhaft aufrechterhalten kannst – aber wahrscheinlicher ist, dass deine Lebensumstände wieder deine ganze Aufmerksamkeit beanspruchen werden und du in deine früheren Gefühle zum Thema Geld zurückfällst.

Wenn du dich einen Moment auf dieses verbesserte Gefühl konzentrierst und eine bewusste Entscheidung triffst, es als Prüfstein dafür zu verwenden, ob deine Gedanken *stromabwärts* ausgerichtet sind, wird es dir in kurzer Zeit gelingen, deine Schwingung dauerhaft in Harmonie mit deinen Wünschen zu bringen. Und dann wirst du dich nicht nur finanziell sicherer *fühlen*, sondern deine tatsächliche finanzielle Situation wird deine veränderte Schwingung zunehmend widerspiegeln. Schon nach erstaunlich kurzer Zeit wird das Geld reichlich in dein Leben strömen, und du wirst lächelnd darüber den Kopf schütteln, dass du es dir selbst solange vorenthalten hast.

Fahre nur immer damit fort, Gedanken zu wählen, die sich besser anfühlen als die vorherigen:

- *Ich habe immer genug Geld für alle meine Bedürfnisse.*
- *Ich wünsche mir viele kostspielige und wundervolle Dinge.*
- *Ich weiß jetzt, dass alles, was ich mir wünsche, für mich jederzeit zugänglich ist, und zwar leicht und mühelos.*
- *Ich muss nur eine klare Wahl treffen, was ich mir wünsche, und dann geht es in Erfüllung.*

- *Ich verstehe jetzt, warum für manche Leute Geld überhaupt kein Problem ist und es ihnen so leicht und mühelos zufließt.*

- *Wenn das Leben einen Wunsch in mir weckt, dann gibt es auch immer die Mittel und Wege, diesen Wunsch zu erfüllen.*

- *Ich kann mich bei beruflichen Entscheidungen stets auf mein Gefühl verlassen.*

- *Es ist faszinierend, wie viele Möglichkeiten mir offenstehen!*

- *Und alle diese Wege, zwischen denen ich wählen kann, führen zu dem finanziellen Erfolg, den ich anstrebe.*

Wenn du dir die Zeit nimmst, einige der Gefühle in dir zu wecken, zu denen wir dich mit diesen Beispielsätzen anregen wollen, wird das eine enorme Veränderung bewirken – von Armut hin zu finanzieller Unabhängigkeit.

Du bist, wo du bist. Es spielt keine Rolle, über wie viel oder wie wenig Geld du im Vergleich zu anderen verfügst – es gibt für dich keine Grenzen. Dein eigenes Leben hilft dir dabei, deine gegenwärtigen Ziele zu definieren. Und wenn du Erleichterung bringende Stromabwärts-Gedanken wählst, wirst du diese Ziele erreichen. Die Universellen Gesetze unterstützen dich dabei. Das Gesetz der Anziehung wird dir immer den Weg des geringsten Widerstands zeigen – und deine Möglichkeiten, dein Leben zu verbessern und dich weiterzuentwickeln, sind grenzenlos.

Beispiel 13

Ich finde keine Partnerin

BEISPIEL: »Ich wünsche mir schon lange Zeit eine feste Beziehung, aber ich finde einfach nicht die richtige Partnerin. Ich bin schon mit vielen Frauen ausgegangen, die mich gerne als Partner gehabt hätten, aber es war nie die Richtige darunter. Inzwischen fürchte ich mich geradezu davor, mich zu verabreden, weil nie eine darunter ist, die mir wirklich gefällt, und ich die Gefühle der Frauen nicht verletzen möchte, indem ich sie zurückweise. Als ich noch nicht nach einer festen Partnerin suchte, war alles viel einfacher, aber jetzt weiß ich nicht, was ich tun soll. Wenn ich nicht ausgehe, ist es unwahrscheinlich, dass ich eine Partnerin finde, aber meine Dates führen auch nie zum Erfolg.«

Wenn du dir etwas wirklich wünschst und dann etwas siehst, das dem nicht entspricht, löst das bei dir negative Emotionen aus. Wenn du dir etwas wirklich wünschst und gleichzeitig glaubst, dass du es nicht bekommen kannst, löst das bei dir ebenfalls negative Emotionen aus. Aber wenn dir etwas nicht so wichtig ist, macht es dir wenig aus, wenn deine Gedanken dazu im Widerspruch stehen.

Wenn du einen starken Wunsch verspürst, dann hast du bezüglich dieses Themas auch starke Gefühle. Wenn du dich auf Gedanken konzentrierst, die bewirken, dass du dich *stromabwärts* auf die Verwirklichung deines Wunsches zu bewegst, hast du starke Wohlfühl-Emotionen. Wenn du dich dagegen auf Gedanken konzentrierst, die *stromaufwärts* ausgerichtet sind, weg von deinem Wunsch, ruft das bei dir starke negative Emotionen hervor.

Dein Wunsch nach einer festen Partnerin ist im Lauf der Zeit sehr stark geworden, und das ist eine gute Sache. Und wenn du die positive Erwartung hegst, dass dein Wunsch in Erfüllung geht, werden sich alle Ereignisse und Umstände so fügen, dass du und deine ideale

Partnerin zusammenfindet. Aber viele Menschen, die sich aufrichtig die Frau oder den Mann fürs Leben wünschen, machen den Fehler, sich darauf zu fixieren, dass es unbedingt *dieser eine Mann* oder *diese eine Frau* sein muss. Wenn sie dann sehen, dass die Dinge nicht so laufen, wie sie es gerne hätten, kommen sie vom *Stromabwärts*-Kurs ab, und dann wird die Situation immer schlimmer und schlimmer.

Es wäre gut, wenn du deine Verabredungen mit Frauen etwas lockerer, spielerischer sehen würdest: Statt bei jeder zu versuchen, sie zu »der zu machen, nach der ich suche«, könntest du dir stattdessen sagen, dass »ich mit dieser Frau schön essen gehe« oder »ein gutes Gespräch habe« oder »einen netten Abend verbringe«. Dann würdest du diese Verabredungen nicht als Entschuldigung dafür benutzen, inneren Widerstand gegen deine eigenen Absichten und Wünsche aufzubauen, und das Universum könnte dir viel leichter und schneller zu dem Rendezvous verhelfen, dass du ersehnst. ... *Wenn du auf die Gesetze des Universums vertraust, und auf den fruchtbaren, produktiven Strom des Lebens, wirst du alles finden, wonach du suchst. Aber dein Glaube, du müsstest Dinge durch aktives Handeln herbeizwingen, bewirkt, dass du gegen den Strom schwimmst. Und dann kann das Gewünschte nicht zu dir gelangen.*

Wenn du den Menschen, mit denen du Zeit verbringst, wirklich fröhlich und offen begegnest, wirst du andere fröhliche, gleichgesinnte Menschen anziehen. Aber wenn du alle Frauen kritisch daraufhin inspizierst, ob sie deine mögliche Traumpartnerin sind, wirst du nur Leute in dein Leben ziehen, die ebenfalls kritisch und verkrampft sind. Dann werdet ihr euch immer wieder gegenseitig enttäuschen.

Wenn du eine sich gut anfühlende Haltung bezüglich des Ausgehens annimmst und dich freust, mit einer Frau auszugehen, einfach weil du den Abend genießen möchtest, wirst du viel eher eine Frau finden, die mit dir auf der gleichen Frequenz schwingt, und dann kann das Universum dir viel schneller deine Traumfrau bringen.

Bist du dagegen angespannt und machst dir Sorgen, ob du jemals die richtige Partnerin finden wirst oder ob du vielleicht die Frau ent-

täuschen könntest, mit der du ausgehst, kreist dein Denken um das, was du dir nicht wünschst – und dann wirst du auch weiterhin das als Realität erleben, was du dir nicht wünschst.

Manchmal fällt es euch schwer, dieses einfache Prinzip zu akzeptieren, aber es ist *wirklich* so einfach. Wenn du dich während einer Verabredung gut fühlst und den Abend genießt, obwohl die Dame, mit der du unterwegs bist, eindeutig nicht die Frau deiner Träume ist, *bist du stromabwärts auf die Erfüllung deines Wunsches ausgerichtet*. Wenn der Abend für dich *unangenehm* ist, weil du enttäuscht bist, dass diese Frau nicht die Richtige ist, oder du Gewissensbisse hast, weil du sie nicht enttäuschen möchtest, dann denkst du *stromaufwärts*, und die Kluft zwischen deinem Ist-Zustand und deinem Wunsch kann sich nicht schließen.

Du musst einen Weg finden, dich hier und jetzt gut zu fühlen – auch wenn das, was du dir wünschst, noch nicht da ist. Nur dann wirst du es bekommen. Gewiss wirst du immer eine Menge gute Ausreden dafür finden, warum du dich jetzt im Augenblick leider doch nicht gut fühlen kannst. Aber an deiner Stelle würden wir diese Ausflüchte auf ein Minimum reduzieren und einen Weg finden, dich jederzeit so gut wie irgend möglich zu fühlen, denn andernfalls wirst du das, was du herbeisehnst, niemals bekommen.

Entscheide dich bewusst, deine Gedanken bei jeder Verabredung, jedem Gespräch mit einer potenziellen Partnerin, jeder Beschäftigung mit deinem Wunsch *stromabwärts* fließen zu lassen. Trainiere es, Gedanken zu wählen, die dir *Erleichterung* bringen, immer wieder, bis dir das zur festen Gewohnheit geworden ist. Dann wirst du nicht nur ein Leben führen, das sich erfrischend gut anfühlt, sondern es werden sich auch andere ebenso glückliche Menschen von dir geradezu magisch angezogen fühlen, mit denen du herrliche Stunden verbringen wirst.

Und schon bald wird dir, ganz leicht und mühelos, die richtige Frau über den Weg laufen – die Frau deiner Träume, für die du der Mann ihrer Träume bist. Und wenn das geschieht, werdet ihr keine Spiele miteinander spielen. Ihr werdet nicht versuchen, einander zu verändern. Ihr werdet nicht sagen: »Ich liebe dich, wenn du dieses und jenes an dir veränderst.« Ihr werdet füreinander die perfekte Antwort auf eure perfekte Frage sein, die ihr euch schon fast das ganze Leben gestellt habt. Eine solche Beziehung wird für euch beide dauerhaft befriedigend und erfüllend sein.

Jetzt im Moment sollte dein einziges Ziel darin bestehen, *Stromabwärts*-Gedanken zu finden, die dir Erleichterung schenken. Beginne also bei deiner augenblicklichen Situation und wähle Gedanken, die sich besser anfühlen:

- *Es ist schwer, die richtige Partnerin zu finden.*
- *Die Frauen, die mich wollen, will ich nicht.*
- *Ich will ihre Gefühle nicht verletzen, aber ich will mich auch nicht mit etwas zufrieden geben, das nicht wirklich meinen Wünschen entspricht.*

Es ist ganz natürlich, dass dir zu Anfang solche *Stromaufwärts*-Gedanken in den Sinn kommen, aber versuche jetzt, einen Gedanken zu finden, der sich besser anfühlt:

- *Es ist wirklich nicht nötig, dass ich jede Frau, mit der ich einen netten Abend verbringe, dem superkritischen großen Lebenspartnerin-Test unterziehe.*
- *Es gibt viele gute Gründe, einen schönen Abend mit netten Leuten zu verbringen.*
- *Ich finde die Frauen, mit denen ich ausgehe, wirklich interessant.*

- *Es macht mir Freude, neue Menschen zu treffen und die Fülle meiner Möglichkeiten zu erkunden.*
- *Meine Vorstellung von der richtigen Partnerin beruht auf meinen Erfahrungen mit den Frauen, mit denen ich im Lauf der Jahre ausgegangen bin.*
- *Jede von ihnen hat dazu beigetragen, meine Wünsche klarer zu definieren.*
- *Jede Erfahrung, die ich im Leben mache, trägt zur Evolution meiner Ideen und Wünsche bei.*
- *Ich fühle, wie natürlich und harmonisch dieser Prozess ist.*
- *Ich weiß gar nicht, warum ich das bisher alles so verkompliziert habe.*

Jeder dieser Gedanken bringt dir mehr Erleichterung. Und es wird etwas sehr Wertvolles geschehen: Ab jetzt kannst du dich darauf freuen, dass nun eine ganze Schar interessanter Frauen in dein Leben fließen wird, und diese Frauen werden sich auf wichtige Weise von deinen bisherigen Bekanntschaften unterscheiden: Sie werden, wie du, neugierig sein, aufgeschlossen und auf der Suche nach Freude und guten Gesprächen. Sie werden nicht notleidend und verzweifelt sein. Sie werden Selbstvertrauen und eine positive Lebenseinstellung haben. Und es wird gar nicht lange dauern, dann wirst du der Frau gegenüberstehen, die du dir wünschst und die in dir den Mann findet, den sie sich wünscht. Und dann wirst du allen deinen früheren Bekanntschaften und Freundinnen dankbar sein für ihren Beitrag zum Zustandekommen dieser Begegnung.

Beispiel 14

Meine Schwester und ich reden nicht miteinander

BEISPIEL: »Meine Schwester und ich hatten vor einem Jahr einen heftigen Streit, und seitdem haben wir kein Wort mehr miteinander gewechselt. Manchmal denke ich, ich sollte einfach zum Telefon greifen und sie anrufen. Aber dann muss ich daran denken, wie wütend sie mich damals gemacht hat, und ich will mich nicht noch einmal so über sie ärgern. Es fühlt sich nicht gut an, dass wir nicht mehr miteinander reden, aber es fühlt sich viel besser an als der Streit, den wir hatten.

Sie hat damit angefangen und war überhaupt nicht bereit, sich meine Sicht der Dinge auch nur anzuhören. Sie war immer schon dickköpfig. Immer will sie recht haben, und ich habe dann um des lieben Friedens willen nachgegeben. Aber ich habe einfach keine Lust mehr, immer diejenige zu sein, die klein beigibt. Deshalb rufe ich sie einfach nicht mehr an.«

Die meisten Menschen wünschen es sich, geliebt zu werden. Sie wollen respektiert und verstanden werden. Das Problem mit solchen Wünschen ist, dass ihr einen anderen Menschen niemals zwingen könnt, euch wertzuschätzen, zu lieben oder zu verstehen.

Wir haben schon darauf hingewiesen, dass es sich für euch genauso gut anfühlt, andere zu achten, zu lieben und zu verstehen, wie von ihnen geachtet, geliebt und verstanden zu werden. Das Gute an Ersterem ist, dass es völlig unter eurer eigenen Kontrolle steht. Ihr habt die Freiheit, euch dafür zu entscheiden, einen anderen Menschen zu lieben.

Es mag sein, dass dieser Mensch etwas getan hat, was euch so verletzte, dass ihr vielleicht noch nicht einmal *versuchen* wollt, ihn zu lieben. Aber es ist nun einmal so, dass ihr nur dann zu Schwingungsharmonie mit euch selbst gelangen könnt, wenn ihr euch entscheidet, ihn trotzdem zu lieben – denn euer *Inneres Sein* liebt alle eure Mitmenschen, ob euch das nun gefällt oder nicht.

Da ihr euch gedanklich stark mit den Menschen beschäftigt, mit denen ihr Probleme habt, und euch dann jedes Mal schrecklich fühlt, macht ihr sie dafür verantwortlich, dass ihr euch so fühlt. Das ist Grund genug, auch weiterhin auf sie wütend zu sein, eben weil ihr sie für den Grund haltet, dass ihr euch schlecht fühlt. Wären diese Leute anders, würdet ihr euch besser fühlen, aber da sie sich weigern, sich zu ändern, glaubt ihr, ihr könntet euch nicht besser fühlen ... also scheinen sie darüber zu bestimmen, wie ihr euch fühlt. Kein Wunder, dass ihr wütend auf sie seid: Ihr habt euren kostbarsten Besitz an sie abgegeben – den Schlüssel zu eurer eigenen Macht.

Wenn ihr euch daran erinnert, dass ihr eure Gefühle selbst steuern könnt, wie auch immer die äußeren Umstände sein mögen, gewinnt ihr eure Macht zurück. Und dann findet ihr zur Schwingungsharmonie mit eurem *wahren Sein* zurück. Und wenn ihr im Einklang mit eurem *wahren Sein* seid, fällt es euch viel leichter, die Taten, Worte und Ansichten anderer Leute in der richtigen Perspektive zu sehen. Denn diese Dinge gehen euch überhaupt nichts an. Selbst das, was sie über euch denken, geht euch nichts an.

Selbst wenn schmerzhafte Gefühle gegenüber einem anderen Menschen bis weit in die Kindheit zurückreichen, könnt ihr – und zwar viel leichter, als ihr denkt – zu innerer Harmonie zurückfinden. Es ist dafür gar nicht erforderlich, dass ihr in euren Erinnerungen grabt und nach Erklärungen und Lösungen für das sucht, was damals geschah. Denn bei dem Schmerz, den ihr damals empfunden habt, und bei dem, den ihr heute empfindet, geht es immer nur um eines: um eure *gegenwärtigen* Schwingungen, die hervorgerufen werden durch *eure eigenen Gedanken*, und darum, in welchem Verhältnis diese Schwingungen zu der Schwingung eures *Inneren Seins* und euren Wünschen stehen. ... *Liebe ist euer natürlicher Zustand, und wenn ihr aus irgendeinem Grund nicht liebt, führt das zwangsläufig zu innerer Zerrissenheit.*

Wir können verstehen, dass ihr eure Wut oder euren Hass für gerechtfertigt haltet, ob es dabei nun wie bei dir um die Schwester geht oder um einen bösen Diktator oder einen Partner, der euch verlassen hat. ... Aber letztlich gibt es keine Rechtfertigung für irgendetwas anderes als Liebe und Wertschätzung. Der Preis, den ihr für eure innere Disharmonie zahlt, ist viel zu hoch. *Wie wir es sehen, ist Stromaufwärts-Denken und die dadurch bewirkte innere Spaltung durch nichts zu rechtfertigen.*

Meist ist es so, dass ihr umso mehr an euren lange bestehenden Hass- und Aggressionsmustern gegen andere Menschen festhaltet, je mehr wir versuchen, euch davon abzubringen. Letztlich ist euer innerer Widerstand die Ursache für eure negativen Gefühle. Mit anderen Worten, wenn ihr euch schon lange schlecht fühlt und dieses Gefühl mit dem Verhalten eines anderen Menschen in Verbindung bringt, nehmt ihr dieses Verhalten sehr persönlich und findet eure Haltung extrem gerechtfertigt. Aber ihr seid nur deshalb so wütend, weil ihr tief drinnen genau wisst, dass ihr euch eigentlich gut fühlen solltet; und die Tatsache, dass ihr euch nicht gut fühlt, macht euch sehr, sehr stark zu schaffen.

Wenn ihr eure Fähigkeit entdeckt, bewusst euer Denken *stromabwärts* zu lenken, ohne dass sich das Verhalten der anderen Leute dafür ändern müsste, werdet ihr jenes unbeschreibliche Gefühl der Erleichterung verspüren, das nur dann entstehen kann, wenn ihr euren inneren Widerstand auflöst. Habt ihr diese Kraft eures eigenen Geistes einmal entdeckt, werdet ihr nicht länger nach Menschen Ausschau halten, die euch lieben, wertschätzen und verstehen – oder euch trösten, versorgen und helfen –, denn ihr habt dann freien Zugang zu allen Ressourcen des Universums. Und diese innere Verbundenheit wird euch Erfüllung schenken. Und dann geschieht etwas sehr Interessantes: *Habt ihr einmal Verbindung zur Schwingung der universalen Liebe und Wertschätzung aufgenommen, macht euch das zu einem Menschen, der von vielen Menschen geliebt und geschätzt wird.*

Was den Konflikt mit deiner Schwester angeht, beginne also dort, wo du momentan stehst:

- *Wenn meine Schwester mit mir reden möchte, kann sie mich ja anrufen.*

- *Ich bin es leid, immer diejenige zu sein, die klein beigibt und sich um Versöhnung bemüht.*

- *Ich bin glücklicher, wenn ich keinen Kontakt mit ihr habe.*

- *Es ist mir einfach zu anstrengend, mich um ein gutes Verhältnis zu ihr zu bemühen.*

Gut, so stehen die Dinge momentan. Viele Leute würden vermutlich sagen, dass deine Schwester deine Liebe überhaupt nicht verdient, aber wir ermutigen dich nicht deiner Schwester zuliebe zu dieser Übung, sondern weil *du* es verdienst, in Harmonie mit deinem *wahren Sein* zu leben! Und würden wir mit deiner Schwester sprechen, würden wir ihr genau das Gleiche sagen: *Gefühle der Liebe und Wertschätzung für deine Schwester solltest du nicht ihr zuliebe entwickeln, sondern in deinem eigenen Interesse. Gewiss wäre es wunderbar, wenn alle Menschen dies verstehen und bewusst innere Schwingungsharmonie herstellen würden. Aber selbst wenn du der einzige Mensch auf der Welt wärest, der dies praktizierte, könntest du dich dennoch deines Lebens freuen – denn dein Glück ist von keinem anderen Menschen abhängig.*

Versuche nun, *Erleichterung* zu finden:

- *Diese Wut lastet jetzt schon lange auf mir.*

- *Es wäre schön, mich einfach davon zu lösen.*

- *Ich kann mich gar nicht mehr an den genauen Anlass unseres Streits erinnern.*

- *Ich bin mir heute sicher, dass es nichts Wichtiges war.*

- *Wenn ich meine Schwester nicht lieben würde, wäre es mir vermutlich egal, was sie denkt.*

- *Vielleicht kann ich sie lieben, ganz gleich, was sie denkt.*

- *Und schließlich entzieht es sich ja ohnehin meiner Kontrolle, was sie denkt.*

- *Ich bin aber durchaus in der Lage, mein eigenes Denken zu kontrollieren.*

- *Ich erlange ein wunderbares Gefühl der Freiheit, wenn ich meine Gedanken bewusst wähle und lenke.*

- *Ich glaube, das habe ich mir immer schon gewünscht, und darum macht es mich so wütend, wenn ich meine Gedanken nicht lenke.*

- *Ich glaube, es ist an der Zeit, nicht länger meine Schwester dafür verantwortlich zu machen, wie ich mich fühle.*

Es geht uns nicht darum, dass du innere Harmonie und Erleichterung erlangen sollst, weil wir dein äußeres Handeln beeinflussen wollen. Wir wollen dich nicht dazu bringen, deine Schwester anzurufen und dich mit ihr zu versöhnen. Wir möchten, dass du dich mit dir selbst aussöhnst und Gedanken wählst, die dich in Harmonie zu deinem *wahren Sein* bringen. Aus dieser Harmonie heraus kann es dann sein, dass du zu bestimmten äußeren Handlungen inspiriert wirst. Handlungen, die aus innerer Harmonie heraus entstehen, werden immer zu deinem Vorteil sein. Handlungen hingegen, die aus innerer Disharmonie entstehen, sind niemals zu deinem Vorteil.

- *Ich fühle mich jetzt viel besser.*
- *Ich liebe und respektiere meine Schwester.*
- *Vielleicht werde ich sie demnächst anrufen – oder nicht.*
- *Ich muss das jetzt nicht entscheiden.*

Jetzt, wo du dich besser fühlst, solltest du dich nach Kräften bemühen, diese guten Gefühle aufrechtzuerhalten, indem du deine Gedanken jedes Mal umsteuerst, wenn sie aus dem Wohlfühl-Bereich herausgleiten. Nach einiger Zeit werden diese sich besser anfühlenden Gedanken bezüglich deiner Schwester dir zur festen Gewohnheit werden, und dann werden sich äußere Lebensumstände manifestieren, die deine veränderte Gefühlslage widerspiegeln. Du wirst dann ganz natürlich zum nächsten logischen Schritt inspiriert.

Manchmal, wenn ihr euch besser fühlt, wollt ihr sofort etwas tun und die Menschen in eurer Umgebung dazu bringen, euch auf diesem Weg zu folgen. Aber am besten ist es, wenn ihr einfach diese neuen, besseren Emotionen für eine Weile genießt, bis sie sich in euch wirklich stabilisiert haben. Dann wird das *Gesetz der Anziehung* sich schon darum kümmern, dass ihr zur rechten Zeit die richtigen Leute trefft, und alle Umstände und Ereignisse entsprechend orchestrieren. Eure Aufgabe – eure *einzige* Aufgabe – besteht darin, Gefühle der Erleichterung zu finden und so Harmonie herzustellen zu eurem *wahren Sein* und dem, was ihr euch wirklich wünscht.

Beispiel 15

Meine Partnerin kontrolliert jeden meiner Schritte. Mir bleibt kaum noch Luft zum Atmen

BEISPIEL: »Ich war so glücklich, diese Frau gefunden zu haben! Wir ergänzen uns in vielerlei Hinsicht wunderbar, und ich weiß, dass wir gegenseitig unser Leben enorm bereichern. Wir tun alles gemeinsam, und wir arbeiten und leben wirklich sehr gut zusammen. Wir mögen das gleiche Essen und die gleichen Leute und haben sehr ähnliche Interessen. Ich bin überzeugt, wenn wir einen dieser Partnerschaftstests ausfüllen würden, käme dabei heraus, dass wir das perfekte Paar sind.

Aber in letzter Zeit fühle ich mich unfrei. Meine Partnerin ist so sehr Teil meines Lebens, dass ich kaum etwas ohne sie tun kann. Gestern wurde mir klar, dass ich keine Lust mehr habe, bei jeder Entscheidung, die ich treffe, auf ihre Meinung Rücksicht zu nehmen. Ich fühle mich einfach nicht frei.

Einer meiner Freunde sucht eifrig nach einer Frau fürs Leben, aber ich habe mich bei dem Gedanken ertappt, *dass er ohne eine Partnerin vielleicht besser dran ist, als er glaubt*. Dieser Gedanke hat mich verblüfft, weil ich immer der Ansicht war, es sei viel besser, jemanden zu haben, mit dem man alles teilen kann, statt allein durchs Leben zu gehen. Aber vielleicht ist es einfach nicht gut, wenn ein Paar jeden Augenblick, jeden Gedanken, jede Idee miteinander teilt. Ich fühle mich, als bliebe mir kaum Luft zum Atmen.«

Ganz gleich, wie eng du mit einer Person zusammenlebst, eure Beziehung wird viel mehr von den Gedanken beeinflusst, die sich in deinem eigenen Geist bewegen, als von dem anderen Menschen, der sich in deinem Haus oder in deinem Leben bewegt. Darum finden wir es so interessant, dass ihr so viel Energie darauf verwendet, gegenseitig euer Verhalten zu kontrollieren, statt eure eigenen Gedanken und Wahrnehmungen zu kontrollieren – besonders wenn man bedenkt, dass ihr keine Kontrolle über andere Menschen habt, jeder Mensch *jedoch* die volle Kontrolle über seine eigenen Gedanken und Wahrnehmungen hat.

Viele Leute glauben, sie würden sich so viel besser fühlen, wenn ihr Partner oder ihre Partnerin endlich dieses oder jenes Verhalten ändern würde. Aber damit zäumt ihr das Pferd von hinten auf. Wenn ihr sagt: »Ich werde mich besser fühlen, wenn du dein Verhalten oder deine Persönlichkeit änderst«, sagt ihr damit eigentlich: »Dass ich glücklich bin, hängt davon ab, ob du willens und in der Lage bist, dein Verhalten zu ändern. Ich bin dir daher ausgeliefert und völlig ohnmächtig.« *Dass viele Menschen ihren Ehepartnern oder anderen nahestehenden Personen das Leben schwermachen, liegt daran, dass sie glücklich sein wollen, aber glauben, ihr Glück hinge von Dingen ab, die sie eigentlich nicht unter Kontrolle haben.*

Zu Anfang einer Liebesbeziehung laufen die Dinge meistens ziemlich gut, da dann beide Partner vor allem die positiven Aspekte des anderen sehen. Und anfangs bemühen beide sich unnatürlich stark, dem anderen zu gefallen. Doch wenn du dich bemühst, anderen Menschen zu gefallen, statt nach innerer Harmonie zu streben, bringst du dich damit in eine schwierige Lage. Es ist dir nämlich nicht möglich, dauerhaft die Wünsche eines anderen Menschen in den Mittelpunkt deiner Aufmerksamkeit zu stellen. Ihr alle seid Schöpfer, und es entspricht einfach nicht eurer Natur, eure eigenen inneren Antriebe und Wünsche zu ignorieren.

Wenn du versuchst, andere zufriedenzustellen, stärkst du bei ihnen nur die ungesunde Vorstellung, jemand anders sei für ihr Glück verantwortlich, was sie auf lange Sicht schwächen und unglücklich machen wird. Man kann sagen, dass die dir nahestehenden Menschen immer unglücklicher werden, je mehr du versuchst, sie glücklich zu machen. Sie werden dadurch immer abhängiger von dir und deinem Verhalten, über das sie letztlich aber keine Kontrolle haben. Das hält sie davon ab, sich auf ihre eigenen Gedanken und Gefühle zu konzentrieren, über die sie die volle Kontrolle haben, und nach innerer Harmonie zu streben.

Ständig konzentrierst du dich auf deine Partnerin – sagst dir selbst, wie sehr du sie liebst und wie wichtig es für dich ist, dass sie glücklich ist – und versuchst dann, durch dein Verhalten ihr Glück zu kontrollieren. Da ist es kein Wunder, dass du dich unfrei und eingeengt fühlst, denn diese unerfüllbare Aufgabe verlangt dir enorm viel Zeit und Aufmerksamkeit ab.

Hinzu kommt, dass jene Menschen, bei denen du versuchst, durch Kontrolle der äußeren Lebensumstände zu bewirken, dass es ihnen gut geht, mit der Zeit immer abhängiger von deinem Verhalten werden und dann immer größere Ansprüche stellen. Ihr seid einfach von Natur aus so unabhängige Wesen, dass ihr immer unglücklicher werdet, je abhängiger ihr werdet. Ist es nicht bemerkenswert, dass es deine Absicht war, einen anderen Menschen glücklich zu machen, du damit aber bewirkt hast, dass er weniger glücklich ist?

Es gibt nur eine Möglichkeit, einen positiven Einfluss auf andere auszuüben: Strebe danach, selbst glücklich zu sein. Und der einzige Weg, glücklich zu werden, besteht darin, dass du Schwingungsharmonie zu deinem wahren Sein herstellst. Wenden wir diese Formel nun also auf deinen Wunsch an, dass deine Partnerin glücklich ist:

SZENARIO 1

- Du wünschst dir, dass deine Partnerin glücklich ist.

- Du beobachtest sie und stellst fest, dass sie glücklich ist.

- Dein Wunsch und das, was du beobachtest, stimmen überein – daher besteht bei dir innere Harmonie und du fühlst dich ebenfalls glücklich.

SZENARIO 2

- Du wünschst dir, dass deine Partnerin glücklich ist.

- Du beobachtest, dass sie nicht glücklich ist.

- Dein Wunsch und das, was du beobachtest, stimmen nicht überein – daher besteht bei dir eine innere Disharmonie und du fühlst dich nicht glücklich.

SZENARIO 3

- Du wünschst dir, dass deine Partnerin glücklich ist.

- Du beobachtest, dass sie nicht glücklich ist.

- Du tust alles Erdenkliche, damit sie sich besser fühlt.

- Sie wird dadurch von ihrer inneren Disharmonie abgelenkt und fühlt sich vorübergehend besser.

- Nun fängt sie an, ihr Wohlbefinden von deinem Verhalten abhängig zu machen.

- So verliert sie allmählich ihre innere Unabhängigkeit, was sie zunehmend unglücklicher macht.

- Also strengst du dich noch mehr an, um sie glücklich zu machen – aber sie wird immer unglücklicher, weil dein Verhalten ihr gegenüber auf der falschen Prämisse beruht, dass du einen anderen Menschen glücklich machen sollst beziehungsweise dazu überhaupt in der Lage wärest.

SZENARIO 4

- Du wünschst dir, dass deine Partnerin glücklich ist.

- Du beobachtest, dass sie nicht glücklich ist.

- Du nutzt die Kraft deines Geistes, um zu ignorieren, wie sie sich momentan fühlt, und konzentrierst dich stattdessen auf etwas, was es *dir* ermöglicht, weiterhin glücklich zu sein.

- Sie denkt, du solltest ihr mehr Aufmerksamkeit widmen und dich mehr darum bemühen, dass sie glücklich ist.

- Dein vorherrschender Wunsch ist es, selbst glücklich zu sein, also ignorierst du egoistischerweise ihren unglücklichen Zustand und bleibst selbst glücklich.

- Indem es dir (dank intensiven Übens) gelingt, glücklich zu bleiben, bewahrst du deine innere Harmonie und Verbindung mit deinem *wahren Sein.*

- Da du in Harmonie mit der Ur-Kraft und den Ressourcen des Universums bist, laufen die Dinge für dich gut, du bist geistig voll präsent, lebensfroh und vital – und fühlst dich großartig.

- Dank dieser Schwingungsharmonie sendest du ein starkes Signal des Wohl-Seins aus. Und da deine Partnerin sich ebenfalls wohlfühlen möchte, wird sie durch deine Schwingungen beeinflusst, wodurch sich auch ihre innere Harmonie erhöht. Mit anderen Worten, dein egoistischer Wunsch, in Kontakt zu deinen eigenen Quellen des Wohl-Seins zu bleiben, hat dich in die Lage versetzt, deine Partnerin zu etwas zu inspirieren, das sie sich ebenfalls wünscht.

· *Aber wie groß deine Harmonie auch sein mag und wie stark das Signal des Wohl-Seins sein mag, das du aussendest, es ist allein Aufgabe deiner Partnerin, in innere Harmonie zu diesem Signal zu gehen. Diese Arbeit kannst du keinem anderen Menschen abnehmen.*

Also läuft letztlich alles darauf hinaus, dass du andere genug lieben musst, um sie zu ermutigen, nach innerer Harmonie zu streben. Und dies ist für jeden Menschen der einzige Weg, glücklich zu werden. Natürlich solltest du zu den Menschen in deiner Umgebung so liebevoll und freundlich wie möglich sein, aber nicht aus dem Wunsch heraus, durch dein Verhalten eine bei ihnen bestehende innere Leere zu füllen. Sei liebevoll und freundlich, weil du in Harmonie mit deinem *wahren Sein* bist.

Und hier ist der wichtigste Faktor, den du dir einprägen solltest: Es ist sehr einfach, sich ein Denken anzugewöhnen, dass *stromabwärts* ausgerichtet ist und Wohl-Sein bewirkt. Hingegen ist es extrem schwierig, das Verhalten, die Gefühlslage oder die Schwingungen eines anderen Menschen zu beeinflussen. *Konzentriere dich auf dein eigenes energetisches Gleichgewicht, deine innere Harmonie, und überlasse die restliche Arbeit dem Gesetz der Anziehung.*

Gehe also von deiner augenblicklichen Situation aus und formuliere *Stromabwärts*-Gedanken:

- *Ich fühle mich unfrei und eingeengt.*

- *Ich habe keine Lust mehr, bei allem, was ich tue, auf die Gefühle und Wünsche meiner Partnerin Rücksicht zu nehmen.*

- *Ich wünschte, sie würde sich einer Aktivität widmen, die bewirkt, dass ihre Aufmerksamkeit nicht ständig um mich kreist.*

Das ist deine momentane Lage. Statt nun zu versuchen, Erleichterung zu finden, indem du eine Veränderung bei deiner Partnerin bewirkst, versuche, durch deine eigenen Gedanken Erleichterung zu finden:

- *Ganz unabhängig davon, was meine Partnerin will oder denkt, kann ich meine eigenen Gedanken denken.*
- *Ich muss mich nicht bei jedem meiner Gedanken fragen, welche Meinung sie dazu hat.*
- *Ein großer Teil meiner Gefühle hat mit dem zu tun, was in meinem eigenen Geist abläuft.*
- *Ich bin frei, meine eigenen Gedanken zu denken.*

Diese Gedankenkette ist eindeutig *stromabwärts* ausgerichtet, was bewirkt, dass du dich nun besser fühlst.

- *Meine Partnerin versucht nicht wirklich, mich zu kontrollieren.*
- *Unser Zusammenleben kann sich jederzeit positiv weiterentwickeln.*
- *Und es stimmt ja, dass wir in vielen Bereichen wirklich einer Meinung sind.*
- *Wir passen wirklich sehr gut zusammen.*
- *Sie hat nie versucht, mir vorzuschreiben, was ich denken soll.*
- *Mein Gefühl der Enge und Unfreiheit hat mehr mit meiner inneren Disharmonie zu tun als mit allem anderen.*

- *Ich kann mein Denken in angenehmere Bahnen lenken. Ich muss es nur versuchen.*

- *Es liegt ganz allein bei mir, was ich denke.*

- *Ich bin frei, mich mit allem zu beschäftigen, was ich interessant finde.*

Wenn du erst einmal *stromabwärts* im Fluss bist, fällt es dir immer leichter, weitere Gedanken zu finden, die sich noch besser anfühlen:

- *Ich muss keine rasche Veränderung erzwingen, sondern kann in aller Ruhe mein Denken positiv verändern.*

- *Unsere Beziehung ist insgesamt sehr positiv.*

- *In Wirklichkeit bin ich nicht eingeengt oder unfrei, solange ich mich nicht durch mein Denken selbst einschränke.*

- *Dieses Gefühl der Enge und Beklemmung ist jetzt völlig verschwunden.*

- *Falls es je wieder zurückgekehrt, weiß ich, woher es kommt und was ich dagegen tun kann.*

Beispiel 16

Mein Mann will die Scheidung, und ich fühle mich ganz verloren

BEISPIEL: »Ich bin seit zehn Jahren verheiratet. Im vorigen Monat sagte mein Mann mir, dass er sich scheiden lassen will. Er sagte, er habe schon länger darüber nachgedacht, und es hätte keinen Sinn, es noch länger hinauszuzögern. Ich weiß, unsere Ehe war alles andere als vollkommen, aber ich hatte keine Ahnung, dass er so unglücklich war.

Noch in der gleichen Woche zog er in eine eigene Wohnung. Ich versuchte, es ihm auszureden, aber als er mit mir darüber sprach, stand sein Entschluss bereits unverrückbar fest. Ich bin sicher, dass er nicht zu mir zurückkehren wird. Ich versuche, ohne ihn zurechtzukommen, aber so vieles in meinem Leben war mit ihm verbunden: Es ist mir unangenehm, gemeinsame Freunde zu sehen, ich kann es nicht mehr ertragen, in unsere Lieblingsrestaurants zu gehen, und sogar Fernsehsendungen, die wir uns immer gemeinsam angeschaut haben, bereiten mir jetzt Kummer. Ich komme mit meinem Leben nicht mehr klar.«

Gleich zu Beginn müssen wir dir etwas sagen, das Menschen in deiner Situation nicht gerne hören – aber wenn du bereit bist, es dir anzuhören, bietet sich dir ein rascher Ausweg aus deinem schweren Trennungsschmerz:

Dein Schmerz ist das Resultat einer starken Schwingungsdisharmonie in dir – und das kannst du ganz allein beheben, ohne fremde Hilfe.

Wenn Menschen unglücklich sind, sagen sie meistens: »Natürlich leide ich – schaut doch nur, was mir passiert ist!« Und selbstverständlich verstehen wir den Zusammenhang zwischen deinem Schmerz und dem Umstand, dass dein Mann dich verlassen hat. Aber es gibt hierbei sehr viel größere Zusammenhänge, die weit über deine Reaktion auf seinen Auszug hinausgehen.

Dein ganzes Leben lang (und auch schon vor deiner Geburt) hast du dir unaufhörlich ein Schwingungsguthaben erschaffen im Hinblick auf die ideale Partnerschaft, die du dir wünschst. Und diese energetische Schöpfung ist detailliert ausgestaltet, machtvoll und real. Wenn du dich nun auf das konzentrierst, was dein Mann getan hat (oder auf die Leere, die dadurch in deinem Leben entstanden ist), richtest du damit dein Denken *stromaufwärts* aus. Damit stemmst du dich gegen den machtvollen Strom deines Wohl-Seins. Mit anderen Worten, dein Schmerz hat nicht nur etwas mit dem Verlassenwerden zu tun, sondern rührt daher, dass du inneren Widerstand gegen eine machtvolle Schöpfung, Absicht und Schwingungsrealität aufgebaut hast. Wenn ein Strom so machtvoll fließt und du gegen ihn anpaddelst, löst das bei dir eine sehr starke negative Emotion aus.

Der intensive Schmerz, den du empfindest, ist nicht darauf zurückzuführen, dass dieser Mann dich verlassen hat. Dieser Schmerz ist ein Indikator dafür, dass dein gegenwärtiges Denken nicht im Einklang mit deinem inneren Bild einer idealen Partnerschaft steht, das du in deinem Schwingungsguthaben erschaffen hast und das dort auf seine Verwirklichung wartet. Hiermit möchten wir allen Menschen zurufen, die unter einer zerbrochenen Ehe oder Partnerschaft leiden: *Eure Partnerschaft – die, die ihr euch wirklich wünscht, die, deren Schöpfung ihr an jedem Tag eures Lebens detaillierter und wunderbarer ausgestaltet, selbst während einer schmerzhaften Trennungsphase – wartet immer noch in eurem Schwingungsguthaben auf euch ... aber der Schmerz, den ihr empfindet, zeigt an, dass ihr euch gegenwärtig nicht auf die Materialisierung dieser Partnerschaft zu bewegt, sondern von ihr weg.* Mit anderen Worten, dein Schmerz wird nicht so sehr dadurch verursacht, dass dein Partner dich verlassen hat, sondern dadurch, dass die Aufmerksamkeit, die du seinem Verhalten widmest, dich *stromaufwärts* blicken lässt, weg von dem »Traum« einer Beziehung, die du schon seit langer Zeit für dich erschaffst.

Wenn dir voll bewusst wird, wie alle Dinge erschaffen werden, und du verstanden hast, was es mit deinem *Schwingungsguthaben* und deinem *Emotionalen Leitsystem* auf sich hat, wirst du dein Wohlbefinden niemals wieder vom Verhalten anderer Menschen abhängig machen.

Wenn dich dein Partner verlässt, ist es lediglich ein Mensch, der zur Tür hinausgeht. Das ist nicht das Ende deines Traums, das Ende deiner Bewussten Schöpfung, das Ende deines Lebens. Es ist lediglich eine weitere Erfahrung, die dir hilft, klarer zu definieren, was du dir wünschst und was nicht. Es ist wieder eine Gelegenheit für dich, dir in Sachen Partnerschaft ein noch erfreulicheres Schwingungsguthaben zu erschaffen.

Wenn wir zu euch sagen, dass ihr euch eure Realität selbst erschafft und dass ihr sein, tun und haben könnt, was immer ihr euch wünscht, wird jemand in deiner Situation vermutlich fragen: »Wird denn dann mein Mann zu mir zurückkehren? Das ist es, was ich mir wirklich wünsche!« Natürlich ist es möglich, dass dann, wenn du Harmonie zu deinem Schwingungsguthaben herstellst, dieser Mann und die Wiederaufnahme eurer Beziehung der Weg des geringsten Widerstands ist, der dir zu dem verhilft, was du dir wünschst. So geschieht es oft. Wir möchten dich aber darauf hinweisen, dass – so wichtig dieser Mann zurzeit für dich sein mag – dein Glück nicht von einer bestimmten Person abhängt.

Das Einzige, worauf es ankommt, ist, dass du Schwingungsharmonie zu deinem Schwingungsguthaben herstellst. Und wenn dir das gelingt, kann das Universum gar nicht anders, als den perfekten Partner in dein Leben zu bringen. Mit anderen Worten, die Beziehung zwischen dir (als deinem physischen Selbst) und dem größeren Du (deinem wahren Inneren Sein) ist es, an der du arbeiten musst, und wenn du diese beiden Aspekte deines Selbst in Harmonie bringst, wird sich auch alles andere in deinem Leben harmonisch fügen.

Die Trennung von deinem Mann hat bewirkt, dass du dich *stromaufwärts* fokussiert hast, aber du bist durchaus in der Lage, alle deine Gedanken, einen nach dem anderen, zu ändern und *stromabwärts* auszurichten. Selbst in einer so schmerzhaften Situation kannst du das. Und dadurch wirst du dich so viel besser fühlen, dass sich künftig alles, was du dir wünschst, für dich physisch verwirklichen kann und wird.

Wenn Liebesbeziehungen scheitern, liegt das fast immer daran, dass einer oder beide Partner glauben, der andere sei verantwortlich dafür, sie glücklich zu machen. Die meisten Leute sagen zu ihrem Partner oder ihrer Partnerin in etwa Folgendes: »Ich will glücklich sein. Wenn du dieses und jenes tust, fühle ich mich glücklich. Deshalb erwarte ich von dir, dass du immer das tust, was mich glücklich macht.«

Wenn du glaubst, dein Glück hinge davon ab, was ein anderer Mensch tut, sind Schmerz und Enttäuschung vorprogrammiert, denn kein anderer Mensch, so sehr er sich auch bemühen mag, ist jemals in der Lage, bei dir ständig für Schwingungsharmonie zu sorgen. Nur du selbst kannst diese innere Harmonie erzeugen, indem du immer wieder bewusst *Stromabwärts*-Gedanken wählst. Kein anderer Mensch kann auch nur ansatzweise wissen, welche Schwingungsguthaben du in deinen verschiedenen Lebensbereichen aufgebaut hast. Wenn du von anderen Menschen erwartest, dass sie dich durch wunschgemäßes Verhalten glücklich machen, verlangst du Unmögliches von ihnen.

Wenn dein Mann glaubte, dass dein Glück von ihm abhängt, muss der Mangel an Freiheit, den er dadurch empfunden hat, extrem einengend und beklemmend gewesen sein ... so sehr, dass er sich, wie die meisten Menschen in einer solchen Situation, von dir getrennt hat, um wieder Raum für sich selbst zu haben und frei durchatmen zu können.

Aber spüre einmal nach, welche *Stromabwärts*-Erleichterung du empfindest, wenn jemand zu dir sagt:

»Ich liebe es, mit dir zusammen zu sein, und jetzt im Moment fühlt sich deine Gesellschaft wundervoll an. Und übrigens übernehme ich jederzeit selbst die Verantwortung dafür, wie ich mich fühle. Ich habe die Macht, mein Denken bewusst zu steuern. So habe ich es selbst in der Hand, in Harmonie mit meinem *wahren Sein* zu leben und mich gut zu fühlen. Dadurch bist du frei, dein Leben so zu leben, wie du es erstrebenswert findest, und mir wird es dabei gut gehen. Ich liebe es, an deiner Seite zu sein, mit dir zu leben und die Freuden der Liebe mit dir zu teilen – aber für mein Glück bin ich *selbst* verantwortlich.«

Ein freiheitsliebender, lebensfroher Gefährte wird in einer solchen Liebesbeziehung wunderbar gedeihen, denn diese Form der Einsicht bietet die Grundlage für eine ewige Partnerschaft in Freude. Wenn zwei Menschen begreifen, dass sie als Paar grenzenlos leben, lieben und sich weiterentwickeln können, gibt es nie einen Grund, sich zu trennen und anderswo Erfüllung zu suchen, weil die Freiheit, nach der jeder Mensch sich sehnt, dann in der Partnerschaft immer gewährleistet ist.

Wenn du Harmonie mit deinem *wahren Sein* erlangst und damit die Erfüllung deines Wunsches nach einer idealen Partnerschaft, die dein Inneres Sein für dich bereithält, Realität wird, ist es gut möglich, dass dein Mann zu dir zurückkehrt ... aber darauf kommt es nicht an (wir wissen, dass du das jetzt nicht gerne hören magst). Wenn du innere Harmonie findest und konsequent *stromabwärts* denkst, ermöglichst du es damit, dass dein wirklicher Traumpartner zu dir finden kann. Du wirst es spüren, wenn ihr euch gegenübersteht, und es spielt keine Rolle, um welche konkrete Person es sich dabei handelt – denn er wird perfekt zu den Wünschen passen, die du in deinem Schwingungsguthaben gespeichert hast. ... Alle Enttäuschungen, die du in deinen bisherigen Liebesbeziehungen erlebt hast, haben dir geholfen, dir über deine Wünsche klar zu werden. Und die Einlösung dieses Schwingungsguthabens steht dir hier und jetzt offen. Die einzige Frage ist: *Bist du bereit dafür?*

Beginne also dort, wo du gerade stehst (etwas anderes bleibt dir auch gar nicht übrig), und versuche, Gedanken zu finden, die sich besser anfühlen als die vorherigen:

- *Ich weiß nicht, was ich machen soll.*

- *Morgens habe ich keine Lust aufzustehen.*

- *Ich will meine Familie und meine Freundinnen nicht sehen.*

- *Ich will einfach nur in Ruhe gelassen werden.*

Dabei handelt es sich eindeutig um *Stromaufwärts*-Gedanken, aber zu Beginn eines solchen Prozesses ist das völlig normal. Es war hilfreich für dich, so zu denken, denn dadurch wurde in dir die Schwingung deines Ist-Zustands verstärkt. Und entsprechend deutlich wirst du jetzt spüren, wie diese Schwingung sich zum Besseren verändert, wenn du Gedanken wählst, die sich besser anfühlen.

- *Diese Ehe war ein sehr wichtiger Teil meines Lebens.*

- *Ich habe geglaubt, wir würden für immer zusammenbleiben.*

- *Ich halte mich an meine Versprechen.*

- *Ich hätte mich niemals so verhalten wie er.*

- *Ich verdiene es nicht, so behandelt zu werden.*

Diese Gedanken bewirken schon eine leichte Verbesserung. Zwar schwingt darin immer noch dein Gefühl der Ohnmacht mit, aber du baust etwas Wut auf, was auf jeden Fall besser ist, als sich nur ohnmächtig und als Opfer zu fühlen.

Wenn die Menschen in deiner Umgebung merken, dass du heftige Wut entwickelst, statt dich ohnmächtig in dein Schicksal zu ergeben, werden sie dich vielleicht warnen, dass Wut schädlich ist. Aber sie haben in der Regel keine Ahnung, welchen Fortschritt deine aufkeimende Wut für deine Schwingungsharmonie bedeutet. Aus ihrer Perspektive, da sie nicht deine Ohnmacht mitempfunden haben, könnte Wut tatsächlich ein *Stromaufwärts*-Gedanke sein.

Aber es geht hier um *deinen* Strom des Wohl-Seins, nicht um ihren, und nur du selbst kannst wirklich wissen, welche Gedanken dir Erleichterung bringen und welche nicht. Es ist möglich, dass du einige Tage oder sogar Wochen im Wut-/Rache-Modus verbringst, aber das ist gar nicht nötig, denn wenn du erkennst, dass du hier und jetzt immer die Wahl hast, wie du dich fühlen möchtest, gibt es keinen Grund, sich längere Zeit am vergleichsweise ungemütlichen Ort der Wut- und Rachegedanken aufzuhalten.

Hierbei lohnt es sich, Folgendes zu bedenken: Vom Zustand der Ohnmacht her gesehen ist es angenehmer (*stromabwärts*), wütend zu sein. Befindest du dich hingegen auf der Skala der Emotionen im Zustand der Frustration, wäre Wut ein Rückschritt, eine *Stromaufwärts*-Bewegung, die sich dementsprechend unangenehm anfühlt. Deine Aufgabe besteht darin, stets Gedanken zu wählen, die bewirken, dass du dich wohler fühlst als zuvor. Und daher kann es der logische erste Schritt auf deiner Reise *stromabwärts* sein, Ohnmachtsgefühle durch Wutgefühle zu ersetzen:

- *Ich verdiene es nicht, so behandelt zu werden.*

- *Ich verdiene einen Partner, der treu zu mir steht.*

- *Es hat überhaupt keinen Sinn, dass ich mich an einen Menschen klammere, der gar nicht mehr bei mir sein will.*

- *Auf so einen Mann, der sein Versprechen nicht einhält, bin ich nicht angewiesen.*

- *Das Leben ist zu kurz, um es an diesen Menschen zu verschwenden.*

Bücher, in denen Wissenschaftler und Lebensberater Beziehungsratschläge geben, sind zu Tausenden auf dem Markt. Aber den meisten dieser Autoren entgeht völlig, dass es zu jedem Thema nicht nur eine richtige Einstellung oder Meinung gibt, sondern dass diese Meinung immer von zwei extrem wichtigen Faktoren abhängt:

1. Von dort, wo ihr euch auf der *Emotionalen Skala* gerade befindet, sind euch nicht *alle* Gedanken zugänglich.

2. Ob ein Gedanke jeweils angemessen ist oder nicht, hängt ausschließlich von eurer momentanen Position auf der Skala ab.

Mit anderen Worten, kein anderer Menschen kann wissen, welche Gedanken jeweils gerade für euch richtig sind. Aber *ihr* wisst es – euer *Emotionales Leitsystem* verrät es euch.

Nun hast du also festgestellt, dass Wutgedanken bewirken, dass du dich etwas besser fühlst. Halte nach Gedanken Ausschau, die bewirken, dass es dir noch besser geht:

- *In mancher Hinsicht bin ich froh, dass es vorbei ist.*

- *Wenigstens gibt es jetzt keine hässlichen Streitereien mehr zwischen uns.*

- *Irgendwie bedeutet diese klare Trennung auch eine Erleichterung.*

- *Ich muss mir jetzt über unsere Eheprobleme keine Gedanken mehr machen.*

- *Ich fühle mich erschöpft.*

Spürst du die Erleichterung? Es hat sich ein Gefühl der Resignation eingestellt, und eine Akzeptanz dessen, *was geschehen ist*. Du kämpfst nicht länger gegen die Umstände an. Der reduzierte innere Widerstand bewirkt, dass du dich einfach treiben lässt – du bewegst dich *stromabwärts*.

- *Irgendwie wird sich alles zum Guten wenden.*
- *Ich habe bisher noch jeden Sturm überstanden.*
- *Ich werde mein seelisches Gleichgewicht schon noch wiederfinden.*

Erste Hoffnung keimt in dir, und ab jetzt brauchst du dich nur noch sanft vom Strom tragen zu lassen. Wenn es dir einmal gelungen ist, *gezielt* ein Gefühl der Hoffnung in dir zu erzeugen, wird die Kraft deines Traums und deines *wahren Seins* dich vorwärts tragen. Allein durch dein Bemühen, dich Schritt für Schritt immer besser zu fühlen, hast du eine große Veränderung bewirkt.

Während solcher Lebenskrisen kommt es immer wieder einmal vor, dass ihr in das *Stromaufwärts*-Denken zurückfallt, das ihr eigentlich schon hinter euch gelassen hattet. Vielleicht sprecht ihr mit einem Freund oder Familienmitglied über eure Erfahrungen, und dabei kann es leicht geschehen, dass ihr euer Gefühl der Wut oder gar der Depression wieder aktiviert. Doch wenn es euch einmal gelungen ist, euch gezielt in einen sich viel besser anfühlenden Zustand »hineinzudenken«, wisst ihr, dass ihr das jederzeit wieder tun könnt. Und so könnt ihr nach einem solchen kleinen Rückschritt eure Reise zur Wunscherfüllung, die euch stromabwärts erwartet, schnell wieder fortsetzen.

Beispiel 17

Meine Kinder respektieren mich nicht

BEISPIEL: »Ich bin allein erziehende Mutter dreier Töchter im Teenageralter, die mich sehr schlecht behandeln. Ich weiß nicht mehr genau, was eigentlich schiefgelaufen ist, aber keine von ihnen behandelt mich mit Respekt. Als sie klein waren, waren sie wirklich süße Mädchen. Manchmal haben sie sich gestritten wie alle Kinder, aber wenn ich ihnen dann sagte, sie sollten aufhören, haben sie auf mich gehört.

Aber das ist lange vorbei. Heute gehorchen sie mir nicht nur nicht mehr, sondern sie machen sich auch offen über mich lustig, verdrehen die Augen und zwinkern sich amüsiert zu. Offenbar haben sie sich gegen mich verbündet. Ich weiß nicht, wie es dazu gekommen ist, aber es ist für mich sehr unangenehm. Wann habe ich die Kontrolle über sie verloren?«

Obwohl es heute in eurer Kultur eine große Vielfalt an Erziehungskonzepten gibt, hegen doch viele Eltern eine Grundüberzeugung, die den Universalen Gesetzen zuwiderläuft und unserer Ansicht nach für einen Großteil aller familiären Konflikte verantwortlich ist. Und dein letzter Satz bringt diese Überzeugung auf den Punkt: »Wann habe ich die *Kontrolle* über sie verloren?«

Natürlich ist es bis zu einem gewissen Grad möglich, das Verhalten anderer Menschen zu kontrollieren (besonders bei Kindern, die ja in vielerlei Hinsicht von den Erwachsenen in ihrer Umgebung abhängig sind). Aber die Vorstellung, das Verhalten anderer kontrollieren zu müssen oder selbst von anderen kontrolliert oder beherrscht zu werden, ist für niemanden von euch wirklich erstrebenswert. Dafür seid ihr nicht in diese Raum-Zeit-Realität gekommen! Aus dem größeren Blickwinkel eures wahren Seins wusstet ihr, dass alle Dinge von dem angezogen werden, was auf gleicher Wellenlänge mit ihnen schwingt.

Daher war es offensichtlich für euch, dass ihr alles, was ihr euch wünscht, einfach dadurch erschaffen könnt, dass ihr eure Aufmerksamkeit darauf richtet und diesen Fokus aufrechterhaltet, bis das Gewünschte sich physisch manifestiert hat. Dazu sind keinerlei Kontrolle, Manipulation, Rechtfertigung oder harte Arbeit nötig, sondern ausschließlich eine klare, widerstandsfreie Konzentration auf den Gegenstand eures Wunsches.

Wie frei und wundervoll ist das Leben, wenn niemand versucht, euch zu kontrollieren, und ihr nicht versucht, andere Menschen zu kontrollieren!

Euch sind Instinkte angeboren, die nicht nur einfach euer Überleben in dieser Welt sichern, sondern ein *glückliches*, *freudvolles* Überleben. Ihr seid machtvolle Schöpferinnen und Schöpfer. Und ihr alle seid mit der Absicht geboren worden, eure ganz individuellen Wünsche zu definieren und euch eure Realität selbst zu erschaffen – mithilfe der Kraft eurer gebündelten Konzentration. Wenn nun andere Menschen behaupten, *sie* wüssten besser als ihr selbst, was ihr erschaffen, wollen, denken oder tun sollt, löst das in euch ein starkes Gefühl der Disharmonie aus ... eine Art Rebellion, die anzeigt, dass eure Gedanken *stromaufwärts* ausgerichtet sind.

Wenn du verstehst, wie die *Gesetze des Universums* arbeiten, und dir klarmachst, dass deine Kinder von Natur aus kreativ sind, kannst du ihnen liebevoll Ratschläge und Inspirationen geben, ohne dabei ihre kreative Entfaltung zu behindern und zu unterdrücken. Wie du selbst sind auch deine Kinder auf die Welt gekommen, um sich *ihre* ganz eigenen Lebenserfahrungen zu erschaffen. Da ist es doch nicht weiter verwunderlich, dass sie rebellieren, wenn ihnen jemand diese Freiheit nehmen will. Für manche Jugendliche fühlt sich das so schrecklich an, als versuche jemand, ihnen ein Kissen aufs Gesicht zu drücken, um sie zu ersticken.

Manche Eltern glauben, sie müssten umso mehr Kontrolle ausüben, je stärker ein Kind rebelliert. Von den Befürwortern autoritärer Maßnahmen wird den Eltern geraten, ihre Kinder mit strengen Verboten und Strafen zu gängeln, bis die Kinder schließlich aufgeben und sich unterordnen. (Der Wille der Kinder wird dabei »gebrochen«, wie wenn man ein Wildpferd zähmt, bis sie sich fügen und unterwürfig alles tun, was die Eltern von ihnen verlangen.) Natürlich trifft es zu, dass die Zähmung solcher »aufsässigen« Kinder für häusliche Ruhe und Ordnung sorgen kann, aber wir raten nicht dazu, den Willen irgendeines Menschen zu brechen.

Kindererziehung ist ein gewichtiges Thema, und die Leute versuchen schon seit sehr langer Zeit, die richtigen Erziehungsmethoden zu finden. Keine andere Beziehung ist für das Leben eines Menschen von größerer Bedeutung als die Eltern-Kind-Beziehung – denn die Schwingungsmuster, die in der frühen Kindheit angelegt werden, sind bei den meisten Menschen prägend für das ganze Leben.

Dieser Konflikt ist in eurer Kultur und Umwelt nichts Neues, und er lässt sich nur lösen, wenn ihr die Thematik auf der *energetischen* Ebene angeht – durch *Denken* statt durch *Handeln*, denn es geht dabei um *Schwingungsfrequenzen*. Erziehungsprobleme tauchen fast immer dann auf, wenn Eltern versuchen, das Verhalten ihrer Kinder durch Worte und äußere Handlungen zu steuern. Dieses Bedürfnis verspüren Eltern immer nur dann, wenn bei ihnen selbst eine innere Disharmonie vorliegt, weil sie sich durch *Stromaufwärts*-Denken von ihrer inneren Weisheit, ihrer Ur-Kraft, abgeschnitten haben. Wenn sie dann in diesem Zustand mit ihrem Kind interagieren, kommt nichts Gutes dabei heraus.

Man könnte endlose Abhandlungen über das Fehlverhalten von Eltern und Kindern und mögliche Gegenmaßnahmen schreiben (und das ist auch bereits geschehen). Aber für jeden Konflikt zwischen Eltern und Kindern, für jedes unerwünschte Verhalten gibt es eine Lösung, wenn ihr die folgenden Prämissen berücksichtigt.

FÜR ELTERN

- Ihr habt euren Kindern den Weg in diese Lebenserfahrung ermöglicht.

- Ihr seid nicht die Schöpfer der Erfahrungen eurer Kinder.

- Eure Kinder wissen selbst viel besser als ihr, was gut für sie ist, denn sie allein haben Zugang zu ihrer inneren Führung und Weisheit.

- Ihr seid nicht verantwortlich für das, was eure Kinder in ihrem Leben erschaffen.

- Eure Kinder verfügen über die erforderlichen Ressourcen, um ein Leben nach ihren Wünschen zu führen.

- Eure Kinder sind Reine, Positive Energiewesen, die hierhergekommen sind, um eine große Bestimmung zu erfüllen.

- Die Entwicklung eurer Kinder hat lange begonnen, bevor ihr sie gezeugt und geboren habt.

- Eure Kinder besitzen ein *Emotionales Leitsystem*, das sie wirkungsvoll und präzise durchs Leben führt.

- Das Wertvollste, was ihr für eure Kinder tun könnt, ist, ihnen dabei zu helfen, ihre Verbindung zur Ur-Kraft des Universums aufrechtzuerhalten.

- Diese Hilfestellung könnt ihr ihnen nur geben, wenn ihr selbst über eine gute Verbindung zu eurer Ur-Kraft verfügt.

- Eure innere Schwingungsharmonie, eure Verbindung zu eurer Urkraft ist wichtiger als eure Beziehung zu euren Kindern. Wenn es etwas gibt, worüber ihr Kontrolle ausüben sollt und könnt, dann ist *das* euer eigenes Denken und Fühlen.

- Wenn ihr wütend auf eure Kinder seid, befindet ihr euch nicht in Harmonie mit eurem *wahren Sein*, und für dieses unangenehme Gefühl sind nicht eure Kinder verantwortlich, sondern ganz allein ihr selbst.

FÜR KINDER

- Eure Eltern haben euch den Start in diese Raum-Zeit-Realität ermöglicht.

- Zwar wollen eure Eltern ganz sicher das Beste für euch, aber sie können nicht wissen, was das ist.

- Ihr seid nicht hierhergekommen, um die Erwartungen anderer Menschen zu erfüllen.

- Ihr selbst seid die Schöpfer eurer Erfahrung.

- Ihr seid eine Ausdehnung der Ursprungsenergie, und ihr wurdet geboren, um eine große Bestimmung zu erfüllen.

- Ob ihr auf dem richtigen Weg seid, merkt ihr daran, wie ihr euch fühlt.

- Da aber eure Eltern schon länger leben als ihr, möchten sie euch an ihrer Lebenserfahrung teilhaben lassen.

- Vieles von dem, was sie gelernt haben, kann für euch auch tatsächlich von Wert sein.

- Da eure Eltern schon länger in der physischen Welt leben als ihr, haben sie höchstwahrscheinlich nicht mehr ein so klares Gespür für die Größere Perspektive und das *wahre Sein* wie ihr.

- Wenn ihr die Verbindung zu eurer Ur-Kraft aufrechterhaltet und pflegt, werdet ihr immer wissen, ob euer Denken und Handeln angemessen ist.

- Eure Eltern werden vermutlich versuchen, ein gewisses Maß an Kontrolle über euch auszuüben, aber es ist nicht nötig, dass ihr gegen diese Kontrollversuche ankämpft – denn in Wahrheit habt nur ihr selbst die Kontrolle über euer Leben. Ihr steuert und kontrolliert euer Leben und eure eigene Realität, indem ihr Gedanken denkt, die mit euren Werten und Wünschen harmonieren.

- Wenn ihr wütend auf eure Eltern seid, befindet ihr euch nicht in Harmonie mit eurem *wahren Sein*, und für dieses unangenehme Gefühl sind nicht eure Eltern verantwortlich, sondern ganz allein ihr selbst.

Die Menschen verzetteln sich häufig in den Details ihrer Einschätzung des Verhaltens anderer und der Beurteilung, ob dieses Verhalten richtig oder falsch ist, aber auf diesem Weg findet ihr keine wirklichen Lösungen. In dem Bemühen, die besten Erziehungsmethoden zu entwickeln, werden Forschungsgruppen und Komitees gegründet, und die Meinungen dazu sind so zahlreich wie Sand am Meer. Die Methoden wechseln von weniger Kontrolle zu mehr Kontrolle und dann wieder zu weniger Kontrolle, aber der Schlüssel zu einer wundervollen, fruchtbaren Eltern-Kind-Beziehung hat die ganze Zeit über in eurem Inneren auf euch gewartet.

Wenn ihr eure Gedanken bezüglich eurer Kinder bewusst auswählt und dann darauf achtet, wie diese Gedanken sich jeweils anfühlen, habt ihr das perfekte Leitsystem für eure Rolle als Eltern – und für alles andere in eurem Leben.

Beginne also, was die Schwierigkeiten mit deinen Töchtern angeht, dort, wo du gerade stehst:

- *Ich muss mein Kind kontrollieren.*
- *Ich kann mein Kind nicht kontrollieren.*
- *Mein Kind ist außer Kontrolle.*
- *Mein von mir nicht kontrolliertes und diszipliniertes Kind wird deswegen später im Leben ständig Probleme haben.*
- *Ich muss einen Weg finden, meinem Kind Folgsamkeit und Disziplin beizubringen.*

Alle diese Aussagen fühlen sich für dich gar nicht gut an (*stromaufwärts*), was bedeutet, dass dein Inneres Sein ganz andere Vorstellungen von deiner Elternrolle hat.

- *Wenn ich mein Kind nicht zum Gehorsam erziehe, werden die Lehrer an seiner Schule mich für eine schlechte Mutter halten.*

Diese Aussage fühlt sich schlecht an, weil du dein Kind nicht kontrollieren kannst, die Schule aber dir gegenüber Kontrolle und Druck ausübt. Auch das passt nicht zu deinen eigenen höheren Absichten für dein Kind.

- *Meine Kinder respektieren mich nicht.*
- *Wenn sie mich nicht respektieren, zeigen sie auch gegenüber anderen Erwachsenen keinen Respekt. Und das wird negative Auswirkungen auf ihr zukünftiges Leben haben.*

Du denkst, der Schmerz, den du empfindest, sei darauf zurückzuführen, dass deine Kinder sich dir gegenüber respektlos verhalten. Aber alle Formen von emotionalem Schmerz sind in Wahrheit darauf zurückzuführen, dass du nicht in Harmonie mit deinem *Inneren Sein* lebst. Mit anderen Worten, das, was du zurzeit über ein bestimmtes Thema denkst, stimmt nicht mit dem überein, was dein *Inneres Sein* zu diesem Thema denkt. Häufig verteidigt ihr eure negative Haltung heftig, weil ihr tief drinnen wisst, dass ihr euch eigentlich gut fühlen solltet. Also argumentierst du, dass die Zukunft deiner Kinder in Gefahr sei, wenn es dir nicht gelingt, ihnen Respekt beizubringen. Aber mit dieser Logik ist dein *Inneres Sein* nicht einverstanden.

Statt also über die unlösbaren Probleme des Elternseins zu klagen und eine Erziehungsmethode nach der anderen durchzuprobieren, empfehlen wir dir, schlichtweg das Einzige zu tun, das du wirklich unter Kontrolle hast, und das ist die Harmonisierung deiner eigenen Gedanken, Schwingungen und Energien.

Finde Gedanken über deine Beziehung zu deinen Kindern, die sich besser anfühlen als die Gedanken, die du zuvor hattest. Fahre damit fort, bis du herausgefunden hast, was dein *Inneres Sein*, deine Ur-Kraft, über deine Rolle als Mutter denkt, über dich selbst und über deine Kinder:

- *Ich hasse es, wenn meine Töchter mir schiefe Blicke zuwerfen.*

- *Sie machen sich ganz offen über mich lustig, und es ist ihnen egal, wie ich mich dabei fühle.*

Das ist eine Beschreibung dessen, was geschehen ist, und deiner diesbezüglichen schlechten Gefühle. Suche nun nach *Stromabwärts*-Gedanken, die bewirken, dass du dich besser fühlst, ohne dass deine Töchter dafür ihr Verhalten ändern müssen. Denke daran, dass du die Kontrolle über *deine* Gedanken und Gefühle hast, nicht jedoch über das Verhalten deiner Kinder (wie deine Erfahrungen mit ihnen dir ja deutlich zeigen):

- *Es ist nicht persönlich gegen mich gerichtet – sie haben vor keinem Erwachsenen Respekt.*

Das fühlt sich nicht viel besser an, weil du dir immer noch Sorgen machst, dass sie sich mit ihrem respektlosen Benehmen in Zukunft viele Probleme einhandeln werden.

Wir wollen jetzt nicht noch mehr Zeit darauf verwenden, dir zu erklären, *warum* deine Gedanken sich besser oder schlechter anfühlen, denn das bremst deine Fortschritte und kann dich dazu verleiten, weitere unangenehme Gedankenketten zu knüpfen. *Konzentriere dich stattdessen darauf, bewusst Gedanken zu wählen, die bewirken, dass du dich besser fühlst.*

Das ist ein guter Zeitpunkt, um dich daran zu erinnern, wie befreiend es ist, das Paddel einzuholen, nicht länger gegen die Strömung anzukämpfen und dich einfach treiben zu lassen. Versuche, dich einmal probeweise von dem Kontrollbedürfnis gegenüber deinen Töchtern zu lösen – und schau, ob sich ein Gefühl der Erleichterung einstellt:

- *Ich habe wirklich alles Erdenkliche versucht.*

- *Ich habe jeden Erziehungsratgeber gelesen, den ich auftreiben konnte.*

- *Ich liege nachts wach und grübele darüber nach.*

- *Ich weiß einfach nicht mehr, was ich machen soll.*

- *Ich gebe auf.*

Konzentriere dich nun ausschließlich darauf, was du *fühlst*. Spüre, was für eine *Erleichterung* es ist, einfach aufzugeben ... nicht länger gegen den Strom zu paddeln. Denke daran, dass dieses Gefühl der Erleichterung von großem Wert ist, denn es bedeutet, dass du deinen inneren Widerstand verringert hast. Jedes unerfreuliche Erlebnis mit deinen Töchtern hat bewirkt, dass du weitere spezifische Wünsche in deinem Schwingungsguthaben gespeichert hast, Wünsche bezüglich deines Verhältnisses zu deinen Töchtern und bezüglich ihres Erfolgs im Leben. Indem du nun loslässt und dich mit dem Strom treiben lässt, bewegst du dich auf die Erfüllung dieser Wünsche zu. Das verschafft dir Zugang zu weiteren sich besser anfühlenden Gedanken:

- *Ich muss nicht alle Probleme auf einmal verstehen und lösen.*

- *Vielleicht ist es einfach nicht meine Aufgabe, die Zukunft meiner Töchter zu planen.*

- *Mein Tag hat nicht genug Stunden, um die komplizierten Einzelheiten im Leben dreier Teenager zu entwirren.*

- *Ich glaube, ich habe viel zu viel Zeit damit zugebracht, es trotzdem zu versuchen.*

- *Es gibt andere Dinge, mit denen ich mich beschäftigen könnte.*

- *Meine Töchter sind sehr wichtig für mich, aber genauso wichtig ist, dass ich auch mein eigenes Leben lebe.*

- *Es fühlt sich gut an, mich wieder mehr meinen eigenen Bedürfnissen und Interessen zu widmen.*

- *Und meine Töchter finden das bestimmt auch gut.*

Jetzt ist dir schon viel leichter ums Herz. Von der Schwingungsfrequenz, die du nun erreicht hast, aus betrachtet, werden dir deine früheren negativen Emotionen ziemlich lächerlich vorkommen. Du kannst jetzt humorvoll zur Kenntnis nehmen, dass deine Töchter es gerade gut finden werden, wenn du dich *weniger* um sie kümmerst:

- *Sie werden gar nichts mit sich anzufangen wissen, wenn ich sie nicht mehr dauernd mit meinen Strafpredigten nerve!*

- *Es wird schön sein, wenn ich sie positiv überrasche, statt Augenrollen und spitze Bemerkungen zu provozieren.*

- *Dass ich die Zügel lockerer lasse, kann keine negativeren Resultate hervorrufen, denn das, was ich bisher versucht habe, hat ganz gewiss keine positiven Resultate hervorgebracht.*

- *Mir gefällt die Vorstellung, dass ich meine Töchter durch die liebevollen Augen meines Inneren Seins sehe.*

- *Diese positiven Gefühle ihnen gegenüber sind mir doch eigentlich sehr vertraut.*

- *Als sie klein waren, habe ich alle drei perfekt gefunden und eine freudvolle Zukunft für sie gesehen.*

- *Ich möchte gerne wieder zu diesen angenehmen Muttergefühlen zurückkehren.*

- *Wie spät ist es denn? ... Sie kommen bald nach Hause.*

- *Ich freue mich, sie zu sehen.*

❧ *Das wird bestimmt schön.*

Es wäre unrealistisch, zu erwarten, dass deine Probleme mit deinen Töchtern sich durch diese kurze Übung ganz aus der Welt schaffen ließen, aber du hast dadurch eine größere Harmonie zu deiner Ur-Kraft hergestellt. Und wenn du fest entschlossen dabei bleibst, immer wieder nach sich besser anfühlenden Gedanken zu suchen, wenn sich bei dir im Umgang mit deinen Töchtern negative Gefühle bemerkbar machen, wird sich dein Verhältnis zu ihnen schon bald dauerhaft zum Besseren wandeln.

Wenn deine Töchter merken, dass du es ihnen ab jetzt nicht nur *erlaubst*, sich ihre eigene Realität zu erschaffen, sondern sie sogar dazu *ermutigst*, werden sie damit aufhören, sich dir gegenüber unfreundlich zu verhalten. Bildlich gesprochen, drückst du ihnen nun kein Kissen mehr aufs Gesicht, und deshalb müssen sie nicht länger um sich schlagen und gegen dich kämpfen. ... Dann könnt ihr alle eure individuellen Wege der Selbstentfaltung fortsetzen und euch gemeinsam daran erfreuen.

Beispiel 18

Man stiehlt mir meine kreativen Ideen

BEISPIEL: »Seit zwei Jahren arbeite ich als freischaffender Autor. Meine Arbeiten werden in verschiedenen Zeitschriften veröffentlicht, und ich werde zusehends bekannter. Inzwischen bin ich in der Lage, meine Familie durch meine schriftstellerische Arbeit zu ernähren, denn meine Texte werden immer gefragter.

Nun haben Freunde und Kollegen mir veröffentlichte Texte von anderen Autoren zugeschickt, in denen diese eindeutig Passagen aus meinen Arbeiten verwenden. Sie haben ein paar Formulierungen abgeändert, um die Tatsache zu verschleiern, dass sie bei mir abschreiben, aber es ist dennoch offensichtlich.

Zunächst einmal finde ich das wirklich ärgerlich, wenn ich bedenke, wie viel Zeit und Mühe ich auf die Recherche für meine Artikel verwendet habe. Zweitens ist es ein eindeutiger Verstoß gegen das Urheberrecht, und ich verstehe nicht, wie jemand so etwas tun und sich gut dabei fühlen kann. Ich käme nie auf die Idee, wie ein Schmarotzer die kreativen Ideen meiner Kollegen zu stehlen. Haben solche Leute denn gar keine Berufsehre?

Aber am meisten macht mir zu schaffen, dass sie meine sorgfältig ausformulierten Ideen nehmen und sie mit unausgegorenen, fehlerhaften Konzepten vermengen, was dann, statt Klarheit zu schaffen, nur Verwirrung stiftet. Warum tragen sie nichts Eigenständiges bei, statt fremdes Gedankengut billig und schlecht zu kopieren?«

Du hast jetzt schon seit längerer Zeit Informationen und Wissen gesammelt, und es ist nur natürlich, dass du so zu einer eigenen, persönlichen Weltsicht gelangt bist. Und ebenso normal ist es, dass du *deine* Weltsicht für die richtige hältst. Wenn du nun das Verhalten anderer Menschen beobachtest, vergleichst du es logischerweise mit deiner Weltsicht und gelangst häufig zu dem Schluss: »Das würde ich niemals tun!« Das aktiviert in dir ein Bedürfnis, das Verhalten anderer Menschen zu kontrollieren, um sie davon abzuhalten, diese deiner Ansicht nach falschen Dinge zu tun.

Die ständige Suche der Menschen nach dem »richtigen« Verhalten und der »richtigen« Ideologie und die daraus folgende Beurteilung des Verhaltens anderer Menschen als richtig oder falsch hat Jahrhundert um Jahrhundert zu immer neuen Kriegen geführt, die nicht nur mit Worten, sondern allen erdenklichen anderen Waffen ausgetragen werden. In dieser Hinsicht seid ihr heute noch kein Stück weitergekommen. Ihr kämpft immer noch die gleichen Kriege wie eure Vorfahren, und das wird so weitergehen, bis ihr endlich erkennt, dass es niemals die eine richtige Art zu handeln, denken und leben geben kann.

Oft glauben die Menschen, das Ziel des Lebens bestünde darin, die richtige Art zu leben zu finden und dann alle anderen Menschen davon zu überzeugen (oder sie zu zwingen), ebenfalls so zu leben. Aber das ist das genaue Gegenteil von dem, was euer *wahres Sein* anstrebt und was eure Absichten waren, als ihr in dieser Raum-Zeit-Realität geboren wurdet. Vor eurer Geburt auf der irdischen Ebene hattet ihr niemals die Absicht, das Universum dadurch zu verkleinern, dass ihr jede vermeintlich falsche Idee eliminiert, bis nur noch einige wenige gute übrig sind. Damals wusstet ihr, dass Expansion in diesem Ewigen Universum ein unabänderliches Prinzip ist. Und vor allem war euch klar, dass die überbordende Vielfalt der Ideen – seien sie »richtig« oder »falsch« – für die ewige Expansion und Evolution unverzichtbar ist. Wir weisen dich darauf hin, weil wir wissen, dass dein Wohlbefinden enorm profitieren wird, wenn du nicht länger auf der *Richtigkeit* deines Standpunkts beharrst und genauso vehement darauf pochst, dass der Standpunkt eines anderen Menschen *falsch* ist.

Deine Meinung mag noch so populär oder, nach welchen Standards auch immer, »richtig« sein – wenn du inneren Widerstand gegen die Meinungen anderer Leute aufbaust, aktivierst du damit in dir eine Schwingung, die dich davon abhält, in den Genuss der Erfüllung dei-

ner Wünsche zu kommen, die hinter der von dir vertretenen Meinung stehen. Und dann neigst du wie die meisten Menschen vermutlich dazu, dafür die Leute verantwortlich zu machen, deren Idee des Gutseins von deiner abweicht. Und so geht der Krieg immer weiter.

Wenn du dich daran erinnerst, dass du selbst der Schöpfer deiner Erfahrungen bist und dass es dafür, dass du deine Ziele erreichst und dir deine Wünsche erfüllst, nicht erforderlich ist, dass irgendjemand anderes mit deinen Prämissen, Absichten oder Verhaltensweisen übereinstimmt, dann und nur dann wirst du bereit sein, anderen Menschen die Freiheit einzuräumen, so zu handeln, wie es ihnen beliebt.

Es ist absolut nicht notwendig, mit allen Menschen auf dem Planeten in Einklang zu leben, aber es ist für dich entscheidend, dass du mit dir selbst in Einklang lebst. Und wenn dir das gelingt, wirst du inspirierende Ideen hervorbringen, die dem Wohl aller Menschen und des ganzen Planeten dienen werden.

Lass es nicht zu, dass das Verhalten eines anderen Menschen, wie böswillig es dir auch erscheinen mag (von deinem Standpunkt aus gesehen), dich der Macht, Klarheit und Freude deines wahren Seins beraubt.

Du kannst deine ganze Lebenszeit damit vergeuden, das Verhalten anderer Leute zu beurteilen und als »richtig«, »falsch«, »sehr, sehr falsch«, »nicht so falsch wie andere Dinge«, »fast richtig«, »noch richtiger«, »sehr, sehr richtig« und so weiter zu kategorisieren.

Und auch nicht viel anders ist es, wenn du sagst: »So etwas würde *ich* niemals tun!« Du tust es nicht, weil es sich für *dich* nicht gut anfühlt. Wahrscheinlich bist du dir bereits der Verbindung zwischen dir und deinem größeren Nicht-Physischen *Inneren Sein* bewusst, und deshalb weißt du sehr gut, welche Verhaltensweisen deinem Weg entsprechen und welche nicht. Aber du bist ganz einfach nicht fähig zu beurteilen, wie es um das Verhältnis eines anderen Menschen zu seinem *Inneren Sein* und seinen Herzenswünschen bestellt ist. Das kann nur er allein wissen, und deshalb kannst *du* niemals einschätzen, welches Verhalten für ihn in seiner momentanen Situation jeweils angemessen ist. Jedes Mal wenn du zu beurteilen versuchst, was ein anderer Mensch tun oder lassen sollte, zeigt das nur, dass du von deinem eigenen Weg abgekommen bist.

Und genau das ist es, was dir in Wahrheit zu schaffen macht. Es geht nicht darum, dass dir jemand deine Ideen gestohlen und sie falsch wiedergegeben hat. Es geht auch nicht darum, dass dadurch dein Urheberrecht oder bestimmte geschäftliche Regeln verletzt werden. Die wahre Ursache deines Unbehagens, wenn du dich auf diese Ideendiebe fokussierst, ist deine eigene innere Disharmonie: Du befindest dich nicht im Einklang mit deinem *wahren Sein*.

»Würde dieser Mensch sich anders verhalten, würde ich mich besser fühlen.« Das ist die größtmögliche Zwickmühle, in die du dich hineinmanövrieren kannst. Erstens wird es dir niemals gelingen, andere Menschen wirklich zu beherrschen und zu kontrollieren – wie stark deine Armeen auch immer sein mögen –, und zweitens widersetzt du dich damit deiner wahren Bestimmung und deinem wahren, ewigen Wesen.

Wenn du entdeckst, welche Erleichterung es dir bringt, deine Absichten *stromabwärts* auszurichten, wirst du den Weg zu wahrer Freiheit finden – Freiheit von den Fesseln, die du dir selbst anlegst, wenn du versuchst, andere zu kontrollieren, während doch deine wahre Lebensaufgabe darin besteht, die Schwingung deines eigenen Seins zu kontrollieren.

Das Beste an dieser Erkenntnis ist, dass niemand anders dieses Wissen kennen oder anwenden muss. Du selbst kannst es anwenden, völlig unabhängig davon, was andere Menschen tun oder nicht tun. Und wenn du es anwendest, wird deine Welt genau so werden, wie du es dir wünschst. Und das ist die »Kontrolle«, nach der du gesucht hast. Das ist das Geheimnis des Lebens, nach dem alle Menschen suchen.

Wir werden dir nun eine Folge von Aussagen vorstellen, von denen jede sich besser anfühlt als die vorherige. Wenn du dieser Gedankenkette folgst, wird sie dich zu vollkommener Harmonie mit deinem *wahren Sein* zurückführen:

- *Ich habe bereits viele Jahre damit zugebracht, mein schriftstellerisches Werk zu erschaffen und zu veröffentlichen.*

- *Ich finde, es ist etwas Unrechtes, wenn andere Autoren Passagen daraus übernehmen, einige Formulierungen ändern und das Ganze dann als ihren eigenen Text ausgeben.*

- *So etwas würde ich niemals tun.*

- *Ich habe, wenn erforderlich, immer korrekt zitiert, mit den entsprechenden Quellenangaben.*

- *Ich würde mich niemals mit fremden Federn schmücken.*

- *Diese Leute, die Texte von mir stehlen, freundlich zu bitten, nichts ohne meine Einwilligung zu veröffentlichen, hat gar keinen Zweck.*

- *Sie haben ganz eindeutig eine andere Weltsicht als ich.*

- *Es gibt Gesetze zum Schutz von Urheberrechten, die solchen geistigen Diebstahl verbieten.*

- *Ich kann ohne Schwierigkeiten beweisen, dass sie umfangreich bei mir abgeschrieben haben.*

- *Schließlich gibt es Tausende von Lesern, die meine Texte kennen und das bezeugen können.*

- *Ich kann mich jederzeit entscheiden, rechtliche Schritte einzuleiten.*

- *Andererseits weiß ich, dass ich mir selbst schade, wenn ich mich auf Streitereien mit anderen einlasse.*

- *Aus meiner eigenen Lebenserfahrung weiß ich, dass es im Universum keine Knappheit an Ressourcen gibt.*

- *Es ist ja auch gar nicht mein Wunsch, andere am Veröffentlichen ihrer Meinung zu hindern.*

- *Je mehr Menschen inspirierende Worte an die Menschheit richten, umso besser.*

- *Mein Wunsch, dass die Menschen mehr Weisheit erlangen, erfüllt sich auch, wenn andere Autoren dazu beitragen – das ist ein gemeinsames Anliegen für die ganze Menschheit.*

- *Jeder Mensch beschreitet seinen eigenen Weg der Erkenntnis, und wenn meine Texte dabei für andere Autoren eine Quelle der Inspiration sind, umso besser.*

- *Nichts macht mich glücklicher, als zu sehen, wenn andere Menschen sich auf positive Weise entfalten.*

- *Es freut mich sehr, dass viele Menschen bestrebt sind, einen inspirierenden Beitrag für die Welt zu leisten.*

- *Ich beglückwünsche jeden Menschen, dem es gelingt, sich seine Wünsche zu erfüllen.*

- *Wenn ein anderer Mensch Erfolg hat, beeinträchtigt das meine eigenen Erfolgschancen in keiner Weise, sondern stellt immer eine Bereicherung für die ganze Menschheit dar.*

- *Es ist wunderbar, in diesem grenzenlosen, unerschöpflichen Universum zu leben.*

- *Es ist eine aufregende, wunderbare Erkenntnis, dass auch meine Möglichkeiten grenzenlos und unerschöpflich sind.*

- *Und ebenso verfügen auch alle anderen Menschen über grenzenlose Möglichkeiten der Entwicklung und Entfaltung.*

Beispiel 19

Bei meiner Mutter wurde die Alzheimerkrankheit diagnostiziert

BEISPIEL: »Bei meiner Mutter wurde Alzheimer diagnostiziert, und ich mache mir große Sorgen um sie. Ich mache mir Sorgen, wie ihre Zukunft aussehen wird und wie wir uns am besten um sie kümmern können. Der Arzt hat gesagt, dass die Krankheit sich bei ihr noch im Frühstadium befindet, aber rasch fortschreiten kann, und dass wir uns darauf vorbereiten müssten. Ich habe aber keine Ahnung, wie man sich auf etwas so Furchtbares vorbereiten soll! Sie ist immer eine sehr kluge, gebildete Frau gewesen, die große Freude an intelligenten Unterhaltungen hat. Ich glaube, ich kann die Vorstellung nicht ertragen, dass sie das alles nun verlieren wird.«

Es ist hilfreich, wenn ihr euch immer wieder ins Gedächtnis ruft, dass eure Sicht der Erfahrungen eines anderen Menschen sich stets von *seiner eigenen* Sicht unterscheidet. Mit anderen Worten, möglicherweise ist die Verminderung ihres Fokus für deine Mutter überhaupt nicht mit negativen Emotionen verbunden, während du dich deswegen quälst.

Wenn du miterleben musst, wie die Fähigkeit deiner Mutter, sich auf die physische Realität zu fokussieren, immer mehr abnimmt, wirst du vielleicht nach Wegen suchen, sie wieder in einen wacheren, klareren Bewusstseinszustand zu versetzen. Manche Menschen kämpfen regelrecht darum, ihre an Demenz erkrankten Angehörigen dazu zu bringen, sich wieder stärker auf die äußere Realität zu fokussieren, indem sie mit ihnen spielen und sie zu stimulieren versuchen, ganz ähnlich wie man versucht, ein Kind zum Lernen zu motivieren. Sie meinen es zwar wirklich gut, verkennen aber, dass die Krankheit für ihre Eltern ein Weg des geringsten Widerstands ist, den sie sich selbst erschaffen haben, um Schritt für Schritt diese physische Daseinsebene zu verlassen, und es hilft ihnen nicht, wenn ihr versucht, sie hier festzuhalten.

Natürlich wäre es für dich angenehmer, wenn deine Mutter bis ans Ende ihrer Tage bei klarem, wachem Bewusstsein wäre, aber es steht nicht in deiner Macht, eine solche Zukunft für sie zu erschaffen. Wenn Menschen mit einer solchen Situation konfrontiert werden, gelingt es ihnen meist nicht, diesbezüglich zu innerer Harmonie zu gelangen, weil sie glauben, ihre Gefühlslage könne sich nur verbessern, wenn sich vorher die äußere Situation verbessert. Aber da diese Situation sich nicht in der Weise verbessern lässt, wie sie es sich wünschen, finden sie kein seelisches Gleichgewicht.

»Wenn es meiner Mutter besser geht, werde ich mich besser fühlen«, wäre in deinem Fall die typische Reaktion. Aber in Wirklichkeit verlangt die Situation etwas ganz anderes von dir: Du musst lernen, dein inneres Gleichgewicht und deine Verbindung zu deinem *wahren Sein* aufrechtzuerhalten, *ungeachtet der äußeren Umstände. Bedingungslose Liebe bedeutet: »Ich erhalte meine Verbindung zu meiner Ur-Kraft, meinem Größeren Selbst aufrecht – ungeachtet dessen, was um mich herum gerade geschieht.«*

Deine Mutter hat einen Weg gefunden, sich von Gedanken zu befreien, die sie daran hinderten, zu innerer Harmonie mit ihrem *wahren Sein* zu gelangen. Und wenn sie stirbt, wird diese Verbindung mit ihrem Größeren Selbst völlig wiederhergestellt. Und wenn du auf die Botschaft deiner Gefühle achtest und es dir zur festen Gewohnheit machst, stets bewusst Gedanken zu wählen, die bewirken, dass du dich besser fühlst als zuvor, wirst du innere Harmonie mit deinem wahren Sein erlangen, *und zwar völlig unabhängig vom Gesundheitszustand deiner Mutter.*

Beginne also jetzt gleich damit, in dir Schwingungsharmonie zu erzeugen, ohne von deiner Mutter zu erwarten, dass sie dir zuliebe ihre Situation und ihren Fokus verändert:

- *Ich kann es nicht ertragen, mit ansehen zu müssen, wie meine Mutter ihre geistigen Fähigkeiten verliert.*

- *Sie war immer so brillant und klug. Ich hätte nie für möglich gehalten, dass so etwas mit ihr geschehen könnte.*

- *Zwar merkt man ihr an, dass sie frustriert ist, aber wirklich wütend über ihren Zustand ist sie offenbar nicht.*

- *Im Gegenteil: Vieles, worüber sie sich früher aufregte, scheint ihr jetzt nicht mehr so wichtig.*

- *Die Frustration ist offenbar an die Stelle der heftigen Wutausbrüche getreten, die ich bei ihr früher oft erlebt habe.*

- *In letzter Zeit bemerke ich bei ihr eine friedliche Resignation.*

- *Ich habe das Gefühl, dass sie jetzt viele ihrer alten inneren Kämpfe hinter sich gelassen hat.*

- *Und an manche Dinge erinnert sie sich immer noch sehr lebhaft.*

- *Sie leidet eindeutig nicht so stark unter ihrer Krankheit wie ihre Familie.*

- *Ich habe nie geglaubt, dass meine Mutter ewig leben würde.*

- *Zwar ist es nie leicht, sich auf den Tod der Eltern vorzubereiten, aber die Erkrankung meiner Mutter gibt uns die Zeit, in Ruhe von ihr Abschied zu nehmen.*

- *Und vor allem scheint es für sie selbst die angemessene Vorbereitung zu sein, die richtige Art, diese Welt zu verlassen.*

- *Wenn ich es so betrachte, hat die Sache durchaus auch ihr Gutes.*

- *Ich erkenne immer mehr, dass sich alles so entfaltet, wie es für uns alle am besten ist.*

- *Letztlich stellt sich heraus, dass selbst Entwicklungen, die anfangs schwer erträglich scheinen, schließlich doch für alle Beteiligten von Vorteil sind.*

- *Ich kann mich immer wieder auf den Gedanken konzentrieren, dass wir alle gesegnet sind und sich die Dinge stets zum höchsten Wohl aller entwickeln.*

Beispiel 20

Die Mitarbeiter in meiner Firma kommen nicht miteinander aus

BEISPIEL: »Ich besitze eine kleine Firma mit zurzeit zwanzig Angestellten. Obwohl die Geschäfte sich sehr gut entwickeln, zweifle ich manchmal, ob ich weiter expandieren soll. Je größer eine Firma wird, desto mehr Mitarbeiter muss man einstellen, und je mehr Leute ich einstelle, desto mehr Ärger gibt es. Ich glaube, ich war glücklicher, als meine Firma noch viel kleiner war und ich mich um alles selbst kümmern konnte. Ich bin total genervt von den ständigen kleinlichen Streitereien unter meinen Mitarbeitern. Manchmal fühle ich mich wie im Kindergarten und nicht wie der Arbeitgeber von erwachsenen Menschen. Ich wünschte, sie würden einfach gut miteinander auskommen, ihre Arbeit tun und nicht ständig Probleme machen.«

Wenn du dich mit deiner Firma beschäftigst, mit deinen Kunden, deinen Produkten und deinem Personal, hast du das Gefühl, dass du eine Menge Dinge regeln und kontrollieren musst. Und je mehr Produkte und Kunden hinzukommen, desto mehr Personal brauchst du, um alle diese Aufgaben zu erledigen. Inmitten all dieser Anforderungen kann es leicht geschehen, dass du den wichtigsten Teil deiner persönlichen Schöpfung aus dem Blick verlierst: *Die Basis all deiner Erfahrungen ist Energie, Schwingung, deine Firma wurde durch deine Gedanken erschaffen – nicht durch deine Handlungen.*

Bei vielen Leuten stößt dieser Satz auf starken Widerspruch, weil sie glauben, das, was sie in ihrer physischen Umgebung sehen, sei das Resultat von physischer Arbeit und Aktivität. Wir bestreiten nicht, dass du in einer Welt physischer Aktivität lebst und dass deine Handlungen bestimmte Resultate nach sich ziehen. Aber wenn du dir klarmachst, dass deine inneren Energien bei diesen Resultaten eine weit größere

Rolle spielen als dein physisches Handeln, beginnst du, deinen Schwingungen, Gedanken und Emotionen größere Beachtung zu schenken. Du wirst erkennen, dass du durch den bewussten Einsatz deines Denkens und Fühlens die Resultate überaus wirkungsvoll beeinflussen kannst. Kurz gesagt, du wirst mit viel geringerem Arbeits- und Zeitaufwand viel bessere Resultate erzielen.

Wenn du dich auf ein Problem konzentrierst, unterbrichst du damit die Verbindung zu deinem *wahren Sein* und deiner Größeren Perspektive. Dadurch sinkt dein Energielevel, und alles wird sehr viel schwieriger und mühsamer. Bleibst du hingegen lösungsorientiert, erhältst du die Verbindung aufrecht. Dann findest du nicht nur schneller Problemlösungen, sondern kannst deinen unvermeidlichen persönlichen Expansions- und Evolutionsprozess auch viel mehr genießen.

Wenn deine täglichen Lebenserfahrungen nicht immer wieder ein Verlangen nach neuen Lösungen in dir wecken würden, gäbe es keine Expansion und Evolution. Und ein Verlangen nach Lösungen kann es nur geben, wenn es Probleme gibt. Ein Verlangen nach Antworten kann es nur geben, wenn es Fragen gibt. Mit anderen Worten, die Probleme, die du gerne vermeiden möchtest, sind unverzichtbar für die Expansion und Evolution, die du dir wünschst. Wenn du das begreifst, kannst du zu einem angenehmen, erfrischenden Rhythmus der Schöpfung finden, der dir und deinen Mitarbeitern gleichermaßen Freude macht.

Da deine Firma – ganz gleich, wie die Unternehmensstruktur ist und welche Produkte du herstellst – eine Ausdehnung deiner Gedankenschwingungen ist, fand ihre Erschaffung zum größten Teil statt, ehe die physischen Elemente manifestiert wurden. Durch deine Überlegungen und Ideen hast du dein Geschäft in Gang gesetzt. Und während dieses Denkprozesses hast du nur sehr wenige Gedanken ausgestrahlt, die *stromaufwärts* ausgerichtet waren und dadurch die positive Entwicklung des Ganzen beeinträchtigten.

Und da alles, was in physischer Form existiert, zuerst als *Gedanke* vorhanden war, ehe es *Form* annahm, hattest du bereits ein klares Vorstellungsbild deiner zukünftigen Firma, ehe du deine ersten Mitarbeiter eingestellt und mit der Produktion begonnen hast. In deinem damaligen Schwingungszustand gab es bei dir nur wenig inneren Widerstand, und deshalb hattest du Erfolg und dein Unternehmen wuchs rasch. *Bei den meisten Unternehmen finden die positive Zielsetzung und Strukturentwicklung größtenteils lange vor der physischen Firmengründung statt. Aber wenn erst einmal Gebäude, Mitarbeiter und Produkte manifestiert sind, lässt der positive Schwung häufig nach, weil die Unternehmensgründer sich dann auf die Probleme konzentrieren, die im Alltagsgeschäft auftauchen. Die meisten Unternehmer bleiben dabei in ihrem Denken nicht lösungsorientiert.*

Wenn du dir klarmachst, dass das, was du *Probleme* nennst, lediglich *Bitten um Antworten* von einem Universum sind, das die Antworten auf alle Fragen kennt und für jedes Problem eine Lösung hat – und dass diese Fragen und Antworten und Probleme und Lösungen der Prozess sind, der aller Expansion und Evolution zugrunde liegt –, dann kannst du dich ganz entspannt an der Entfaltung deiner wunderbaren Firma erfreuen.

Statt die Konflikte unter deinen Angestellten als kleinliches Gezänk zu betrachten, wirst du darin die Chance erkennen, kreatives Potenzial freizusetzen und die einzigartigen Talente deiner Mitarbeiter optimal einzusetzen und zur Entfaltung zu bringen.

Der Schlüssel für geschäftlichen Erfolg und persönliches Glück ist ein und derselbe: *Du musst Gedanken finden, die für dich angenehm sind, statt von deinen Angestellten zu verlangen, dass sie sich so verhalten, wie es für dich angenehm ist. Du musst einen Weg finden, dich gut zu fühlen, unabhängig davon, wie sie sich verhalten.*

Wenn du darauf beharrst, dich gut zu fühlen, und dein Denken so umformst, dass du dich die meiste Zeit über tatsächlich gut fühlst, gelangst du zu innerer Harmonie mit deinen sich ständig weiterentwickelnden Wünschen bezüglich deines Unternehmens. Das Universum wird dich mit allem versorgen, was zur physischen Manifestation dieser Wünsche erforderlich ist. Wenn du dich auf die Fähigkeiten, Stärken und das Engagement deiner Mitarbeiter konzentrierst, also auf das, was dir von dem, was jeder von ihnen einbringt, am besten gefällt, wird das Universum dir mehr davon liefern. Konzentrierst du dich dagegen auf das, was dich stört und was du beseitigen willst, liefert das Universum dir mehr *davon*.

Nichts bringt das Schlechte in einem Menschen schneller und stärker zum Vorschein als deine Konzentration darauf. Nichts bringt das Beste in einem Menschen schneller und stärker zum Vorschein als deine Konzentration darauf.

Manche Unternehmer delegieren die lästigen Details des Alltagsgeschäfts gerne an andere, um sich ganz auf die großen Konzepte und Ideen konzentrieren zu können, und es ist gewiss von Wert, den Überblick zu behalten und die großen Ziele nicht aus den Augen zu verlieren. Aber es sind nicht die »lästigen« Aspekte der Unternehmensführung, die deinen Elan bremsen, sondern deine Konzentration auf Aspekte, die in dir Disharmonie erzeugen und deine Verbindung zur Ur-Kraft beeinträchtigen. Wenn du jedes Mal, wenn du dir eines »Problems« bewusst wirst, dieses lediglich als eine Frage betrachtest, auf die eine Antwort nötig ist, wird diese Antwort rasch und mühelos zu dir kommen, und du kannst diesen Prozess der Expansion und Evolution genießen. Mit anderen Worten, es ist nicht der »lästige Kleinkram«, der dich hemmt und entmutigt, sondern deine innere Energieblockade.

Wenn es dir gelingt, deinen inneren Energiefluss und deine Verbindung zu deinen sich ständig weiterentwickelnden Wünschen und Zielen für deine Firma zu pflegen, wird es dir nie an fähigen Mitarbeitern mangeln, die sich um die Aufgaben kümmern, die du gerne delegieren möchtest, damit du dich ganz jenen Aspekten deiner Arbeit widmen kannst, die dir am meisten Freude und Befriedigung schenken.

Die Möglichkeiten zur Expansion und Weiterentwicklung deines Unternehmens sind in Wahrheit grenzenlos. Beginne also bei deiner augenblicklichen Situation und finde einen *Stromabwärts-Gedanken*, der dir Erleichterung verschafft. Da du auf der *Skala der Emotionen* bereits beim Gefühl der Frustration beginnst, nicht bei Hoffnungslosigkeit oder Depression, wird es dir verhältnismäßig leichtfallen, innere Harmonie herzustellen zu deinem Wunsch nach einer erfolgreichen, sich für dich gut anfühlenden unternehmerischen Tätigkeit und, was noch wichtiger ist, zu deinem *wahren Sein*.

- *Ich bin es leid, mich mit den kleinlichen Streitereien unter meinen Angestellten befassen zu müssen.*
- *Manchmal komme ich mir dabei vor wie im Kindergarten! Können diese Leute sich nicht wie Erwachsene benehmen?*
- *Es gibt für mich wirklich Wichtigeres zu tun!*
- *Meine Mitarbeiter sind mir wichtig.*
- *Ihr Wohlergehen ist mir wichtig.*
- *Ich habe mir immer gewünscht, dass die Atmosphäre in der Firma stimmt und sie sich bei der Arbeit wohlfühlen.*
- *Schließlich verbringen sie einen großen Teil ihres Lebens am Arbeitsplatz.*
- *Es ist verständlich, dass sie sich hier wohlfühlen möchten.*
- *Wenn es Schwierigkeiten gibt, ist es nachvollziehbar, dass sie zunächst in die üblichen Reaktionsmuster verfallen.*
- *Im Leben geht es darum, sich mit Kontrasten auseinanderzusetzen, und genau das tun meine Leute, jeder auf seine Weise.*
- *Indem sie sich darüber klar werden, was sie nicht wollen, erkennen sie, was sie wirklich wollen.*

- *Vermutlich machen ihnen diese kleinen alltäglichen Konflikte weit weniger zu schaffen, als ich glaube.*

- *Und ihre Arbeit erledigen sie ja wirklich ausgezeichnet.*

- *Dafür, dass sie glücklich sind, bin ich nicht verantwortlich.*

- *Ich selbst fühle mich nur unglücklich, weil ich meine Aufmerksamkeit auf Negatives richte.*

- *Ich sollte mein Wohlbefinden nicht vom Verhalten meiner Mitarbeiter abhängig machen.*

- *Meine Mitarbeiter haben so viele Stärken und Talente!*

- *Wenn ich mich auf ihre guten Seiten konzentriere, werden die gelegentlichen unerfreulichen Erlebnisse im Vergleich dazu völlig unbedeutend.*

- *Es ist mein Wunsch, dass meine Mitarbeiter entdecken, wie auch sie sich positiv fokussieren und die meiste Zeit über gut fühlen können.*

- *Ich liebe es, in meiner Firma ein ideales Klima für Kreativität, Expansion, Erfolg und Wohlstand zu erzeugen.*

- *Ich liebe meine Mitarbeiter.*

Beispiel 21

Mein Mann hält diese Philosophie für Unsinn und will damit nichts zu tun haben

BEISPIEL: »Ich habe *Wünschen und bekommen* gelesen, und die von euch vertretene Philosophie überzeugt mich zutiefst. Seitdem achte ich viel mehr auf das, was ich denke und sage, und ich habe mit einigen der *22 Methoden* aus eurem Buch *Wunscherfüllung* gearbeitet, um mein Leben zum Besseren zu verändern. Leider steht mein Mann dem völlig ablehnend gegenüber. Er wird richtig wütend, wenn er mitbekommt, dass ich eine der *22 Methoden* anwende. Und je stärker ich mir der Arbeitsweise des *Gesetzes der Anziehung* bewusst werde, desto mehr beunruhigen mich die negativen Dinge, die mein Mann ständig sagt. Ich wünschte, er würde sich offener und aufgeschlossener verhalten. Ich habe das Gefühl, dass sich vieles in unserem Leben positiv verändern könnte, wenn wir beide gemeinsam eure *Wunscherfüllungs-Methoden* praktizieren und gemäß den *Universalen Gesetzen* leben würden. Aber mein Mann lehnt das ja völlig ab! Werden da nicht seine negativen Gedanken meine positiven Gedanken behindern oder gar neutralisieren?«

Die Gedanken anderer Menschen haben keine Macht über dich – es sei denn, dass du über ihre Gedanken *nachdenkst*. *Wenn du dich gedanklich mit den Gedanken deines Mannes beschäftigst, machst du sie damit zu deinen Gedanken, und dann wirken sie sich auf dein inneres Gleichgewicht aus.*

Wenn euer Leben dicht mit dem Leben eines anderen Menschen verwoben ist, habt ihr das Gefühl, ihr müsstet fast immer einer Meinung sein und »am selben Strang ziehen«. Aber in Wahrheit ist es überhaupt nicht notwendig, dass irgendjemand mit dir »an einem Strang zieht«, denn dein eigener Schöpfungsstrom der Kreativität besitzt ausreichend »Zugkraft« für alles, was du in deinem Leben verwirklichen möchtest.

Wenn du allerdings nicht *mit dir selbst* an einem Strang ziehst, sondern widerstreitende Kräfte in dir zulässt, erreichst du deine Ziele nicht.

Dafür, dass du manchmal das Gefühl hast, andere Menschen würden dich an deiner Selbstentfaltung hindern, gibt es nur einen Grund: Du hast inneren Widerstand gegen irgendetwas aufgebaut. Nehmen wir zum Beispiel an, du verspürst den starken Wunsch, in ein neues Haus in einer anderen Gegend umzuziehen, dein Mann sagt aber, dass er lieber in eurem jetzigen Haus wohnen bleiben will. Würdest du nun ausschließlich an das neue Haus denken, befänden deine tagtäglichen Gedanken sich in Schwingungsharmonie mit deinem Wunsch nach dem neuen Haus. Da es also keinen inneren Widerstand gibt, würden alle äußeren Ereignisse und Umstände sich so fügen, wie es deinem Wunsch entspricht.

Wenn du dagegen oft darüber nachdenkst, dass dein Mann gegen einen Umzug ist, wenn du vor dir selbst zu rechtfertigen versuchst, warum du trotzdem ein neues Haus willst, und unglücklich darüber bist, dass er deinen Wunsch noch nicht einmal ernsthaft in Betracht zieht – dann befinden deine tagtäglichen Gedanken sich in Disharmonie zu deinem Wunsch. Dadurch, dass du über die deinem Wunsch widersprechenden Gedanken deines Mannes nachdenkst, baust du in dir inneren Widerstand auf, der deine Schwingungsharmonie beeinträchtigt. Du bewegst dich dann nicht länger auf die Erfüllung deines Wunsches zu. Mit anderen Worten, die Aufmerksamkeit, die du der Meinung deines Mannes widmest, bringt dich in Opposition zu deinem eigenen Wunsch. Jetzt fühlt es sich für dich so an, als wäre dein Mann das Problem, obwohl das Problem eigentlich in deinem eigenen Denken liegt.

Manche Leute würden darauf entgegnen: »Aber wenn mein Mann einer Meinung mit mir wäre, hätte ich doch diese widerstreitenden Gedanken gar nicht!« Natürlich ist es leichter, sich gut zu fühlen, wenn um dich herum alles so ist, wie du es dir wünschst, und dementsprechend ist es logisch, dass es dir leichter fallen würde, in Schwingungsharmonie mit deinem Wunsch zu gehen, wenn dein Mann voll mit dir übereinstimmen würde. Aber du bringst dich in eine schwierige Zwickmühle, wenn du glaubst, dass deine Wünsche sich jedoch leichter verwirklichen lassen, wenn alle Leute in deiner Umgebung mit dir einer Meinung sind. In den meisten Fällen werden die Menschen in deinem Leben sich nicht gemeinsam mit dir auf die Erfüllung deiner Wünsche konzentrieren, denn jeder Mensch verfolgt seine eigenen persönlichen und egoistischen Interessen und widmet ihnen einen Großteil seiner Aufmerksamkeit.

Die Erkenntnis, dass du bei der Realisierung deiner Wünsche nicht auf die Zustimmung anderer Menschen angewiesen bist, hat etwas zutiefst Befreiendes. Und wenn du die ablehnenden Gedanken anderer nicht länger zum Teil deiner eigenen Schwingungen machst, werden deine Kraft und dein Einfluss enorm zunehmen.

Da dein Mann mit dir zusammen in diesem Haus lebt, hat er Dinge darüber herausgefunden, die er gerne zum Besseren verändern würde. Wenn er einen Mangel empfindet, reagiert er darauf genauso wie du: Er startet Wunschraketen, um den Mangel zu beheben. Tatsächlich wartet auch im Schwingungsguthaben deines Mannes ein größeres, schöneres Haus auf seine Materialisierung. Aber er hat diesen Wunsch logisch analysiert und ist zu dem Schluss gelangt, dass ein neues Haus höhere finanzielle Verpflichtungen nach sich ziehen und die Suche nach dem richtigen Haus und der anschließende Umzug eine Belastung bedeuten würde, die sich für ihn zurzeit nicht gut anfühlt. Mit anderen Worten, obwohl er viele Wünsche hat, die sich durchaus mit deinen decken, hat er durch sein »praktisches« Denken inneren Widerstand gegen diese Wünsche aufgebaut. Aber seine Wünsche, die in die gleiche Richtung wie *deine* fließen, tragen zur Kraft des Energiestroms bei. Mit anderen Worten, dein Mann hilft bei der Erschaffung eures neuen Hauses mit, ob ihm das bewusst ist oder nicht.

Da ihr beide also in eurem Schwingungsguthaben dieses wundervolle neue Zuhause für euch erschaffen habt, und da du ab jetzt die Sorgen deines Mannes nicht länger als Ausrede dafür benutzt, inneren Widerstand gegen deinen eigenen Wunsch aufzubauen (also somit in völlige Schwingungsharmonie mit deinem neuen Haus gelangst), muss dieses Haus sich physisch materialisieren. Es wird sich auf eine für dich angenehme Weise materialisieren, die sich auch für deinen Mann gut anfühlen wird.

Niemand hat die Macht, dir etwas vorzuenthalten. Wenn du das begreifst und keinen inneren Widerstand mehr aufbaust, nicht länger gegen vermeintlich widrige äußere Umstände ankämpfst, wird alles, was du dir wünschst, auf ganz reibungslose, harmonische Weise in deinen Erfahrungsbereich hineinfließen. Mit der Zeit wird dein Mann, durch die Kraft deines Vorbildes angeregt, höchstwahrscheinlich erkennen, dass diese *Gesetze des Universums* ganz und gar kein »Unsinn« sind, sondern machtvoll, stimmig, nachvollziehbar und praktisch anwendbar ... und dass es sogar wirklich Spaß macht, mit ihnen zu arbeiten.

Außerdem solltest du dir unbedingt klarmachen, dass zwar die Ansichten deines Mannes zurzeit von deinen eigenen abweichen mögen, sein Leben aber dennoch für ihn gut funktioniert. Lass ihn *denken*, was er denkt, lass ihn so *sein*, wie er ist, lass ihn *sich wünschen*, was er sich wünscht, denn wenn du das tust, gibt es an ihm nichts, was dich in deiner eigenen Entfaltung behindert. Wenn du aber versuchst, ihn zu »ändern«, führt das nur dazu, dass du dich auf seine von dir unerwünschten Aspekte konzentrierst – wodurch du diese Aspekte zum Bestandteil deiner eigenen Schwingungen machst und dich damit selbst an der Erfüllung deiner Wünsche hinderst. Mit der Zeit würde das dazu führen, dass du einen starken Groll gegen ihn entwickelst, weil es für dich dann so aussieht, als würde *er* dich an der Verwirklichung deiner Wünsche und Ziele hindern.

Alle anderen Menschen in deinem Leben – Freunde, Fremde, sogar Feinde – können zu deinem Schöpfungsprozess beitragen. Aber darüber, ob ihr Beitrag segensreich oder schädlich ist, entscheidest ganz allein du selbst, weil es an dir liegt, ob du deine Mitmenschen in Stromaufwärts-Sichtweise betrachtest, die in dir inneren Widerstand erzeugt, oder in Stromabwärts-Sichtweise, die in dir einen positiven Energiefluss bewirkt.

Beginne jetzt, von deiner momentanen Situation ausgehend, nach *Stromabwärts*-Gedanken zu suchen, die dich besser fühlen lassen:

- *Unser Leben wäre viel schöner, wenn mein Mann positiver denken würde.*
- *Die Abraham-Methoden leisten mir wirklich gute Dienste, aber er weigert sich beharrlich, sie wenigstens einmal auszuprobieren.*
- *Dabei bin ich mir sicher, dass er sehr davon profitieren würde.*
- *Und ich würde auch davon profitieren, wenn er sich endlich darauf einließe.*
- *Wenn ich mir ständig Gedanken darüber mache, warum er sich so verhält, komme ich gar nicht dazu, die 22 Methoden selbst anzuwenden.*
- *Selbst ein Mensch, der mir so nahesteht wie mein Mann, muss nicht zwangsläufig meine eigene Entfaltung beeinträchtigen.*
- *Außerdem sind wir ja gar nicht in allen Punkten unterschiedlicher Meinung.*
- *Und dafür, dass ich im Leben bekomme, was ich mir wünsche, bin ich gar nicht auf die Zustimmung anderer angewiesen, auch nicht auf die meines Mannes.*
- *Ich habe schon mehrfach die Erfahrung gemacht, dass Dinge, die ich mir heimlich gewünscht habe, in Erfüllung gegangen sind.*

- *Das ist geschehen, ohne dass dafür die Mitwirkung anderer Leute nötig war.*

- *Ich verfüge selbst über die Macht, alles zu erschaffen, was ich gerne verwirklichen möchte.*

- *Es ist unfair von mir, darauf zu beharren, dass ich nur glücklich sein kann, wenn mein Mann mit mir einer Meinung ist.*

- *Dass ich meine eigenen Wünsche und Ideen verfolge, richtet sich in keiner Weise gegen meinen Mann und beeinträchtigt sein Glück und Wohlergehen nicht.*

- *Wir beide sind ein gutes Team, weil unsere unterschiedlichen Sichtweisen sich auf erfrischende Weise ergänzen und gegenseitig befruchten können.*

- *Es ist sehr befriedigend zu beobachten, wie das allzeit kooperationsbereite Universum auf meine Wünsche reagiert.*

- *Wenn mein Mann eines Tages bereit dafür ist, können wir gemeinsam die Universalen Gesetze anwenden und bewusst mitschöpferisch tätig sein.*

- *Und einstweilen werde ich für mich allein still und voller Freude alles erschaffen, was ich gerne erschaffen möchte.*

- *Ich freue mich darauf, dass auch mein Mann irgendwann Abrahams Methoden der Wunscherfüllung für sich entdeckt.*

- *Ich liebe ihn.*

Beispiel 22

In unserer Kultur gelte ich als »alt«

BEISPIEL: »Ich bin über siebzig, und es gibt eine Menge Dinge, die ich als junger Mensch getan habe, und heute nicht mehr. Aber eigentlich fühle ich mich nicht wesentlich anders als früher. Sicher, ich sehe anders aus, aber ich *fühle* mich nicht sehr anders.

In letzter Zeit fällt mir immer mehr auf, wie viele Menschen abfällige Bemerkungen über das ›Alter‹ und das ›Altwerden‹ machen. Die Komiker im Fernsehen spotten gnadenlos über die negativen Seiten des Altwerdens, und ich muss sagen, die Ablehnung des Altseins in unserer Gesellschaft fängt an, mir wirklich zuzusetzen. Ich glaube, dass noch viele glückliche und durchaus produktive Jahre vor mir liegen, aber ich fange an, mich wegen meines Alters unbehaglich – vielleicht sogar deprimiert – zu fühlen.«

Es amüsiert uns, wenn wir ein Ewiges Wesen über die Kürze des Lebens sprechen hören, aber natürlich ist uns bewusst, dass ihr nicht in der Lage seid, euch selbst so zu sehen, wie *wir* euch sehen – in eurer wahren Größe und Unbegrenztheit. Das Bewusstsein, das die meisten Menschen von sich selbst haben, erstreckt sich nur von ihrem Eintritt in den physischen Körper bis zum Verlassen desselben. Und je länger sie leben und je näher sie sich diesem Abschied vom physischen Körper wähnen, desto unbehaglicher ist ihnen zumute. Wenn sie doch nur wüssten, dass dieser Austritt aus dem physischen Körper lediglich der Eintritt in einen anderen Daseinszustand ist! Dann würde ihr Unbehagen verschwinden und einem köstlichen Gefühl für die Freuden des ewigen Lebensabenteuers weichen.

Wir könnten den ganzen Tag, jeden Tag, über die Ewige Natur eures Seins sprechen, aber dennoch seht ihr natürlich nur, was ihr seht. Und die Raum-Zeit-Realität, in der ihr fokussiert seid, ist eine Umwelt, die so stark materiell verdichtet ist, dass ihr sie das »wahre Leben« nennt, als wolltet ihr damit sagen, dass der Nicht-Physische Teil des Lebens, uns eingeschlossen, nicht real und nicht existent sei.

Wenn ihr unsere *Stromabwärts/Stromaufwärts*-Analogie anwendet und bewusst immer wieder Gedanken wählt, die sich besser anfühlen als die vorherigen, werdet ihr schließlich einen Zustand erreichen, wo die Schwingung eures physischen Selbst völlig auf eure eigene Größere Perspektive, die Perspektive eures *wahren Seins*, eingestimmt ist. Wenn das geschieht, werden die Trennlinien eures Eintritts in und Austritts aus dem physischen Körper an Schärfe verlieren und unwichtig werden, denn eure größere, ewige Identität überdauert dies alles völlig unbeschadet. Wenn ihr voller Freude auf eure momentane zeitliche Existenz fokussiert seid – womit ihr es ermöglicht, dass euer Größeres Selbst frei durch euch fließen und im *Hier und Jetzt* eurer Raum-Zeit nach den Goldstücken schöner, angenehmer Lebenserfahrungen suchen kann –, wird jedes Gefühl des Mangels verschwinden und eure Ewige Natur wird euch voll bewusst werden. Eure gegenwärtigen Erfahrungen werden dann so wundervoll und unwiderstehlich sein, dass ihr weder Zeit noch Interesse haben werdet, sehnsüchtig in die Vergangenheit zu blicken oder ängstlich darüber nachzugrübeln, wie kurz möglicherweise eure Zukunft ist. Ihr erkennt dann, dass ihr bis in alle Ewigkeit lebendig sein, expandieren und euch weiterentwickeln werdet.

Du hast keine Vorstellung davon, wie »alt« du tatsächlich bist. Aber deine momentanen Gefühle sind so, wie sie sind. Und du bist der einzige Mensch, der etwas daran ändern kann. Und das Beste an der ganzen Sache ist, dass du in Wahrheit überhaupt nichts tun kannst – im Sinne äußerer, physischer Aktivität –, um etwas daran zu ändern. Du kannst andere Leute nicht zu einer Änderung ihres Verhaltens bewegen, und du kannst die Zeit nicht zurückdrehen. Aber es *gibt* einen Weg, wie du mit deinem Altwerden so umgehen kannst, dass du zu innerer Harmonie mit deinem *wahren Sein* gelangst. Und wenn dir das gelingt, wirst du dich nicht nur sofort besser fühlen, sondern dann werden die restlichen Tage deiner physischen Existenz voller Freuden und Wunder sein.

Beginne also, wo du bist, und wähle Gedanken, die sich besser und besser anfühlen:

- *Ich hasse es, wenn Fernsehkomiker sich über alte Leute lustig machen.*
- *Das ist furchtbar respektlos.*
- *Wie sehr sie andere damit verletzen, ist ihnen offensichtlich egal.*
- *Aber es tut gut, wenn ich mir vorstelle, dass sie auch eines Tages alt sein werden.*
- *Vorausgesetzt, sie werden nicht vorher von einem Lastwagen überfahren.*
- *Das geschähe ihnen ganz recht!*
- *Nein, in Wahrheit will ich ihnen ja nichts Böses.*
- *Ich wünsche mir nur, sie würden sich in meine Situation hineinversetzen und mehr Mitgefühl zeigen.*
- *Ich mag es einfach nicht, wenn jemand die Gefühle anderer Menschen verletzt.*
- *Dass die Gefühle von Menschen verletzt werden, hat viele Gründe.*

- *Manchmal werden Gefühle aber auch scheinbar völlig grundlos verletzt.*

- *Es wird immer wieder vorkommen, dass die Gefühle von Menschen verletzt werden. Um das zu verhindern, müsste man ja die ganze Welt beherrschen, was unmöglich ist.*

- *Wie ich mich selbst fühle, ist nicht vom Verhalten anderer Leute abhängig.*

- *Wie ich mich fühle, hängt allein von mir selbst ab.*

- *Ich glaube, ich habe mich dafür verantwortlich gefühlt, andere Menschen davor zu schützen, dass ihre Gefühle verletzt werden.*

- *Nun wird mir klar, dass sie für ihre Gefühle selbst verantwortlich sind.*

- *Es ist eine natürliche Eigenschaft guter Komiker, dass sie mit ihrem Humor den Nerv treffen und menschliche Schwächen bloßlegen.*

- *Wenn einer ihrer Scherze bei mir einen Nerv trifft, ist das eine gute Sache, denn es zeigt mir einen Bereich meines Lebens, wo ich dringend für mehr Schwingungsharmonie sorgen sollte.*

- *Und ansonsten werde ich mich ab jetzt einfach mehr über ihre Späße amüsieren und nicht mehr so empfindlich sein.*

Beispiel 23

Meine Tochter belügt mich andauernd

BEISPIEL: »Meine Tochter schaut mir ins Gesicht und belügt mich, ohne mit der Wimper zu zucken! Wenn es mich nicht so wütend machen würde, könnte man ja beinahe darüber lachen. Sie lügt ständig. Sie lügt sogar bei Kleinigkeiten. Ich war immer der Ansicht, dass Ehrlichkeit ein sehr hoher Wert ist, und von mir hat sie diese ewige Lügerei ganz bestimmt nicht. Warum tut sie das nur? Ich finde das wirklich schlimm!«

Jeder Mensch wird mit dem Bewusstsein in die physische Welt hineingeboren, dass ihr alle machtvolle Schöpfer seid. Aber die Gesellschaft, in der ihr aufwachst, verlangt von euch von Anfang an ein hohes Maß an Anpassung und Unterordnung. Wenn ihr jünger seid, ist euer Gefühl für *eure wahre Natur* noch klar und stark. Aber die Menschen in eurer Umgebung konfrontieren euch mit ihren Interessen, Ideen und Forderungen, und immer mehr fühlt ihr, wie eure eigenen Energien abgeschwächt werden und ihre Richtung verlieren, während ihr euch in die euch umgebende Gesellschaft einfügt und integriert. Meist verläuft diese Integration ziemlich reibungslos, sodass die Erwachsenen befriedigt registrieren, wie ihr euch ihren Wünschen entsprechend sozialisiert. Manchmal kommt es aber vor, dass besonders starke, machtvolle Wesen (wie deine Tochter) offen dagegen rebellieren.

Zunächst richtet sich diese Rebellion nicht gegen irgendetwas Bestimmtes, und oft ist das Kind sich noch gar nicht bewusst, was es tut. Es erlebt einfach intensive negative Emotionen, weil es spürt, dass der Einfluss anderer Menschen seine Energie schwächt. Und wie jeder Mensch, der sich gut fühlen möchte, aber dem das nicht gelingt, gibt das Kind in der Regel denjenigen Leuten die Schuld an seiner inneren

Disharmonie, mit denen es zu dem Zeitpunkt, wenn es die negativen Gefühle hat, gerade interagiert. Daher ist es logisch, dass die meisten Kinder ihre auf die gestörte innere Verbindung zu ihrem *wahren Sein* zurückzuführenden negativen Emotionen gegen ihre Eltern richten, denn die Eltern sind diejenigen, die das Kind am häufigsten und nachhaltigsten in ihrem Sinne zu beeinflussen versuchen. Wenn ein Kind die Eltern anlügt, ist das ein Symptom für das extreme Unbehagen, das es empfindet, wenn ständig die Unmöglichkeit von ihm verlangt wird, die Erwartungen der Erwachsenen erfüllen zu müssen.

Oft denken die Leute, Kinder, die folgsam sind und immer tun, was von ihnen erwartet wird, seien besonders gute Kinder. Dagegen gelten Kinder, die ihren eigenen Willen haben – und sich nicht einfach an die Vorstellungen anderer anpassen –, oft als schlecht erzogen und schwierig. Probleme gibt es meist erst, wenn das Kind durch seine eigene Lebenserfahrung veranlasst wird, Wünsche in seinem Schwingungsguthaben zu speichern, und wenn dann andere Menschen versuchen, es daran zu hindern, seinem selbst gewählten Kurs zu folgen. Die meisten Konflikte zwischen Eltern und Kindern entstehen, weil die Eltern den Kindern nicht erlauben, das Leben zu leben, das sie schon lange vor ihrer physischen Geburt selbst für sich gewählt haben.

Eltern meinen es fast immer gut und wollen für ihr Kind das, von dem man ihnen einst beigebracht hat, dass es das Beste für es sei. Aber jeder Mensch, der auf der physischen Ebene geboren wird, bringt seine eigene Bestimmung, seinen eigenen Plan mit.

Wenn du deinem Kind Vorschriften machst und darüber wachst, dass es diese auch einhält, untergräbst du einen der Grundpfeiler seines Daseins. Du lässt *ihm* dann nicht die Freiheit, selbst zu wählen und Entscheidungen zu treffen. Und oft vermittelst du ihm damit, dass du ihm nicht vertraust. Und wenn es das spürt, machst du dich bei ihm sehr unbeliebt, denn dieses mangelnde Vertrauen, das du zeigst, widerspricht völlig der Haltung seines *Inneren Seins*. Mit anderen Worten, es wird dann so wenig Zeit mit dir verbringen wollen wie irgend möglich, weil es sich in deiner Gesellschaft einfach unwohl fühlt.

Wenn jemand einen Menschen daran zu hindern versucht, sein Leben gemäß seiner inneren Wünsche und Schwingungen selbst zu gestalten, sind Konflikte vorprogrammiert.

Wenn du deinem Kind – oder überhaupt irgendeinem Menschen – stark einengende Vorschriften machst, schaffst du damit, ohne es zu beabsichtigen, einen wahren Nährboden für Lügen und Heuchelei. Wenn dein Kind feststellt, dass du positiv reagierst, wenn es deine Vorschriften einhält, und negativ, wenn es dagegen verstößt, wird deine Reaktion für es sehr wichtig. Auf welche Weise es diese Reaktion herbeiführt, erscheint ihm demgegenüber zweitrangig. Es belügt dich dann, damit du dich gut fühlst.

Doch nichts kann deine innere Leere füllen, die du durch deine Disharmonie zu deinem *Inneren Sein* selbst erzeugt hast. Wenn du aber einmal erfahren hast, wie wunderbar es ist, deine Verbindung zu deiner Ur-Kraft durch *Stromabwärts*-Denken selbst aufrechtzuerhalten, kannst du dein Kind durch dein Vorbild dazu inspirieren, selbst ebenfalls diese Verbindung und Schwingungsharmonie in sich zu erzeugen. Wenn dein Kind deine innere Klarheit, deine Lebensfreude und dein allgemeines Wohl-Sein miterlebt, zeigst du ihm durch dein Beispiel, wie es sich mit seinem inneren Wissen, seiner innere Führung verbinden kann. Wenn es dir gelingt, ihm das zu vermitteln, ist das tausendmal wertvoller, als wenn du es dazu bringst, irgendwelche äußeren Vorschriften zu befolgen.

Zu beobachten, was da zwischen deiner Tochter und dir abläuft, finden wir wirklich interessant. Deine Tochter ist, aus welchen Gründen auch immer, nicht in Kontakt mit ihrer Ur-Kraft, und deshalb fühlt sie sich schlecht. Du beobachtest bei ihr etwas, das du nicht gerne siehst. Dadurch bist auch du nicht in Kontakt mit deiner Ur-Kraft und fühlst dich ebenfalls schlecht. Du gibst deiner Tochter die Schuld daran, wie du dich fühlst. Deine Tochter gibt *dir* die Schuld daran, wie sie sich fühlt. Und so geht es immer weiter.

Wenn du anfängst, jedes Mal wenn du an deine Tochter denkst, bewusst *Stromabwärts*-Gedanken zu wählen (obwohl die augenblickliche Situation zwischen euch eigentlich keine solchen positiven Gedanken hervorruft), reduzierst du deinen inneren Widerstand und gelangst wieder zu Schwingungsharmonie mit deinem *wahren Sein*. Dadurch wird es dir zunehmend leichter fallen, deine Tochter aus der Größeren Perspektive deines *wahren Seins* zu sehen. Und wir versprechen dir, wenn dir das gelingt, wirst du damit deine Tochter dazu inspirieren, ebenfalls ihren Kontakt zu ihrer Ur-Kraft wiederherzustellen.

Wenn du in Schwingungsharmonie mit deinem wahren Sein lebst, wirst du immer nur das Beste in deiner Tochter sehen. Und wenn deine Tochter in Schwingungsharmonie mit ihrem wahren Sein lebt, wird es für sie keinen Grund mehr geben, dich anzulügen.

Eltern können ihren Kindern kein größeres Geschenk machen, als selbst in gutem Kontakt zu ihrer inneren Führung, ihrem *wahren Inneren Sein* zu stehen und ihre Kinder durch dieses Vorbild zu inspirieren. Wenn du es dir zur festen Gewohnheit machst, harmonische *Stromabwärts*-Gedanken zu denken, werden auch deine Kinder lernen, diese innere Verbindung ständig aufrechtzuerhalten – und so kann diese Gabe von Generation zu Generation weitergereicht werden.

Beginne also, wo du jetzt im Moment stehst, und wähle Gedanken bezüglich deiner Tochter, die sich besser anfühlen:

- *Meine Tochter belügt mich, obwohl es viel besser für sie wäre, bei der Wahrheit zu bleiben.*

- *Ich verstehe nicht, was sie sich davon erhofft, mich anzulügen.*

- *Es heißt doch, dass Lügen kurze Beine haben und immer wieder zu ihrem Urheber zurückkehren.*

- *Ich möchte nicht, dass meine Tochter Verhaltensmuster entwickelt, die ihr später im Leben schaden werden.*

- *Mir ist klar, dass jeder Mensch das Recht auf seine eigene Meinung hat.*

- *Zwar verstehe ich ihre Beweggründe nicht, aber ich erkenne an, dass ihr Verhalten ihr offenbar sinnvoll erscheint.*

- *Ich wünschte, sie würde mir genug vertrauen, um offen mit mir sprechen zu können.*

- *Hätte ich immer den Kontakt zu meiner Ur-Kraft aufrechterhalten und Schwingungsharmonie ausgestrahlt, würde meine Tochter mir jetzt vielleicht mehr vertrauen.*

- *Ich kann die Vergangenheit nicht ändern, aber ich kann jetzt damit beginnen, meine Tochter mehr sie selbst sein zu lassen.*

- *Ich erkenne, dass sie manchmal lügt, um in einem besseren Licht zu erscheinen.*

- *Wenn sie lügt, ist sie erkennbar nicht in Harmonie mit ihrem wahren Sein.*

- *Von jetzt an werde ich mich bemühen, sie zu innerer Schwingungsharmonie zu inspirieren, statt sie dafür zu bestrafen, dass sie nicht in Schwingungsharmonie ist.*

- *Ich merke nun, dass ihre Lügen ein Symptom ihres inneren Mangels an Verbundenheit mit ihrer Ur-Kraft sind, und dieser Mangel ist der Grund dafür, dass sie sich schlecht fühlt. Darum möchte ich ihr helfen, den Mangel zu überwinden.*

- *Es geht mir jetzt nicht mehr darum, ihre Unehrlichkeit zu unterbinden, sondern dazu beizutragen, dass ihre Schwingungsharmonie, ihre Verbundenheit mit der Ur-Kraft zunimmt.*

- *Früher, als sie kleiner war, hatte sie oft einen ausgezeichneten Kontakt zu ihrer Ur-Kraft.*

- *Dann war sie immer wirklich entzückend und für uns alle eine wundervolle Quelle der Inspiration.*

- *Es liegt an mir, sie nun meinerseits zu inspirieren.*

Beispiel 24

Bei Beförderungen werde ich regelmäßig übergangen

BEISPIEL: »Ich arbeite jetzt schon seit vielen Jahren für dieselbe Firma, und wahrscheinlich kenne ich diese Firma besser als jeder andere, der dort arbeitet. Ich glaube sogar, dass ich sie besser kenne als der Eigentümer! Meine Arbeit ist sehr vielseitig, was mir gut gefällt, aber oft habe ich das Gefühl, dass mir vor allem solche Aufgaben übertragen werden, die niemand anders übernehmen will. Und weil ich schon so lange hier arbeite, verfüge ich über so viel Erfahrung, dass ich so ziemlich alle anfallenden Aufgaben erledigen kann.

Vorige Woche wurde ein Kollege, der noch nicht halb so lange hier arbeitet wie ich, zum Abteilungsleiter befördert, obwohl ich eigentlich an der Reihe gewesen wäre und besser qualifiziert bin. Ich verstehe einfach nicht, warum mir dieser Posten nicht angeboten wurde. Ich überlege mir ernsthaft, ob ich nicht kündigen soll.«

Jeder Gegenstand, der euch gedanklich beschäftigt, hat zwei Seiten: 1. das, was ihr euch wünscht, und 2. der Mangel, das Fehlen des Gewünschten. Momentan fixierst du dich gedanklich auf den Mangel, das Nichterfolgen der gewünschten Beförderung. Die meisten Menschen würden sagen: »Ja, aber ich habe doch erst angefangen, mich gedanklich auf das Ausbleiben der Beförderung zu fixieren, als diese tatsächlich ausblieb!« Doch ist es nun einmal so, dass die Resultate, die du erzielst, *immer* deinem Denken und Fühlen entsprechen. Je minderwertiger du dich *fühlst*, desto weniger wirst du von anderen Menschen wertgeschätzt werden. Darauf entgegnet ihr meistens: »Na, aber wenn die Leute mich wertschätzen würden, würde ich doch aufhören, mich minderwertig zu fühlen!« Aber ihr müsst euch klarmachen, dass es genau anders herum funktioniert: Zunächst müsst *ihr* euch wertvoll fühlen, *dann* werden eure Mitmenschen euch wertschätzen. Das, was ihr in euer Leben zieht, entspricht immer dem, was ihr zuvor ausgestrahlt habt. Und darüber, welche Schwingungen ihr ausstrahlt, habt ihr die volle Kontrolle, denn ihr seid in der Lage, eure Gedanken selbst zu wählen und zu lenken.

Es ist nicht nötig, dass du in der Vergangenheit gräbst und herausfindest, wann du dich zum ersten Mal minderwertig gefühlt hast. Das würde nur bewirken, dass diese Schwingung in dir noch stärker aktiviert würde, einfach weil du dich dann noch schlechter fühlen würdest. Stattdessen kannst du jetzt sofort damit beginnen, gezielt Gedanken zu wählen, die sich besser anfühlen.

In allen Lebensbereichen beklagen sich die Leute immer wieder darüber, dass sie sich übergangen fühlen und dass ein anderer die Früchte erntet, die ihrer Ansicht nach ihnen zustehen. Aber in Wahrheit ist das Leben niemals unfair. *Das Gesetz der Anziehung antwortet absolut fair, zuverlässig und folgerichtig auf die Schwingungen, die du ausstrahlst. Und wenn in deinem Leben etwas geschieht, das dir nicht gefällt, genügt es, dass du dir darüber klar wirst, was du dir wirklich wünschst. Konzentriere dich so lange konsequent auf das Gewünschte, bis diese Ausrichtung deines Denkens sich ganz mühelos und natürlich anfühlt, also fester Bestandteil deines Denkens und Fühlens geworden ist – dann wird dein Wunsch unfehlbar in Erfüllung gehen.*

Wenn nun etwas, das du dir gewünscht hast, nicht in Erfüllung geht, also sozusagen ein anderer den Preis bekommt, den du gerne erhalten hättest, kannst du auch von einer solchen Situation profitieren, weil dadurch dein diesbezügliches Schwingungsguthaben noch stärker und klarer geworden ist und die Energien des Universums nun noch machtvoller für dich am Werk sind. Verharrst du dann aber in einer negativen, anklagenden Haltung, richtest du dein Denken damit *stromaufwärts* aus, während die Wunscherfüllung *stromabwärts* auf dich wartet. Je stärker in diesem negativen Zustand dein Wunsch ist, desto schlechter fühlst du dich, weil du durch dein *Stromaufwärts*-Denken immer mehr inneren Widerstand gegen deine eigene Wunsch-Energie aufbaust. Letztlich kannst du aber niemals versagen, denn jeder Augenblick deines Lebens bewirkt eine Evolution deiner Wünsche, und die Kräfte und Gesetze des Universums arbeiten unaufhörlich auf die Erfüllung deiner Wünsche hin. Einzig und allein du selbst kannst dir dabei im Weg stehen und die Verwirklichung deiner Wünsche behindern. Aber die gute Nachricht ist, dass deine negativen *Stromaufwärts*-Emotionen dir zuverlässig anzeigen, wann das geschieht. Du weißt also immer genau, was du gerade tust.

Eine interessante Methode, mit dieser Situation umzugehen, funktioniert folgendermaßen: Schau dir den Kollegen an, der befördert wurde, und freue dich, dass du dich so darüber geärgert hast – denn dass du eine so starke Emotion verspürst, deutet darauf hin, dass der Wunsch nach einer befriedigenderen beruflichen Situation in dir sehr stark und machtvoll ist.

Dann freue dich …

… dass du dir deiner wütenden, verletzten Gefühle so klar bewusst bist, denn das bedeutet, dass dein *Emotionales Leitsystem* gut funktioniert.

… dass diese unerfreuliche Situation eine so klärende, befreiende Wirkung auf dich hat, weil sie dich veranlasst, deine Wünsche klarer zu definieren und dein Schwingungsguthaben zu stärken und zu vergrößern.

… dass du hier und jetzt über die Fähigkeit verfügst, mit dem Paddeln gegen den Strom aufzuhören. Wenn du das tust, bewegst du dich ganz automatisch auf die Erfüllung deines Wunsches zu: Beförderung und beruflichen Erfolg.

… dass es für den von dir gewünschten beruflichen Erfolg keine Grenzen gibt.

... dass du, wenn du darauf achtest, wie du dich fühlst, und stets *Stromabwärts*-Gedanken wählst, die sich besser anfühlen, in allen Lebensbereichen gedeihen wirst und dir Erfolg und Erfüllung sicher sind.

Wenn du dich ständig auf deine Wünsche konzentrierst und dich dementsprechend gut fühlst, weil du dich in völliger Schwingungsharmonie befindest, strahlst du ein Schwingungsgesamtbild aus, das vollkommen deinen Wünschen entspricht – und dann wird dein Leben wunderbar reich an guten Gelegenheiten sein. *Wenn du dir das Gefühl des Erfolgs antrainiert hast, fühlen sich erfolgreiche Menschen zu dir hingezogen und du wirst selbst erfolgreich sein. Wenn du dir das Gefühl der Enttäuschung antrainiert hast, können die erfolgreichen Menschen dich nicht finden. Selbst wenn du ganz in ihrer Nähe stehst, nehmen sie dich nicht wahr, weil du nicht auf der Wellenlänge des Erfolgs schwingst, den sie anstreben.*

Es ist möglich, dass ein kurzsichtiger Chef deinen Wert nicht erkennt und dich deshalb bei einer Beförderung übergeht, aber das Universum ist niemals kurzsichtig und wird deinen Wert niemals übersehen. Im Gegenteil, es gibt im Universum immer das Bestreben, deinen Wert, deine Gaben und Talente, zur größtmöglichsten Entfaltung zu bringen. Das ist Evolution.

Lasse es nicht zu, dass ein unbedeutender kleiner Rückschlag bei dir eine Stromaufwärts-Ausrichtung deines Denkens bewirkt, wodurch du dich von der Erfüllung deiner Wünsche entfernen würdest. Mache stattdessen immer das Beste aus deiner momentanen Lage, wähle Gedanken, die sich besser anfühlen, und bereite dich darauf vor, dich von der Fülle der beruflichen Aufstiegschancen, die sich dir bieten werden, positiv überraschen zu lassen.

Gehe also von deinem Ist-Zustand aus und wähle *Stromabwärts*-Gedanken:

- *Jetzt arbeite ich schon so lange in dieser Firma, doch niemand erkennt meine Leistungen an.*

- *Ich muss meinen Wunsch nach einer Beförderung wohl endgültig begraben, denn ich habe alles Menschenmögliche dafür getan und bin trotzdem wieder nicht berücksichtigt worden.*

- *Hier laufen offensichtliche Ungerechtigkeiten ab, die ich nicht durchschaue!*

Zwar mögen deine Gedanken und Gefühle durchaus berechtigt sein, aber es handelt sich nichtsdestotrotz um *Stromaufwärts*-Gedanken, die bei dir ein Gefühl der Ohnmacht bewirken. Suche also weiter nach sich besser anfühlenden Gedanken:

- *Diese Beförderung hätte eigentlich mir zugestanden.*

- *Ich weiß genau, dass mein Chef weiß, dass ich qualifizierter bin! Warum hat er also eine so ungerechte Entscheidung getroffen?*

- *Ich sollte einfach kündigen – ich möchte mal sehen, wie sie ohne mich auskommen!*

- *Dann werden sie erkennen, wer den Laden all die Jahre hindurch in Schwung gehalten hat.*

Ah, wie süß ist doch die Erleichterung, die solche Wut- und Rachegedanken spenden können! Du befindest dich zwar immer noch in einem äußerst negativen Seinszustand, aber im Vergleich zu der Ohnmacht, die du zuvor empfunden hast, ist deine Wut eine echte Verbesserung. Weiter so! Finde Gedanken, die sich noch besser anfühlen:

- *Ich weiß, ich bin in der Firma nicht der Einzige, der hart und fleißig arbeitet.*

- *Es gibt noch etliche andere Kollegen, die ebenfalls mehr Anerkennung verdient hätten.*

- *Es ist keineswegs meine Absicht, sie alle im Stich zu lassen.*

- *Auch für mich selbst und meine Familie brächte eine Kündigung viele Probleme mit sich.*

- *Sicher gibt es außer mir auch noch andere Kollegen, die sich über eine solche Beförderung gefreut hätten.*

- *Ich bin durchaus in der Lage, mich zusammenzureißen und das Beste aus der Situation zu machen.*

- *Ich werde den Kollegen, der jetzt befördert wurde, genau unter die Lupe nehmen. Vielleicht kann ich mir ja ein paar Stärken von ihm abgucken, an denen ich bei mir noch arbeiten sollte.*

- *Ich bin stets bereit, dazuzulernen und mich weiterzuentwickeln.*

- *Vielleicht wäre diese Beförderung ja zum jetzigen Zeitpunkt gar nicht gut für mich gewesen.*

- *Es ist durchaus möglich, dass noch etwas viel Besseres auf mich wartet.*

- *Wenn ich darüber nachdenke, wird mir klar, dass ich innerlich noch gar nicht bereit für die zusätzliche Verantwortung bin, die dieser Posten mit sich gebracht hätte.*

- *Es ist aber gut, dass die momentane Enttäuschung mich veranlasst hat, über einige Dinge gründlich nachzudenken.*

- *Das hat mir gut getan und neue Energie in mir geweckt.*

- *Ich fühle mich bereit dazu, bei der Arbeit bewusster zu sein und meinen Horizont zu erweitern.*

- *Eigentlich bin ich gar nicht unglücklich damit, wie die Sache gelaufen ist.*

- *Mir gefällt meine Arbeit, und ich freue mich auf zukünftige Herausforderungen.*

Beispiel 25

Ich habe weder die Zeit noch das Geld, mich um die Pflege meiner Eltern zu kümmern, und deswegen quälen mich starke Schuldgefühle

BEISPIEL: »Meine Eltern sind beide krank und pflegebedürftig, aber ich schaffe es nicht, sie selbst zu betreuen. Ich wohne mehrere hundert Kilometer von ihnen entfernt und habe einen Vollzeitjob, sodass ich mich nicht persönlich um sie kümmern kann. Ihr Arzt hat mir empfohlen, ein Pflegeheim für sie zu finden. Sie haben beide immer schwer gearbeitet, aber es ist ihnen nicht gelungen, Geld anzusparen. Und es gibt auch nicht viel persönlichen Besitz, der sich verkaufen ließe. Ich habe mich umgeschaut und leider feststellen müssen, dass ich mir solche Pflegeheime, in denen sie so gut versorgt wären, wie ich es mir wünschen würde, einfach nicht leisten kann. Und die anderen Optionen sind alles andere als erfreulich. Ich bin sehr unglücklich über die Situation.«

Wenn wir mit Eltern sprechen, die sich Sorgen um ihre Kinder machen, sagen wir ihnen immer, dass sie mit diesen Sorgen ihren Kindern überhaupt nicht weiterhelfen. Und wenn wir mit Kindern sprechen, die sich Sorgen um ihre Eltern machen, sagen wir ihnen genau das Gleiche: Eure Sorge und ängstliche Unruhe helfen nicht weiter, sondern zeigen im Gegenteil an, dass ihr euch selbst von jeder möglichen Hilfe abschneidet.

Jedes Mal wenn du etwas Unerwünschtes siehst, wie zum Beispiel die schwache Gesundheit eines Menschen, den du liebst, schickst du eine starke Wunschrakete in dein Schwingungsguthaben. Und auch wenn du dir dessen momentan nicht bewusst bist, ist doch dein Schwingungsguthaben bezüglich deiner Eltern erheblich gewachsen, besonders in den letzten Jahren, als du dir immer größere Sorgen um ihre Gesundheit gemacht hast. Aber in deinem momentanen Zustand starker Sorge um deine Eltern ist dein Denken so stark *stromaufwärts* ausgerichtet – weg von dem, was du dir für sie wünschst –, dass du gar keinen Zugang zu guten Ideen hast, wie du ihnen wirklich helfen könntest.

Wenn du aber lernst, die sorgenvollen Gedanken bezüglich dieses Problems zu ignorieren und sie bewusst durch *Stromabwärts*-Gedanken zu ersetzen, wirst du erleben, dass sich plötzlich ganz unerwartete Lösungen auftun und du Antworten auf deine Fragen findest.

Du bist nicht in der Lage, ganz allein die Krise eures nationalen Gesundheitssystems zu lösen, aber das ist auch gar nicht deine Aufgabe. Deine Aufgabe besteht ausschließlich darin, Schwingungsharmonie zu deinen persönlichen Wünschen herzustellen – und bezüglich deiner Eltern hast du viele Wünsche. Daran, wie du dich fühlst, kannst du jederzeit präzise ablesen, ob du *stromabwärts* denkst, also ausgerichtet auf Problemlösung und Wunscherfüllung. Wenn du beharrlich *stromabwärts* denkst, werden sich positive Resultate einstellen – vielleicht nicht über Nacht, aber doch schneller, als du es momentan für möglich hältst. Und wenn du die ersten Anzeichen größerer Schwingungsharmonie freudig willkommen heißt und sie anerkennst, werden, dem *Gesetz der Anziehung* sei Dank, weitere positive Entwicklungen nicht lange auf sich warten lassen.

Da du mit einer Krise konfrontiert bist, die anscheinend nach einer schnellen Lösung verlangt, hast du das Gefühl, keine Optionen zu haben, die du wirklich akzeptabel findest. Wenn du nun ständig über dieses Problem nachgrübelst, eine unerfreuliche Möglichkeit nach der anderen in Erwägung ziehst, wächst dein Unbehagen immer mehr. Und in dem Gefühlszustand, in dem du dich derzeit befindest, können keine positiven Lösungen zu dir gelangen, weil du dafür einfach nicht offen bist. Mit anderen Worten, die Lösung kann erst kommen, wenn du aufhörst, mit dem Problem zu ringen. Du musst zunächst einen Weg finden, deinen inneren Konflikt zu besänftigen, damit deine Schwingung sich verändern kann.

Dagegen magst du einwenden, dass nur eines dir emotionale Linderung bringen könnte: Der Gesundheitszustand deiner Eltern müsste sich bessern oder es müsste sich irgendwoher Geld auftreiben lassen, um ihre Pflege in einem guten Heim oder eine ebenso gute häusliche Pflege zu finanzieren ... aber so ist die Lage nun einmal nicht, und du hast auch nicht die Mittel, eine solche Änderung herbeizuführen, jedenfalls nicht sofort. Daher fahren die meisten Leute, wenn sie mit einer Situation konfrontiert sind, die sich ihrer Kontrolle entzieht, einfach damit fort, sich Sorgen zu machen – aber in einer solchen sorgenvollen Gemütsverfassung seid ihr nun einmal innerlich nicht offen für Lösungen.

Die einzige Option, die dir zurzeit, und jederzeit, offensteht, ist, einen Weg zu finden, dich besser zu fühlen. Und das ist eine sehr wertvolle Option, denn wenn es dir gelingt, dich besser zu fühlen, wird sich zwar nicht die unerfreuliche Situation selbst unmittelbar verändern, aber deine Schwingung ändert sich und bringt dich in größere Harmonie zu den Wünschen, die du in Bezug auf deine Eltern hast. Und wenn du Schwingungsharmonie zu dem herstellst, was du dir am meisten für sie wünschst, werden sich viele Türen für dich öffnen, und dann wirst du schon bald wissen, was du tun musst, um ihnen wirkungsvoll zu helfen.

Es gibt für jedes Problem eine Lösung und auf jede Frage eine Antwort, aber in einem negativen Gemütszustand der Sorge oder der Schuldgefühle (oder jeder anderen negativen Emotion) bist du nicht in der Lage, die Lösungen zu sehen.

Bemühe dich also zuallererst, deine Gefühlslage zu verbessern. Denke daran, dass dein Ziel hierbei zunächst nicht darin besteht, die Lösung zu finden, sondern *Erleichterung*. Wenn du dich darauf versteifst, eine Lösung zu finden, bevor du deine Energie harmonisiert hast, lenkst du deine Gedanken *stromaufwärts* und entfernst dich damit von möglichen Lösungen. Setze es dir daher nur zum Ziel, Erleichterung zu finden:

- *Ich mache mir solche Sorgen um meine Eltern.*

- *Ich weiß nicht, wie es mit ihnen weitergehen soll.*

- *Ich wünschte, sie hätten besser finanziell vorgesorgt.*

Diese Aussagen beschreiben deine Ausgangslage. Suche nun nach Gedanken, die dir Erleichterung verschaffen:

- *Ich muss nicht heute schon eine Entscheidung treffen.*

- *Es bleibt durchaus noch etwas Zeit, um alle Optionen in Ruhe zu durchdenken.*

- *Ich habe doch schon öfter erlebt, dass man denkt, es gäbe keine Lösung, und dann taucht plötzlich unerwartet eine gute Idee auf.*

- *Und diese Lösung ist dann oft so einfach, dass man sich fragt, warum man nicht schon viel früher darauf gekommen ist.*

Nun fühlst du dich schon besser, und schon nach dieser kurzen Erleichterungsübung ist es gut möglich, dass dir neue Ideen zufließen. Wir raten dir aber, der Versuchung zu widerstehen, zu schnell konkrete Schritte zu unternehmen. Je besser du dich fühlst, wenn du schließlich aktiv wirst und handelst, desto angemessener wird dein Handeln sein und desto bessere Resultate wirst du erzielen.

- *Bestimmt gibt es noch viele andere Menschen, die sich in einer ähnlichen Situation befinden.*

- *Das bedeutet, dass schon viele Menschen wie ich das Universum um Lösungen gebeten haben.*

- *Und wenn Menschen darum bitten, erhalten sie immer Antworten. Daher gibt es ganz sicher viele gangbare Lösungen, die nur darauf warten, entdeckt zu werden.*

- *Und es ist sehr gut möglich, dass wir unsere eigene optimale Lösung finden.*

- *Es wird sehr befriedigend sein, diese Lösung zu finden.*

- *Wenn ich mich innerlich für eine gute Lösung öffne, bedeutet das gleichzeitig, dass sich die Chance erhöht, dass auch in unserer Gesellschaft insgesamt bessere Lösungen für die Betreuung alter Menschen gefunden werden.*

- *Was andere Leute über diese Dinge denken, hat keinen Einfluss auf mein eigenes Denken.*

- *Ich öffne mich jetzt freudig für eine ganze Flut guter Ideen bezüglich einer hochwertigen und liebevollen Betreuung meiner Eltern.*

Wenn dir klar wird, dass eine kurze Übung wie diese alles ist, was du jetzt im Moment zu tun brauchst, bist du auf einem guten Weg. Du *brauchst* nicht nur nicht mehr zu tun, du *kannst* auch gar nicht mehr tun – und das genügt vollkommen. Wenn du dich besser fühlst, hast du deinen inneren Widerstand abgebaut. Und ohne inneren Widerstand tut sich ein klar erkennbarer Weg vor dir auf, der dich Schritt für Schritt zu der von dir gewünschten Lösung führt.

Beispiel 26

Ich vergeude meine kostbare Zeit damit, tagtäglich mit dem Auto im Stau festzustecken

BEISPIEL: »Ich lebe in einem der Vororte einer Großstadt mit über einer Million Einwohnern, und der Verkehr ist einfach furchtbar. Für die tägliche Autofahrt zu meiner Arbeitsstelle brauche ich über eine Stunde, und das auch nur, wenn es gut läuft. Aber an manchen Tagen stecke ich stundenlang im Stau. Mit öffentlichen Verkehrsmitteln in die Stadt zu fahren kommt von meinem Wohnort aus nicht infrage, sodass ich auf das Auto angewiesen bin. Näher zu meiner Arbeitsstelle zu ziehen ist auch keine Alternative, da es dort keinen erschwinglichen Wohnraum gibt, wo ich mit meiner Familie gut leben könnte. Ich habe das Gefühl, dass ich kostbare Lebenszeit im Autostau vergeude.«

Ganz gleich, was sich ein Mensch wünscht, eines der größten Hindernisse für die Erfüllung seines Wunsches ist die Fixierung auf den Ist-Zustand, der dann verglichen wird mit dem Zustand, den man sich herbeiwünscht.

Die Leute sagen: »Ich will *dorthin*, aber ich *bin* hier.« Und da ihr jetziger Aufenthaltsort für sie so leicht wahrnehmbar und beobachtbar ist, dominiert er völlig die Schwingungen, die sie ins Universum ausstrahlen. Nun denkst du vielleicht: *Ja, aber die Situation ist doch nun einmal so, wie sie ist – ich bin hier. Natürlich wäre ich lieber dort, aber es gibt für mich keine physische Möglichkeit, dorthin zu gelangen.* Aber wir möchten, dass du Folgendes verstehst: Ob du nun gesund werden möchtest, wenn du bislang krank warst, schlank werden möchtest, wenn du bislang dick warst, oder reich, wenn du bislang arm warst, zügig mit dem Auto vorankommen, wenn du bislang im Stau gestanden hast, die Prinzipien der Schöpfung sind immer die gleichen: Wenn du dir etwas wünschst, glaubst du logischerweise, die

Erfüllung dieses Wunsches werde bewirken, dass du dich gut fühlst. Solange du aber nicht aufhörst, dich schlecht zu fühlen, bewegst du dich nicht auf die Erfüllung deines Wunsches zu. ... *Du musst dich jetzt gut fühlen, ungeachtet der äußeren Umstände. Nur dann können die Umstände besser werden. Du musst zunächst Frieden mit der momentanen Situation schließen, um den von dir angestrebten Zustand erreichen zu können.*

Die Leute befürchten oft, Frieden mit einer unerfreulichen Situation zu schließen würde bedeuten, dass sie aufgeben und die Situation akzeptieren, wodurch dann das Unerwünschte, Unangenehme regelrecht konserviert und länger bestehen bleiben würde ... aber das ist nicht der Fall. Wenn du mit deiner augenblicklichen Situation Frieden schließt, fühlst du dich sofort besser – oder hörst auf zu paddeln und richtest dich *stromabwärts* aus –, und nur dann bewegst du dich, in harmonischem Fluss, auf die Erfüllung deiner Wünsche zu. Solange du dich vor Unbehagen windest, jammerst und dich beklagst, bist du *stromaufwärts* ausgerichtet, weg von der möglichen Erfüllung dessen, was du dir anstelle deiner momentanen Umstände wünschst.

Je mehr du dich über den Berufsverkehr beklagst, desto mehr verhinderst du, dass deine Situation sich verbessern kann. Manche Leute würden darauf entgegnen, dass der Berufsverkehr nun einmal so ärgerlich ist, wie er ist, und du keinerlei Kontrolle über das hast, was du dabei tagtäglich erlebst – aber darüber, welche Wirkung äußere Umstände auf dich haben, hast du die volle Kontrolle. Doch solange du dich gedanklich auf den Mangel fixierst, auf das, was dich stört und ärgert, kann nichts, was du tust, deine Situation zum Besseren verändern. *Eine Handlung, die auf negativen Emotionen beruht, wird niemals positive Resultate hervorbringen.*

Wenn es dir gelingt, dich zu entspannen und dich besser zu fühlen, ohne dass die äußeren Umstände sich verändern, wird es nicht lange dauern, bis die äußeren Umstände sich verändern *müssen*. Wenn du dagegen damit fortfährst, einen unerfreulichen Zustand zu beobachten, ohne dich zu bemühen, dich besser zu fühlen, wird der Zustand sich nicht nur nicht verbessern, sondern das *Gesetz der Anziehung* wird dir weitere Beweise liefern, die dich zusätzlich in deiner Wahrnehmung bestärken. Die Dinge, die du beobachtest, können sich nur verändern, wenn du anfängst, sie auf andere Weise zu betrachten. Viele Leute sagen: »Gebt mir mehr Geld, dann werde ich mich wohlhabend fühlen.« Wir sagen: »Du musst dich zuerst wohlhabender fühlen, dann wirst du mehr Geld bekommen.«

Der Schlüssel zur Bewussten Schöpfung besteht einfach darin, dass du bewusst wählst, wie du dich fühlen möchtest, und dann einen Weg findest, dich hier und jetzt genau so zu fühlen. Und wenn dir das gelingt, wird deine ganze Umwelt sich dieser neuen Schwingung anpassen, die du nun ausstrahlst – denn das Gesetz der Anziehung ist immer absolut kooperationsbereit und präzise.

Es gibt immer einen klaren, einfachen Weg von deinem Ist-Zustand hin zu dem von dir gewünschten Zustand, aber solange du negative Emotionen empfindest, kannst du diesen Weg nicht finden. Fühlst du dich dagegen überwiegend gut, wird sich dein Timing verbessern und neue Ideen werden dir zufließen. Vielleicht entschließt sich die Stadtverwaltung endlich, den schon lange diskutierten Plan für ein besseres Verkehrsleitsystem umzusetzen und die Baustellen besser zu planen, sodass weniger Staus entstehen. Oder dein Arbeitgeber bietet dir an, dass du an zwei Tagen pro Woche von zu Hause aus arbeiten darfst. Die Ressourcen des Universums sind grenzenlos – und nun hast du freien Zugang zu ihnen.

Gehe also von deiner momentanen Lage aus und finde Gedanken, die sich besser anfühlen:

- *Warum muss ich so viel Zeit damit verbringen, im Stau zu stehen und Autoabgase einzuatmen?*

- *Es ist so langweilig, hier im Auto herumzusitzen – am liebsten würde ich meinen Wagen einfach stehen lassen und mich zu Fuß davonmachen.*

Wenn du dich extrem über einen Verkehrsstau ärgerst, hat das wohl kaum mit dem Stau *an sich* zu tun. Mit anderen Worten, ein Mensch, der mit sich zufrieden ist, sich eines glücklichen Berufs- und Privatlebens erfreut, wohlhabend und gesund ist, wird sich nicht annähernd so über einen Stau ärgern wie jemand, der viele Probleme hat und sich generell unwohl fühlt.

Doch wie schlecht du dich auch immer fühlen magst und was die Gründe dafür sein mögen, deine Arbeit ist immer die gleiche: *Finde Gedanken, die bewirken, dass du dich etwas besser fühlst als zuvor.*

Wenn du das beharrlich praktizierst, Tag für Tag, während du dein Auto durch den Berufsverkehr lenkst, wirst du schon bald hilfreiche Impulse empfangen. Dein Timing auf der Fahrt zur Arbeit und nach Hause wird sich verbessern. Vielleicht empfiehlt dir jemand eine andere Fahrtroute, auf der es schneller vorangeht, oder du kommst immer dann an die kritischen Stellen, wenn der Stau sich gerade auflöst. Befindest du dich in einem Zustand der Harmonie, wirst du dich mit den anderen Autofahrern auf den Straßen in einer Art kosmischem Tanz bewegen, der angenehm ist und dir Freude machen wird. Wenn deine Energie harmonisch fließt, kooperiert das ganze Universum mit dir.

- *Ich denke, ich werde die Zeit im Stau nutzen, um in Ruhe über ein paar wichtige Dinge nachzudenken.*

- *Auch macht es Spaß, die Leute in den anderen Autos zu beobachten.*

- *Ich kann ein lustiges Spiel daraus machen, mir vorzustellen, worüber sie sich wohl unterhalten oder was für ein Leben sie führen.*

- *Es ist faszinierend und aufregend, im Straßenverkehr von einer solchen Vielfalt an Menschen, Autos und Geschichten umgeben zu sein.*

- *Mir gefällt die Idee, dass ich meine Gedanken benutzen kann, um meine eigene Geschichte zu erschaffen.*

- *Mir gefällt die Idee, dass meine Geschichte von mir und aus meinem Auto auf andere Menschen ausstrahlt.*

- *Es ist schön, mich auf jene Version meines Selbst einzustimmen, die sich am besten anfühlt, und dann wahrzunehmen, wie die anderen Autofahrer mich wahrnehmen.*

- *Vielleicht verbringe ich hier ganz einfach eine herrliche Zeit, rolle ganz gemächlich im Schritttempo über die Autobahn und schaue zu, welche Wirkung die Schwingungen, die ich ausstrahle, auf meine Umwelt haben.*

(Achtung, hier könnte sich dann ein neuer Konflikt anbahnen: »Manchmal vermisse ich die Verkehrsstaus, in denen ich früher so oft festgesteckt habe! Da hatte ich immer meine besten Einfälle.«)

Beispiel 27

Seit ich über das Gesetz der Anziehung Bescheid weiß, mache ich mir richtig Sorgen wegen meiner Gedanken

BEISPIEL: »Es fällt mir sehr schwer, meine Gedanken zu kontrollieren. Und seit ich weiß, dass ich die Essenz dessen, was ich den ganzen Tag denke, in mein Leben ziehe, macht mir das wirklich Sorgen. Ich glaube, bevor ich vom *Gesetz der Anziehung* erfahren habe, war ich viel glücklicher, denn nun machen meine Gedanken mir Angst. Manchmal ertappe ich mich dabei, dass ich über etwas wirklich Schreckliches nachdenke, und dann mache ich mir Sorgen, dass es sich in meinem Leben manifestieren könnte, bloß weil ich darüber nachgedacht habe.«

Es ist sehr gut, wenn du dir bewusst bist, dass deine Gedanken dir Angst machen, denn das bedeutet, dass dein Kontakt zu deinem Emotionalen Leitsystem gut ist. Mit anderen Worten, wenn du bei einer bestimmten Thematik Angst verspürst, zeigt dir das an, dass dein momentaner Gedanke im Widerspruch zu dem steht, was dein *Inneres Sein* zu diesem Thema denkt. Wenn du daran denkst, dass unerfreuliche Dinge geschehen könnten, ist es ganz logisch, dass dein *Inneres Sein* solche Gedanken nicht teilt.

Die Angst, die du dann empfindest, ist wirklich nichts weiter als ein Signal deines Leitsystems, dass du *Stromaufwärts*-Gedanken denkst, die inneren Widerstand erzeugen. Diese Angst bedeutet nicht, dass unmittelbar etwas Schlimmes geschehen wird. Jedoch bedeutet sie, dass dieser Gedanke, den du gerade denkst, ein *Stromaufwärts*-Gedanke ist.

Wenn du nun über einen längeren Zeitraum derartige Gedanken beibehältst, könnte es allerdings tatsächlich geschehen, dass du dich deines natürlichen Wohl-Seins beraubst. Aber andererseits kannst du dir sehr schnell und mühelos die Gewohnheit zu eigen machen, *Strom-*

abwärts-Gedanken zu denken. *Mit ein bisschen Übung wirst du entdecken, wie einfach es ist, das Paddel des inneren Widerstands loszulassen – und wenn du dich dauerhaft von deiner Angst befreist, indem du bewusst deine Gedanken lenkst, wird einfach nichts Schlechtes mehr in deinen Erfahrungsbereich dringen.*

Wenn du dich beständig gut fühlst und dir deine Wünsche erfüllst, werden die Menschen in deiner Umgebung durch dein Beispiel inspiriert. So kannst du deine Kinder, deinen Partner, deine Eltern, Verwandten und Freunde dazu anregen, ebenfalls Bewusste Schöpfer zu werden und positive Erfahrungen zu kreieren. ... Wir möchten nicht, dass du Angst vor der Angst hast. Wir *möchten*, dass du den Sinn der Angst als emotionales Signal verstehst und davon profitierst. Angst bedeutet einfach, dass dein Denken *stromaufwärts* ausgerichtet ist. Um aber eine wirklich negative Schöpfung im physischen Bereich zu manifestieren, musst du dein Denken konsequent und über einen längeren Zeitraum *stromaufwärts* ausrichten. Und selbst wenn tatsächlich einmal etwas Negatives geschieht, verfügst du jederzeit über die Fähigkeit, dein Denken neu zu orientieren und beim nächsten Mal etwas Erfreulicheres zu erschaffen.

Viele Leute würden darauf einwenden, dass ihre Angst etwas ganz Natürliches und absolut berechtigt sei, weil sich doch nicht leugnen lasse, dass in der Welt viele schlimme Dinge geschehen. Doch dass manche Menschen eine schlimme Erfahrung nach der anderen machen, liegt einzig und allein daran, dass sie, wenn ihnen die erste unerwünschte Sache passiert ist, dieser Erfahrung jede Menge Aufmerksamkeit widmen, wodurch sie sich dann die nächste unerfreuliche Erfahrung erschaffen ... und immer so weiter. Die meisten Menschen lassen ihre Gedanken fast ausschließlich um das kreisen, was sie in ihrem Leben beobachten. Sie *reagieren*, statt zu *kreieren*. *Doch alles, was euch geschieht, ist ein Produkt, gewissermaßen eine Begleiterscheinung dessen, was ihr den ganzen Tag lang denkt und fühlt.*

Dagegen hören wir oft den Einwand: »Aber was ist mit Kleinkindern? Wie kommt es, dass auch sie sich schon negative Erfahrungen erschaffen?« Nun, auch wenn ein kleines Kind sich noch nicht in Worten mitteilen kann, strahlt es dennoch Schwingungen aus, auf die das *Gesetz der Anziehung* reagiert.

Ihr alle lernt von der Umwelt, die euch umgibt, welche Schwingungen angemessen sind und welche nicht. Schon im Mutterleib empfangt ihr die Schwingungen eurer Mutter und anderer Personen in deren Umgebung. Aber es gibt keinen Grund, unglücklich über Einflüsse zu sein, denen ihr in der Vergangenheit ausgesetzt wart, denn ihr verfügt hier und jetzt über die Macht, Gedanken zu wählen, die sich besser anfühlen. Und da ihr nun über den Strom des Lebens Bescheid wisst und außerdem wisst, dass ihr jederzeit an euren Gefühlen ablesen könnt, ob ihr euch *stromabwärts* auf die Erfüllung eurer Wünsche zu bewegt oder *stromaufwärts* von ihnen weg, werdet ihr nie wieder unbewusst negativen Einflüssen ausgesetzt sein.

Als ihr einst die Entscheidung getroffen habt, in physischer Gestalt auf der Erde geboren zu werden, wusstet ihr, dass ihr von einem bunten Gemisch aus allen möglichen Gedanken umgeben sein würdet und dass manche davon euch gefallen würden und andere nicht. Aber niemand von euch wünschte sich, in eine begrenzte Umwelt hineingeboren zu werden, denn ihr wusstet damals – und seid jetzt dabei, euch daran zu erinnern –, dass ihr über ein machtvolles *Leitsystem* verfügt und dass die große Vielfalt in eurer Umwelt es euch ermöglicht, zu wählen und reiche, schöpferische Wünsche zu entwickeln.

Mit etwas Übung wirst du lernen, deine Gedanken nicht mehr zu fürchten, sondern dich an ihnen zu erfreuen ... denn es gibt keinen köstlicheren Augenblick als den, wenn es dir durch bewusstes Steuern deiner Gedanken gelingt, Harmonie zu der Größeren Perspektive deines *wahren Seins* herzustellen. Wenn du die Menschen, Orte und Ereignisse deiner Welt durch die Augen deines *Inneren Seins* betrachtest, werden sie dich nicht erschrecken – sie werden dich erfreuen!

Gehe also jetzt von deiner momentanen Situation aus und finde Gedanken, die sich besser anfühlen:

- *Es fällt mir schwer, meine Gedanken zu steuern.*

- *Ständig ertappe ich mich dabei, wie ich unangenehme Gedanken denke.*

- *Manchmal denke ich allerdings auch über erfreuliche Dinge nach.*

- *Auch fällt mir auf, dass diese positiven Gedanken in letzter Zeit mehr werden.*

- *Ich habe erkannt, dass das Gesetz der Anziehung mir stets mehr Gedanken liefert, die dem Gedanken ähneln, mit dem ich mich gerade beschäftige.*

- *Daher sollte ich meine Gedanken bewusster wählen, damit mir dann weitere Gedanken zufließen, die angenehm sind.*

- *Ich weiß, dass ich dann, wenn ich weiß, was ich nicht will, auch gleichzeitig immer weiß, was ich will.*

- *Ich könnte mein Denken bewusst und gezielt in positivere Bahnen lenken.*

- *In meinem Leben geschehen viele positive Dinge.*

- *Ich weiß, dass in meinem Leben insgesamt mehr Positives als Negatives geschieht.*

- *Das bedeutet, dass meine Gedanken offenbar schon von Natur aus stärker positiv ausgerichtet sind.*

- *Es ist überhaupt nicht nötig, dass jeder meiner Gedanken vollkommen positiv sein muss.*

- *Es ist überhaupt nicht möglich, nur positive Gedanken zu denken.*

- *Meine Aufgabe besteht lediglich darin, mein Denken grundsätzlich positiv auszurichten, mich also mehr dem Positiven zuzuneigen als dem Negativen.*

- *Ich denke, das gelingt mir bereits ziemlich gut.*

- *Und es gelingt mir heute schon viel besser als noch vor ein paar Wochen.*

- *Ich steuere mein Denken gezielt und bewusst.*

- *Ich fühle mich nicht nur besser, sondern mein Leben verläuft auch objektiv deutlich besser.*

- *Ich sehe jetzt ein, dass der Beweis, nach dem ich suche, nicht in einer äußeren Veränderung besteht, sondern darin, dass ich mich besser fühle.*

- *Außerdem weiß ich, dass auf eine dauerhafte Besserung meiner emotionalen Verfassung zwangsläufig eine Besserung der äußeren Lebensumstände folgt.*

- *Ich verstehe nicht nur, wie der Prozess der Bewussten Schöpfung funktioniert – ich wende ihn auch erfolgreich an.*

Beispiel 28

Mein Mann ist sehr krank

BEISPIEL: »Die Ärzte haben uns gesagt, dass mein Mann sehr krank ist und dass sie nichts mehr für ihn tun können. Er kämpft jetzt schon seit mehreren Jahren mit dieser Krankheit. Solange die Ärzte uns noch Hoffnungen machten und immer neue Behandlungsmethoden vorschlugen, haben wir daran geglaubt, dass er wieder gesund werden könnte. Aber jetzt fühlen wir uns beide deprimiert und haben große Angst. Ich weiß nicht, was ich tun soll, und ich weiß nicht, wie ich mich ihm gegenüber verhalten soll. Soll ich ihm weiter Hoffnung auf Heilung machen oder sollte ich ihn – und mich selbst – auf seinen baldigen Tod vorbereiten?«

Es ist nicht leicht, innerlich im Gleichgewicht zu bleiben, wenn man mit ansehen muss, wie ein Mensch, den man liebt, unter den körperlichen und seelischen Auswirkungen einer schweren Krankheit leidet. Obgleich du seit vielen Jahren mit diesem Mann lebst und euer Leben eng miteinander verwoben ist, kannst du nicht wirklich wissen, in welchem Verhältnis seine alltäglichen Gedanken zu den Schwingungen seines *Inneren Seins* stehen. Nur zu deinen eigenen Schwingungen hast du wirklich Zugang.

Nahe Verwandte haben oft eine feste Meinung darüber, was *sie* sich bezüglich des Gesundheitszustands eines erkrankten geliebten Menschen wünschen. Dadurch erschweren sie die Situation des Kranken mehr, als dass sie ihm helfen. Aber selbst unter solchen belastenden Umständen ist es dir durchaus möglich, dein eigenes inneres Gleichgewicht zu finden. Und wenn dir das gelingt, hilfst du damit ganz automatisch auch deinem Mann.

Du kannst nicht für deinen Mann denken, und du kannst nicht seine Realität für ihn erschaffen ... aber du kannst für dich selbst denken, und du kannst <u>deine</u> eigene Realität erschaffen. Und wenn du zu innerer

Schwingungsharmonie gelangst, übst du auf die Menschen in deiner Umgebung einen sehr starken positiven Einfluss aus. Nun könntest du sagen: »Dann werde ich jetzt so schnell wie möglich meine innere Harmonie finden – und dann werde ich meinen Mann positiv beeinflussen, sodass er wieder gesund wird.« Aber *wir* würden es anders formulieren: »Ich werde meine innere Harmonie finden, und dadurch werde ich ihn dahingehend beeinflussen, dass auch er seine innere Harmonie findet. Und dann kann er tun, was er *wirklich* tun möchte.« Zwischen diesen beiden Aussagen besteht ein großer Unterschied.

Krankheiten sind immer auf ein Ungleichgewicht im energetischen Bereich, auf eine Schwingungsdisharmonie, zurückzuführen. Krankheit bedeutet stets, dass in einem Menschen ein starker Energiestrom fließt, aber dass dieser Mensch *stromaufwärts* ausgerichtet ist. Wenn sie über die Welt, in der sie leben, nachdenken, wählen die meisten Menschen, weil sie sich oft ihrer Schwingungen nicht bewusst sind, Gedanken, die inneren Widerstand erzeugen. Schon Säuglinge sind, während sie lernen, sich an ihre Umwelt anzupassen, den Einflüssen dieser *Stromaufwärts*-Schwingungen ausgesetzt.

Die Ärzte suchen stets nach Heilmitteln gegen die Krankheiten ihrer Zeit und propagieren ständig neue Behandlungsmethoden und Ernährungsempfehlungen. Aber sie führen einen aussichtslosen Kampf, und jedes Jahr werden mehr Krankheiten entdeckt als geheilt. Das wird sich erst ändern, wenn die Ärzte Folgendes begreifen: *Statt nach einer medizinischen Therapie für eine Krankheit zu suchen, müsst ihr deren Schwingungsursache verstehen, denn gegen Energie-Disharmonien kann man mit physischen Mitteln nichts ausrichten, mag der Aufwand, den man betreibt, auch noch so groß sein.*

Es gibt also für dich gute Gründe, bezüglich der Gesundheit deines Mannes neue Hoffnung zu schöpfen. Denn jetzt, wo die Ärzte ihn aufgegeben haben, ist es viel wahrscheinlicher, dass er sich der einzigen Heilmethode zuwendet, die wirklich funktioniert: der Herstellung von Schwingungsharmonie mit seinem *Inneren Sein*. Es kommt häufig vor, dass Menschen zunächst alle anderen Möglichkeiten durchprobieren, ehe sie sich darum bemühen, ihre Energien zu harmonisieren. Und wenn sich daraufhin eine Heilung einstellt, sprechen die Ärzte von einem Wunder. Dabei ist es überhaupt kein Wunder – es ist einfach nur eine Harmonisierung von Gedanken, Schwingungen und Energie.

Jedes Mal wenn dir bewusst wird, was du *nicht* willst, weißt du mit umso größerer Klarheit, was du *willst*. So hat auch dein Mann in seinem Schwingungsguthaben bezüglich seines physischen Körpers in letzter Zeit viele überaus starke Wünsche angesammelt – was bedeutet, dass dieser Energiestrom nun sehr stark und schnell fließt.

Mit anderen Worten, je kränker ein Mensch ist, desto mehr Wunschraketen nach Wohlbefinden schickt er in sein Schwingungsguthaben. Doch da dieser Strom sich immer schneller bewegt und das *Innere Sein* kranker Menschen sie immer stärker zur Erfüllung ihrer Gesundheitswünsche aufruft, müssen sie ganz bewusst eine Kehrtwende vollziehen und sich *stromabwärts* ausrichten, in Richtung auf Heilung und Wohlbefinden, denn sonst werden sie noch kränker.

Verstehst du, wie das funktioniert? Man könnte sagen: »Je kränker ich bin, desto mehr Gesundheitsenergie bringe ich zum Fließen ...« Daher ist es in der Tat leichter, von einer lebensgefährlichen Krankheit zu genesen als von einer geringfügigen – weil bei der lebensgefährlichen Krankheit ein viel machtvolleres Schwingungsguthaben aufgebaut wird. Die Bereitschaft, euch gut zu fühlen, ist das Einzige, was ihr aufbringen müsst.

Da ausschließlich dein Mann selbst die Kontrolle über seine Schwingungen hat, kannst du ihm diese Arbeit nicht abnehmen. *Deine* Aufgabe besteht darin, dein eigenes Schwingungsgleichgewicht aufrechtzuerhalten, selbst inmitten einer so beunruhigenden Situation. Und wenn dir das gelingt, wirst du einen starken positiven Einfluss auf deinen Mann ausüben. Es ist unter diesen Umständen verständlich, dass dir immer wieder unangenehme Gedanken in den Sinn kommen, aber du musst deinen Geist dann unbedingt in positive Bahnen lenken und Gedanken finden, die sich besser anfühlen – nicht deinem Mann zuliebe, sondern zu deinem eigenen Wohl. Wenn du dann Schwingungsharmonie zu deinen Wünschen hergestellt hast, wirst du einen positiven Einfluss auf ihn haben.

Wenn du nach innerer Harmonie strebst, losgelöst von dem Wunsch, deinem Mann zu helfen, wird dich das letztlich viel eher in die Lage versetzen, ihm wirklich zu helfen. Wenn du hingegen aus dem Wunsch heraus, ihm zu helfen, nach innerer Harmonie strebst, ist die Wahrscheinlichkeit größer, dass du dich gedanklich auf seine Krankheit fixierst – was dich dann daran hindern wird, echte innere Harmonie zu finden. Und das wiederum würde verhindern, dass du eine starke, einflussreiche positive Schwingung auf deinen Mann ausstrahlst.

Die meisten Leute, die du fragst, werden dir sagen, dass die Art, wie du dich fühlst, unmittelbar von der gesundheitlichen Verfassung deines Mannes abhängt, aber wir möchten dir begreiflich machen, dass du einen Weg finden musst, dich gut zu fühlen, unabhängig davon, ob es ihm besser oder schlechter geht, ob er lebt oder stirbt ... denn nur wenn du egoistisch genug bist, um wirklich nach eigenem Wohl-Sein zu streben, kannst du ihm helfen.

Versuche jetzt, einige Gedanken zu finden, die sich besser anfühlen, ausgehend von deiner momentanen Situation:

- *Ich möchte meinem Mann helfen, wieder gesund zu werden.*
- *Die Ärzte sagen, es besteht keine Hoffnung mehr.*
- *Ich fühle mich hin- und hergerissen, denn ich will die Hoffnung nicht aufgeben, denke aber andererseits, dass es dumm ist, weiter zu hoffen.*
- *Einerseits habe ich schreckliche Angst davor, dass er sterben könnte, andererseits fange ich an, mich damit abzufinden.*
- *Und ich fühle mich schuldig, weil ich nicht mehr an seine Genesung glaube.*

- *Ich fühle, dass ich die Hoffnung nicht aufgeben sollte.*

Und fühle, wie sinnlos es ist, dir den Kopf über Dinge zu zerbrechen, die du in keiner Weise kontrollieren kannst. Wende deine Aufmerksamkeit Dingen zu, die du unter Kontrolle hast. Versuche, dein Denken so zu steuern, dass du dich besser fühlst. Versuche nicht, das Leben deines Mannes zu retten. Versuche nicht, die Frage von Leben oder Tod zu klären. Versuche nicht, die Einstellung der Ärzte zu verändern und für eine bessere Medizin zu kämpfen. Tu das Einzige, was du wirklich tun kannst: Verbessere die Art, wie du dich fühlst, indem du deine Gedanken bewusst wählst.

- *An manchen Tagen leide ich fast unerträglich unter der Situation, an anderen Tagen fühle ich mich etwas besser.*

- *Ich bin mir darüber im Klaren, dass selbst in dieser Extremsituation meine Emotionen schwanken.*

- *Es hört sich gut an, Erleichterung von diesen quälenden Gefühlen zu finden.*

- *Es ist tröstlich, dass es nicht meine Aufgabe ist, den Gesundheitszustand meines Mannes zu verbessern.*

- *Das hilft mir zu erkennen, dass es wervoll ist, wenn ich die richtige Haltung gegenüber seinem möglichen Tod finde.*

- *Es erscheint mir völlig unlogisch, dass der »Tod«, der ja für alle Menschen unvermeidlich ist, etwas Schlechtes sein soll.*

- *Ich will nicht, dass mein Mann stirbt, aber ich fühle Erleichterung, wenn ich mir darüber klar werde, dass es nicht meine Aufgabe ist, daran etwas zu ändern.*

- *Es fühlt sich gut an, mit der Zeit völlig zu verstehen, auf welche Weise unsere physische Welt mit der Nicht-Physischen Welt verwoben ist.*

- *Es fühlt sich gut an, mir ins Gedächtnis zu rufen, dass wir alle Ewige Wesen sind.*

- *Es bringt mir Erleichterung, mir klarzumachen, dass der sogenannte »Tod« keine Trennung bedeutet.*

- *Ich bin so froh darüber, dass unsere Gedanken den »Tod« transzendieren können.*

- *Es tut mir gut, mich daran zu erinnern, dass unsere Liebesbeziehungen und Freundschaften von Natur aus zeitlos und ewig sind.*

- *Ich wünsche mir für meinen Mann, dass er Erleichterung findet, ganz gleich, ob das bedeutet, dass er hier bei mir bleibt oder dass er in den Nicht-Physischen Bereich weiterreist.*

- *Es tut mir gut, wenn ich mich darauf konzentriere, dass er Erleichterung findet und sich gut fühlt.*

Natürlich wirst du mit einer einzigen solchen *Stromabwärts*-Denkübung nicht zu einem völligen Verständnis des »Todes« und zu einer völligen Aussöhnung mit dieser Thematik gelangen (mit der sich die Menschheit schon so lange herumplagt). Aber schon jetzt hat deine Schwingung sich spürbar verändert. Und das ist viel wertvoller, als die meisten Leute glauben. Worte allein können euch nichts lehren – ihr lernt durch Lebenserfahrung. Wenn du Erleichterung findest, dich besser fühlst, was nur möglich ist, wenn du deine Gedanken bewusst lenkst, wirst du eine andere Schwingung ausstrahlen. Und diese veränderte Schwingung kann dann die Schwingung deines Mannes beeinflussen. Und weil sein Wunsch nach Gesundheit in der jetzigen Situation enorm energiegeladen ist, kann schon ein bisschen mehr innere Öffnung – herbeigeführt dadurch, dass ihr beide energetischen Widerstand abbaut – sehr viel bewirken.

DAS BESTE, WAS AUS DEINER SICHT GESCHEHEN KÖNNTE:

- Du fühlst dich viel besser.

- Damit hilfst du ihm, sich ebenfalls viel besser zu fühlen.

- Diese größere innere Harmonie bewirkt bei ihm einen wahren Energieschub.

- Er wird wieder gesund.

DAS SCHLIMMSTE, WAS GESCHEHEN KÖNNTE:

- Du fühlst dich viel besser.

- Du fühlst dich viel besser.

- Du fühlst dich viel besser.

- Er »stirbt« und reist weiter in die Reine, Positive Energie.

- Dort fühlt *er* sich VIEL, VIEL BESSER!

Erst wenn du in völliger Harmonie mit deinem *wahren Sein* lebst, wirst du erfahren, welchen wunderbaren Einfluss du auf das Wohl-Sein aller Menschen ausüben kannst.

Beispiel 29

Mein Freund hat mich verlassen

BEISPIEL: »Mein Freund, mit dem ich seit zwei Jahren zusammenlebe, ist plötzlich aus unserer gemeinsamen Wohnung ausgezogen. Wir waren nicht immer einer Meinung, und es gab den einen oder anderen Streit, aber nichts wirklich Ernstes. Ich dachte, wir verstehen uns gut, und ich kann einfach nicht glauben, dass er nicht mehr mit mir zusammen sein will. Er schwört, dass er mich nicht wegen einer anderen verlassen hat. Aber wie kann es sein, dass man einander scheinbar liebt, und dann zieht der eine ganz plötzlich aus, ohne ersichtlichen Grund?«

Die meisten Menschen, die sich eine Beziehung wünschen, glauben, dass eine mittelmäßige Beziehung immer noch besser ist als überhaupt keine Beziehung, aber da sind wir völlig anderer Meinung. Mit anderen Worten, da es für euch jederzeit möglich ist, eine wirklich herrliche und wundervolle Liebesbeziehung zu erleben – warum wollt ihr euch da mit weniger zufrieden geben?

Denke daran, dass es immer von der Mischung deiner inneren Schwingungen und Energien abhängt, wie du dich fühlst, und dass es keine zwei Menschen auf der Welt gibt, die genau das Gleiche fühlen. Zwei Menschen können eine scheinbar völlig identische Erfahrung machen, die der eine genießt und der andere nicht, einfach weil ihre Schwingungen sich stark unterscheiden.

Statt zu versuchen herauszufinden, was ein anderer Mensch sich wünscht, und dich dann zu bemühen, diese Wünsche zu befriedigen, ist es viel produktiver und befriedigender, wenn du dein Denken auf das ausrichtest, was *du* dir wünschst.

Deine sämtlichen Lebenserfahrungen veranlassen dich unaufhörlich, Wünsche auf dein Schwingungsguthaben »einzuzahlen«. Jedes

Mal wenn etwas geschieht, das dir nicht gefällt, bittest du das Universum um das, was du dir stattdessen wünschst. Zum Beispiel strahlst du jetzt, wo dein Freund dich verlassen hat, deinen Wunsch nach einer glücklichen, erfüllten Liebesbeziehung stärker und klarer ins Universum aus als je zuvor.

Viele Erfahrungen während deines bisherigen Lebens haben dich veranlasst, Bitten an das Universum zu richten. Mit deinen Wünschen hast du dir eine wunderbare Liebesbeziehung erschaffen, die nun in deinem Schwingungsguthaben auf ihre Verwirklichung wartet. Und je mehr *Stromabwärts*-Gedanken du denkst, desto mehr näherst du dich dieser Verwirklichung. Wenn du dich dagegen in Gefühlen von Enttäuschung, Wut und Kummer ergehst, widersetzt du dich damit dem Strom deiner eigenen Wunsch-Energie. Damit hinderst du dich daran, jene Liebesbeziehung zu erleben, nach der du dich in Wahrheit sehnst und die auf dich wartet.

Die Leute sind oft sehr erstaunt, wenn wir ihnen sagen, dass alles Schlechte, was ihnen in Beziehungsdingen je widerfahren ist, dazu beigetragen hat, dass jetzt eine wunderschöne Liebesbeziehung auf sie wartet. Wenn sie jedoch damit fortfahren, sich gedanklich auf ihre früheren schlechten Erfahrungen zu fixieren, schneiden sie sich selbst von der Verwirklichung ihrer eigenen wunderbaren Schöpfung ab, die in ihrem Schwingungsguthaben auf sie wartet.

Vielleicht wird manch einer hier einwenden, dass es Vorzeichen für den scheinbar so plötzlichen Entschluss deines Freundes gegeben haben muss. Und wenn du dich besser auf ihn eingestimmt hättest, hättest du diese vielleicht bemerkt und den Bruch zwischen euch noch verhindern können. Aber wir finden es gut, dass du diesen Bruch nicht hast kommen sehen, denn das bedeutet, dass du dich nicht auf mögliche Probleme, sondern auf die positiven Aspekte eurer Beziehung konzentriert hast.

FRAGE: »Wenn ich aber überwiegend positiv gedacht habe, wieso hat er mich dann trotzdem verlassen?«

Hier ist etwas, was du unbedingt verstehen solltest: Wenn du dich die meiste Zeit über gut fühlst, also in Schwingungsharmonie, dann fügt sich in deinem Leben alles so, wie es für dich am besten und schönsten ist. Mit anderen Worten, dein Leben mit seinen Höhen und Tiefen hat dich veranlasst, ein Schwingungsguthaben einer wundervollen zukünftigen Lebenserfahrung zu erschaffen, und dieses Guthaben ruft nach dir und wartet darauf, dass du es einlöst. Immer dann, wenn du dich gut fühlst, rückt die Verwirklichung dieser Zukunft ein Stück näher. *Einfach ausgedrückt, wenn ein Mensch aus deinem Leben verschwindet, dann deshalb, weil er nicht zu der wundervollen Zukunft passt, die in deinem Schwingungsguthaben auf dich wartet.*

Hier ist noch etwas, was dich faszinieren wird: Nehmen wir an, in dem Wunsch, deinen Freund so gut zufriedenzustellen wir irgend möglich, hast du ihn ständig aufmerksam beobachtet. Dabei hast du bemerkt, dass er nicht mehr völlig glücklich und zufrieden mit eurer Beziehung war. Daher fingst du an, dir Sorgen zu machen, und hast dir noch mehr Mühe gegeben, ihn glücklich zu machen. Doch durch diese Konzentration auf die Mängel eurer Beziehung machst du dich selbst unglücklich, und deshalb passen deine Schwingungen nicht länger zu deinen Wünschen. Du bewegst dich also *stromaufwärts* und nicht länger *stromabwärts*. ... Nun harmonieren deine Schwingungen zwar mit dem Unglücklichsein deines Freundes, aber nicht mehr mit deinen wahren Wünschen. Und in dieser Situation würde das vermutlich bewirken, dass er doch noch länger bei dir bleibt.

Mit anderen Worten, indem du dich auf das Unglücklichsein deines Freundes konzentrierst, erzeugst du in dir eine Disharmonie zu deinem *wahren Sein* und dem, was du dir wirklich wünschst. Du hast seine negativen Gefühle gelindert, und deshalb bleibt er erst einmal bei dir ... und viele Leute würden das als Erfolg ansehen. Aber insgesamt gesehen läuft es darauf hinaus, dass du Dinge tust, die *ihn* zufriedenstellen, und nicht das, was *dich* zufriedenstellen würde. Und unter solchen Bedingungen wirst *du* schon bald diejenige sein, die sich von ihm trennen möchte.

Indem du nicht auf sein Unbehagen geachtet, sondern dich auf die positiven Aspekte eurer Beziehung konzentriert hast, bist du deiner wahren Vision einer glücklichen Partnerschaft treu geblieben – und weil er nicht zu dieser Vision passt, hat er dich verlassen. Und wir versprechen dir: Das ist ganz bestimmt keine schlechte Sache . ... *Wenn du dich beständig gut fühlst, und zwar selbst dann, wenn Leute in deiner Umgebung völlig ausflippen – oder dich sogar verlassen –, dann kann das, was du dir wirklich wünschst, gar nicht anders, als zu dir zu kommen. Wenn es dir gelingt, trotz der Tatsache, dass er dich verlassen hat, deine innere Harmonie zu bewahren, so wie dir das auch gelang, während er in eurer Beziehung immer unglücklicher wurde, dann wird dein idealer Partner unfehlbar zu dir finden. Und wenn das geschieht, bleibt deine Aufgabe weiterhin die gleiche: nach den positiven Aspekten Ausschau halten, sich auf diese konzentrieren.*

Lasse dich nicht in die persönlichen Dramen anderer Leute hineinziehen. Du kannst die innere Disharmonie anderer Menschen nicht beheben, indem du ihre Bedürfnisse zu befriedigen versuchst und darüber deine eigenen Wünsche vernachlässigst. Das tut den anderen nicht gut, und dir auch nicht. Jeder Mensch ist für seine innere Harmonie oder Disharmonie selbst verantwortlich. Es ist besser, du löst dich von Menschen, die nicht zu deiner inneren Vision passen, und lässt sie ihrer Wege gehen.

Der Schmerz, den du empfindest, hat viele Facetten, denn er steht mit vielen Dingen in Zusammenhang, die sehr wichtig für dich sind. Du fühlst dich ungeliebt und wünschst dir Liebe, du fühlst dich verunsichert und wünschst dir Sicherheit, du fühlst dich im Stich gelassen und wünschst dir einen Mann, der dich begehrt. Zwar sehen wir ein, dass es nicht leicht ist, nach so kurzer Zeit, nachdem dein Freund dich verlassen hat, sich besser anfühlende Gedanken zu suchen. Trotzdem muss es sein! Konzentriere dich darauf, und auf nichts anderes.

Das Gesetz der Anziehung bringt dich ständig mit Situationen, Ereignissen und Menschen in Berührung, die zu deiner Schwingung passen. Wenn du deine Schwingung bewusst wählst – vor allem eine, die zu dem von dir erschaffenen Schwingungsguthaben passt –, muss der Mann, der genau deinen Wünschen entspricht, zwangsläufig in dein Leben treten.

Wenn du dagegen keine innere Schwingungsharmonie zu deinem Wunsch herstellst, wirst du einen Mann anziehen, der dazu passt, wie du dich jeweils *fühlst*. Und wenn du dich im Stich gelassen oder ungeliebt fühlst, wirst du einen Mann anziehen, der gar nicht anders kann, als dich in diesen Gefühlen zu bestätigen.

Mit viel weniger Zeitaufwand und Mühe, als du glaubst, kannst du innere Harmonie zu deiner Idee einer perfekten Beziehung herstellen. Und in gar nicht ferner Zeit wirst du mit großer Hochachtung auf den Mann zurückblicken, der dich nun verlassen hat, weil er dir eine wertvolle Hilfe dabei war, dir deinen perfekten Partner zu erschaffen. Du könntest ihm dann einen Brief wie diesen schreiben:

> »Danke dafür, dass du mir das Herz gebrochen hast, denn damit hast du mir geholfen, mir darüber klar zu werden, was ich mir wirklich wünsche. Danke für die Schmerzen, die du mir bereitet hast, denn sie bewirkten, dass ich kraftvolle Wunschraketen startete. Und als ich aufhörte, gegen den Strom meiner Wünsche zu kämpfen, wurde ich sehr schnell zur Erfüllung dieser Wünsche hingetragen. Ich wünsche dir aufrichtig, dass unsere Beziehung sich im Nachhinein auch für dich als so segensreich erwiesen hat.«

Viele Menschen bemühen sich sehr, alles in ihrem Leben zu kontrollieren und zu managen. Aber es genügt wirklich, dass du innere Harmonie zu deinem *wahren Sein* herstellst – statt dich um Harmonie mit den Wünschen eines anderen Menschen zu bemühen –, dann wird das Universum dich unfehlbar mit dem idealen Partner zusammenführen. Konzentriere dich einfach auf deine innere Harmonie, dann bringt das Universum Menschen in dein Leben, die mit dir harmonieren. Das ist ein kosmisches *Gesetz*.

Beginne also dort, wo du gerade stehst, und finde Gedanken, die sich besser anfühlen als die vorherigen:

- *Ich stehe unter Schock und bin völlig deprimiert. Ich weiß nicht, was ich tun soll.*
- *Ich kann einfach nicht glauben, dass er mich einfach so verlassen hat – ich dachte, er sei mein Mann fürs Leben.*
- *Warum hat er mir etwas vorgemacht?*
- *Warum hat er so getan, als wollte er sein ganzes Leben mit mir verbringen?*

Versuche nun, Gedanken zu finden, die bewirken, dass du dich weniger ohnmächtig und ausgeliefert fühlst. Finde einen Gedanken, der dir zumindest das Gefühl gibt, als würdest du aufstehen:

- *So etwas wird mir nicht noch einmal passieren!*
- *Ich verdiene es nicht, so behandelt zu werden.*
- *Ich bin froh, dass er weg ist, denn er ist eindeutig nicht der Mann, den ich in ihm gesehen habe.*

Diese Gedanken sind zwar auch noch ziemlich negativ, verschaffen dir aber etwas Erleichterung. Also, weiter so!

- *Offenbar passten wir doch nicht zusammen.*

- *Es bringt nichts, wenn ich meine Zeit damit vergeude, über das nachzugrübeln, was zwischen uns war.*

- *Gut, dass die Situation sich nun geklärt hat.*

- *Ich habe dadurch in kurzer Zeit sehr viel gelernt.*

- *Tief drinnen habe ich wohl doch geahnt, dass es so kommen würde.*

- *Ich wollte es nicht wahrhaben, aber dieses Ende war abzusehen.*

- *Aber ich bedaure nicht, was geschehen ist.*

- *Was geschehen ist, ist auch gar nicht wirklich schlimm.*

- *Eigentlich ist es keine schlechte Sache, zu erkennen, dass dieser Mann mir nicht das geben konnte, was ich mir wirklich wünsche.*

- *Diese Beziehung hat mir geholfen, klarer zu definieren, worauf es mir im Leben ankommt und welche Wünsche ich habe.*

- *Ich fühle mich befreit und von neuer Energie und Zuversicht erfüllt.*

- *Ich werde jetzt in aller Ruhe an die Erfüllung meiner Wünsche herangehen.*

- *Dabei muss ich nichts überstürzen.*

- *Es ist mir ganz recht, erst einmal in Ruhe durchzuatmen.*

- *Und ich freue mich auf das, was vor mir liegt.*

- *Vielleicht werde ich meinem bisherigen Partner eines Tages sogar dankbar dafür sein, dass er mir geholfen hat, mir über meine Wünsche klar zu werden.*

Du musst zugeben, dass du dich nun besser fühlst. Und *das* ist allein dein Verdienst. Wenn du damit fortfährst, dich gut zu fühlen, werden, gemäß dem *Gesetz der Anziehung*, alle deine Wünsche in Erfüllung gehen!

Beispiel 30

Mein Hund ist krank

BEISPIEL: »Mein Hund ist noch relativ jung, aber er ist dauernd krank. Ich muss enorm hohe Tierarztrechnungen bezahlen, denn sobald mein Hund eine Krankheit überwunden hat, bekommt er gleich die nächste. Ich liebe ihn sehr, und ich will nicht, dass er leidet, aber ich will auch nicht andauernd mit ihm zum Tierarzt fahren. Was ist denn nur los mit ihm?«

Dein Hund ist wie die meisten Tiere auf eurem Planeten für gewöhnlich in viel größerer Harmonie mit seinem *Inneren Sein* als die meisten Menschen. Aber bei wilden Tieren ist die innere Harmonie im Allgemeinen größer als bei Haustieren, die viel Zeit in der Nähe des Menschen verbringen. Haustiere beobachten ständig ihre menschlichen Mitschöpfer und neigen deshalb dazu, ihre Energien ähnlich aufzuspalten und zu blockieren, wie die Menschen es tun. Hinzu kommt, dass jedes Lebewesen – Mensch und Tier gleichermaßen – frei sein möchte, und ein Tier, dessen Freiheit eingeschränkt ist, baut oft mehr inneren Widerstand auf als ein wildes Tier, das frei umherstreifen kann. Für euch Menschen mag das schwer zu verstehen sein, aber die wilden Tiere eures Planeten ziehen die Freiheit stets der Sicherheit vor.

Dennoch sind viele Tiere vollkommen glücklich, als Gefährten des Menschen zu leben, und nehmen dabei Einschränkungen ihrer Bewegungsfreiheit gerne hin, ohne dass ihre harmonischen Schwingungen dadurch beeinträchtigt würden. Worunter sie aber immer leiden, ist eine Umgebung, in der starke negative Emotionen vorherrschen. Wilde Tiere im Zustand Reiner, Positiver Energie flüchten, wenn sich ihnen ein Mensch nähert, nicht weil sie Angst vor euch haben, sondern weil ihr euch für sie nicht gut anfühlt.

Mit der Zeit haben eure Haustiere sich an die Schwingung des Menschen angepasst und sind in der Lage, sogar in eurer Nähe ihre innere Harmonie weitgehend aufrechtzuerhalten. Und was für euch gilt, gilt auch für sie: Wie es um ihre Schwingungen und ihr inneres Gleichgewicht bestellt ist, hängt davon ab, worauf sie ihre Aufmerksamkeit richten. Da sie euch sehr viel Aufmerksamkeit widmen und es um eure Verbindung zu eurer Ur-Kraft oft nicht gut bestellt ist, bewirkt euer Einfluss, dass auch bei euren Haustieren sich der Kontakt zur Ur-Kraft verschlechtert. Doch Tiere sind sehr zäh und widerstandsfähig, und sie können ihre innere Harmonie jederzeit leicht wiederherstellen, denn sie leben in der Gegenwart, kennen keine Gefühle des Grolls und grübeln nicht nutzlos über die Vergangenheit nach, wie ihr Menschen das zu tun pflegt. Wenn eine unerfreuliche Situation vorüber ist, lösen sie sich völlig davon und beschäftigen sich nicht mehr damit. Wenn Tiere jedoch täglich Stress und Wut ausgesetzt sind oder sich unerwünscht fühlen, kann ihre Energie so stark aus dem Gleichgewicht geraten, dass die Disharmonie sich in körperlichen Symptomen bemerkbar macht.

Viele Schüler unserer Methoden der *Bewussten Schöpfung* sind sehr interessiert daran zu erfahren, wie man seine Realität bewusst erschafft, wie das *Emotionale Leitsystem* funktioniert und wie man *Stromabwärts*-Denken praktiziert. Doch sie beginnen erst dann, dieses Wissen wirklich praktisch anzuwenden, wenn ihnen klar wird, wie schädlich sich ihre alten negativen Denkmuster auf ihre Haustiere auswirken. Es ist ein bisschen seltsam, dass Menschen nichts gegen ihre negativen Emotionen unternehmen, solange sie glauben, nur selbst von den Auswirkungen betroffen zu sein. Aber wenn sie erkennen, dass sie damit ihren geliebten Haustieren schaden, sind sie plötzlich bereit, ihr Leben zu ändern.

Natürlich ist es schön, dass euch das Wohl-Sein eurer Tiere so am Herzen liegt, aber euer eigenes Wohl-Sein sollte euch nicht weniger am Herzen liegen! Wenn dein Denken *stromaufwärts* ausgerichtet ist (du also negative Emotionen verspürst) und du nicht damit aufhörst, gegen den Strom anzupaddeln, wird das *Gesetz der Anziehung* ständig auf diese Schwingung antworten, wodurch deine Situation sich immer mehr verschlimmert – und du dich immer schlechter fühlst.

Wenn du dann deinen inneren Widerstand immer noch nicht abbaust, bewirkt das *Gesetz der Anziehung* eine weitere Verschlechterung deiner Situation – und du fühlst dich noch schlechter. Wenn du diesen negativen Kurs über einen längeren Zeitraum beibehältst, wird schließlich dein physischer Körper Symptome deines gestörten Gleichgewichts zeigen.

Manchmal manifestiert dein Haustier solche Symptome als Teil deines *Leitsystems*. Dein Hund versteht offenbar, dass du zwar negative Emotionen aushältst, es jedoch nicht ertragen kannst, wenn er durch dein Verhalten leiden muss. Es kommt oft vor, dass ihr mit der Seele eures Haustieres vor eurer physischen Geburt eine Verabredung trefft, dass es euch an euren Schwingungszustand erinnern wird, indem es euch diesen deutlich vor Augen führt.

Dein Hund möchte dir außerdem helfen, deine Angst vor dem sogenannten »Tod« zu überwinden. Tiere wissen ganz genau, dass es keinen Tod gibt, sondern nur Ewiges Leben. *Dein Hund schlüpft vergnügt in einen physischen Körper nach dem anderen. Todesangst kennt er nicht, sondern er genießt fröhlich seine Fahrt auf dem unendlichen Fluss des Lebens. Hunde wie er gehören zu den besten Lehrern auf dem Planeten!* Finde also jetzt einige sich besser anfühlende Gedanken bezüglich deines Hundes:

- *Ich wünschte, ich wüsste, warum mein Hund so oft krank ist.*
- *Ich sehe nicht, welchen Sinn das haben soll.*
- *Es tut mir weh, mit anzusehen, wenn er sich schlecht fühlt, und die Tierarztrechnungen kosten mich ein Vermögen.*
- *Vielleicht sollte ich den Dingen einfach ihren Lauf lassen. Aber ich will nicht, dass er leiden muss oder gar stirbt.*

- *Ich kann mir die Tierarztkosten einfach nicht mehr leisten.*
- *Es fühlt sich nicht gut an, wenn ich mit ihm zum Tierarzt fahre.*
- *Aber nicht zu fahren fühlt sich noch schlimmer an.*
- *Da ich äußerlich nichts tun kann, was mir Erleichterung verschafft, sollte ich vielleicht einfach versuchen, mich besser zu fühlen.*
- *Vielleicht versucht dieser wunderbare Hund ja, mir etwas mitzuteilen.*
- *Vielleicht sollte ich das Problem einmal von einer ganz anderen Seite betrachten.*
- *Auch wenn mein Hund sich offensichtlich physisch nicht wohlfühlt, scheint er sich deshalb keinerlei Sorgen zu machen.*
- *Zwar ist er nicht mehr so verspielt und munter wie früher, aber seine Einstellung wirkt doch überwiegend positiv.*
- *Wenn ich mit ihm spreche, wedelt er immer mit dem Schwanz.*
- *Manchmal habe ich das Gefühl, er versucht mich zu trösten, wenn er merkt, dass ich mir Sorgen um ihn mache.*
- *Ich würde gerne ihn trösten, indem ich nicht ständig den Eindruck erwecke, ich würde mir Sorgen um ihn machen.*

- *Ich werde mich ab jetzt bemühen, positiver über seinen Zustand zu denken.*

- *Ich werde in optimistischerem Tonfall mit ihm sprechen.*

- *Ich werde mich nicht länger darüber beklagen, wie teuer der Tierarzt ist.*

- *Wenn ich nicht bei meinem Hund bin, werde ich mir vorstellen, dass es ihm besser geht.*

- *Sobald ich eine leichte Besserung bemerke, werde ich positiv darüber sprechen.*

- *Ich werde nach Gründen Ausschau halten, mich im Hinblick auf meinen Hund gut zu fühlen, und alles andere ignorieren.*

- *Ich erkenne, dass er mir helfen möchte, meine Gedanken bewusst zu lenken.*

- *Ich sehe, was für ein wunderbarer Lehrer er ist: Er lehrt mich bedingungslose Liebe, denn er zeigt diese physischen Symptome, damit ich lerne, Stromabwärts-Gedanken zu wählen und mich auf innere Harmonie zu konzentrieren.*

- *Seine Botschaft an mich lautet: »Lerne, dich besser zu fühlen, weil du es selbst bewusst so gewählt hast, nicht weil ich dir einen Grund dazu gebe, dich besser zu fühlen.«*

- *So verhilft er mir zu einer wirklich machtvollen Erkenntnis.*

- *Was für ein großartiger Hund!*

Beispiel 31

Ich hatte noch nie genug Geld

BEISPIEL: »Solange ich mich erinnern kann, hatte ich immer Geldsorgen. Ständig machen mir neue, unerwartete Ausgaben zu schaffen. Die Lebenshaltungskosten für meine Familie und mich steigen immer mehr, aber mein Gehalt wächst nicht halb so schnell wie die Kosten. Früher habe ich vierzig Stunden in der Woche gearbeitet, und meine Frau konnte den ganzen Tag zu Hause bleiben. Heute hat sie eine Vollzeitstelle, und ich arbeite sechzig Stunden pro Woche – und trotzdem reicht das Geld hinten und vorne nicht. Ich sehe, wie andere Leute sich neue Häuser und Autos kaufen und teure Urlaubsreisen machen, und ich frage mich, wie sie sich das leisten können. Was mache ich falsch?«

Zwar scheint es logisch, dass es bei den Finanzen in erster Linie darum geht, dass die Ausgaben die Einnahmen nicht übersteigen sollten, aber es gibt noch einen anderen wesentlichen Faktor, den die meisten Menschen außer Acht lassen: Gegen eine innere Disharmonie kannst du mit äußerlichen Maßnahmen überhaupt nichts ausrichten. Wenn du bezüglich des Geldes so empfindest, wie du es beschreibst, dann sind diese Empfindungen zwar angesichts deiner äußeren Lebensumstände gerechtfertigt, aber solange du an diesen Gefühlen nichts änderst, kann sich deine finanzielle Situation nicht verbessern, denn das Gesetz der Anziehung reagiert immer auf die Schwingung, die du ausstrahlst – nicht auf deine äußeren, physischen Handlungen.

Natürlich kann die Produktivität äußerer *Handlungen* sich unterscheiden: Ein starker Mensch kann einen schwereren Gegenstand hochheben als ein schwacher Mensch, jemand, der sich schnell bewegt, kann während eines Arbeitstages mehr Dinge hin und her bewegen als ein langsamer Mensch. Eine Person, die sechzig Worte pro Minute tippen kann, tippt im gleichen Zeitraum mehr Text als jemand, der nur zwanzig Wörter pro Minute tippen kann. ... Aber diese äußeren Unterschiede sind minimal im Vergleich zu dem, was du durch Harmonisierung deiner Energien erreichen kannst. Kurz gesagt, durch äußere *Handlungen* kannst du niemals eine innere Energie-Disharmonie kompensieren.

Wenn du bezüglich deines Geldmangels *Stromaufwärts*-Gedanken hegst, verhinderst du damit, dass du neue Wege findest, zu mehr Geld zu kommen. Wenn du dich frustriert fühlst, weil es dir an Geld mangelt, und dich nicht darum bemühst, Gedanken zu finden, die sich besser anfühlen, wird deine Frustration sich in Wut und schließlich in Angst verwandeln, während deine negativen Denkmuster bewirken, dass du immer mehr inneren Widerstand gegen deinen finanziellen Strom des Wohl-Seins aufbaust. Und je schlechter du dich fühlst, desto schlimmer wird deine Situation – denn je schlechter du dich fühlst, desto mehr inneren Widerstand strahlst du aus, was dich daran hindert, die Lösungen zu finden, nach denen du suchst.

Immer dann, wenn du deine Aufmerksamkeit auf deinen Geldmangel richtest, strahlst du einen Wunsch nach mehr Geld ins Universum aus, was bewirkt, dass der Energiestrom deiner Geldwünsche stärker und schneller fließt. Aber da du dich weiterhin darauf konzentrierst, kein Geld zu haben, bist du *stromaufwärts* fokussiert, während dein *Inneres Sein* dich *stromabwärts* ruft. Eine starke negative Emotion bezüglich deiner finanziellen Situation zeigt dir zwei wichtige Dinge an:

1. Du hast das Universum intensiv um Hilfe in finanzieller Hinsicht gebeten, und dein *Inneres Sein* ruft dich *stromabwärts*, hin zur Erfüllung dieses Wunsches.

2. Dein Denken ist *stromaufwärts* ausgerichtet. Du schwimmst also gegen den Strom an, der dich zu dem Geld tragen würde, das du dir wünschst.

Du und deine Frau, ihr könnt noch so viel arbeiten und noch so viel Geld verdienen, *finanzielles* Gleichgewicht werdet ihr erst erlangen, wenn ihr zu einem inneren *Schwingungs*gleichgewicht gelangt seid. Sobald du das Paddel einholst und dich mit dem Strom treiben lässt, wirst du die Erleichterung in deinem Körper spüren, und die finanzielle Erleichterung wird dann nicht mehr lange auf sich warten lassen.

Wenn du dir etwas schon lange Zeit wünschst, hast du ein stattliches Schwingungsguthaben bezüglich dieses Themas angesammelt, und dann bewirkt schon ein kleines Gefühl der Erleichterung erstaunlich viel. Mit anderen Worten, bereits wenn es dir gelingt, dich für ein paar Tage spürbar besser zu fühlen, werden sich rasch Beweise für deinen reduzierten inneren Widerstand in Form von finanziellen Erleichterungen einstellen.

Wenn du einmal eingesehen hast, dass du den Geldfluss in deinem Leben selbst kontrollieren kannst, wirst du das zugrunde liegende Prinzip verstehen: *Du erzielst immer dann die gewünschten Resultate, wenn du es schaffst, dich bereits gut zu fühlen, wenn das Geld noch knapp ist. Wenn du lernst, deine Gefühle selbst zu steuern, wirst du erleben, was für ein machtvolles Instrument die bewusste Energie-Harmonisierung darstellt. Wenn du innere Schwingungsharmonie erzeugst, wird das Gesetz der Anziehung gewaltige Reichtümer in dein Leben strömen lassen. Solange du aber deine Emotionen nicht bewusst steuerst, sondern nur reflexhaft auf die äußeren Umstände reagierst, musst du mit den knappen Einkünften auskommen, die deine physischen Aktivitäten dir einbringen.*

Beginne also jetzt sofort damit, nach Gedanken zu suchen, die sich besser anfühlen:

- *Es ist so ermüdend, nie genug Geld zu haben.*

- *Aber ich sehe auch nicht, wie sich daran je etwas ändern könnte.*

- *Ich arbeite so viele Stunden, dass ich ständig erschöpft bin.*

- *Es ist unglaublich frustrierend, ständig an allen Ecken und Enden sparen zu müssen und sich nie etwas Schönes leisten zu können.*

So *fühlst* du dich momentan, aber wenn du dieses Denken beibehältst, kann deine finanzielle Situation sich nicht verbessern. Du musst zunächst dein Denken und Fühlen verändern. Die Änderung deiner Gedanken und Gefühle sollte aber nicht darauf abzielen, mehr Geld zur Verfügung zu haben. Sie sollte darauf abzielen, deine Schwingungen anzuheben. Wenn du dein Augenmerk darauf richtest, dich besser zu *fühlen*, und es erreichst, dass du dich dauerhaft besser fühlst, wird ganz automatisch mehr Geld in dein Leben strömen.

- *Ich arbeite mehr als alle unsere Nachbarn.*

- *Aber ihnen fällt es offenbar viel leichter als mir, gutes Geld zu verdienen.*

- *Ständig leistet sich jemand aus unserem Bekanntenkreis ein neues Auto oder irgendwelchen anderen Luxus.*

Wenn du deine Situation mit der von anderen Leuten vergleichst, bewirkt das nur, dass du chronisch unausgeglichen bist und Mühe hast, deine Gedanken in konstruktive Bahnen zu lenken. Wenn du hingegen deine eigenen Gedanken miteinander vergleichst mit dem Ziel, Gedanken zu finden, die sich besser anfühlen, wirst du in kurzer Zeit lernen, dein Denken *stromabwärts* auszurichten.

- *Eigentlich schlagen wir uns ganz gut durchs Leben.*

- *Objektiv gesehen geht es uns gar nicht so schlecht.*

- *Meine Frau und ich sind zu Recht stolz auf das, was wir schon erreicht haben.*
- *Wir haben immer wieder gute Entscheidungen getroffen.*
- *Wir konnten sogar etwas Geld zurücklegen.*
- *Alles in allem hat sich unsere Situation schon beträchtlich verbessert.*

Jetzt fühlst du dich besser. Baue darauf auf:

- *Ich finde eine Lösung für unsere Geldsorgen.*
- *Ich war eigentlich immer schon sehr gut darin, Probleme zu lösen.*
- *Ich verlasse mich einfach auf meine Inspiration.*
- *Und es geht uns ja auch jetzt schon gar nicht so schlecht.*
- *Mir vorzustellen, wie es mit uns weiter finanziell aufwärts geht, erfüllt mich mit echter Vorfreude.*
- *Manchmal spüre ich deutlich, dass eine wunderbare Zukunft vor uns liegt.*
- *Das Leben bietet uns so viele Möglichkeiten und Chancen!*
- *Es wird mir viel Freude machen, diese Entwicklung zu erleben.*

Äußerlich ist in deinem Leben jetzt noch keine Veränderung festzustellen, denn bislang hat sich kein zusätzlicher Geldsegen eingestellt. Aber wenn du begreifst, wie machtvoll dein Energiestrom ist und wie viel inneren Widerstand du dadurch abbaust, dass du beharrlich Gedanken wählst, die sich besser anfühlen, wirst du verstehen, wie ungeheuer produktiv diese Methode ist. Und anders als jene Skeptiker, die an der Macht der Gedanken zweifeln, wirst du aus erster Hand erleben, wie das Gute nun überreich in dein Leben strömt und deine Wünsche in Erfüllung gehen. Andere werden sagen, du hättest einfach nur »Glück«, aber du weißt es besser: Du weißt, dass du deinen finanziellen Erfolg durch kontrolliertes Denken gezielt herbeigeführt hast.

Beispiel 32

Mein Hund ist gestorben, und ich trauere um ihn

BEISPIEL: »Mein Hund ist gestorben, und dieser Verlust ist wirklich sehr schmerzlich für mich. Zwar wusste ich von Anfang an, dass ich länger leben würde als er, aber sein Tod macht mich trotzdem sehr, sehr traurig. Ich hasse es jetzt, nach Hause zu kommen, denn immer wenn ich mich der Tür nähere, muss ich daran denken, dass er nun nicht mehr da ist, um mich zu begrüßen. Mehrmals am Tag geschieht etwas, das mich an ihn erinnert, und dann ist die ganze Trauer sofort wieder da. Ich weiß, dass ich nicht so lange um ihn trauern sollte, aber ich komme einfach nicht darüber hinweg. Meine Freunde raten mir dazu, mir einen neuen Hund anzuschaffen, aber dazu kann ich mich nicht durchringen. Das würde doch bedeuten, in dreizehn oder vierzehn Jahren wieder einen solchen Verlust zu erleiden.«

Der Verlust eines Haustieres geht vielen Menschen so zu Herzen wie nur wenig anderes im Leben. Manche Leute sagen, dein Schmerz sei unlogisch und übertrieben, da es im Leben doch weitaus Wichtigeres gibt als ein Haustier. »Wie kann jemand stärker über den Tod seines Hundes trauern als über den Tod des eigenen Vaters?«, fragen sie.

Je mehr du dir etwas wünschst, desto stärker leidest du, wenn du dich auf das Fehlen des Gewünschten konzentrierst. Aber der Schmerz, den du seit dem Tod deines Hundes empfindest, erklärt sich nicht daraus, dass dein vierbeiniger Freund nun nicht mehr da ist – er hat viel tiefer gehende Gründe.

Dein Hund war für dich die Verkörperung Reiner, Positiver Energie. Dein Hund blieb während seines ganzen Lebens so, wie du selbst es ganz zu Anfang deines Lebens warst: eine Ausdehnung und Manifestation der Reinen, Positiven Energie. Und durch den Kontakt mit deinem Hund wurdest du dazu inspiriert, selbst in stärkerer Verbindung mit deiner Ur-Kraft zu leben. Du vermisst also nicht nur deinen Hund, sondern auch jene bessere, durch deinen Hund inspirierte Verbindung zu deiner eigenen Ur-Kraft. ...

- Dein Hund hat dich so geliebt, wie du bist, und nicht von dir gefordert, anders zu sein, als es deinem Wesen entspricht.

- Dein Hund hat dich nicht für sein Glück verantwortlich gemacht.

- Dein Hund freute sich an deiner Gegenwart, litt aber nicht, wenn du nicht da warst, denn seine Freude war nicht von deinem Verhalten abhängig.

- Dein Hund fürchtete den Tod nicht, denn er wusste um die Ewige Natur allen Seins.

Diese Aussagen treffen auf deinen Vater nicht zu.

An deiner Stelle würden wir uns auf die inspirierenden Gefühle konzentrieren, die du in Gegenwart deines Hundes oft erlebt hast. Erinnere dich daran, wie sehr er sich freute, wenn du mit ihm spazieren gingst. Erinnere dich daran, mit welcher Begeisterung er Vögeln oder Eichhörnchen nachjagte. Erinnere dich an die friedvolle Gelassenheit, die er ausstrahlte, wenn er auf dem Teppich lag, den Kopf auf den Pfoten ruhend.

Wenn du deine Aufmerksamkeit auf sich gut anfühlende Erinnerungen an deinen Hund richtest, wird die innere Harmonie zurückkehren, die du in seiner Gegenwart immer empfunden hast. Und wenn du bereit dafür bist, wird das Universum einen anderen Hund in dein Leben bringen, der seinen Platz einnehmen wird. Wenn du deine innere Hausarbeit machst, ist es gut möglich, dass du einen lieben Welpen bekommst, der dir nicht die Schuhe zerbeißt.

Es kann aber auch sein, dass du mithilfe dessen, was du von deinem Hund über Schwingungsharmonie gelernt hast, zu neuer Harmonie findest und deinen Hund nicht mehr vermisst – ohne den Wunsch, dir einen neuen zuzulegen. In jedem Fall solltest du dir keinen neuen Hund anschaffen, damit dieser die Lücke ausfüllt, die dein bisheriger Hund hinterlassen hat. Diese Lücke musst du selbst füllen, und zwar mit dem, was dir wirklich fehlt – Harmonie mit deinem *Inneren Sein*. Wenn du diese Harmonie wiedergefunden hast, wirst du bezüglich der etwaigen Anschaffung eines neuen Hundes, aber auch in allen anderen Lebensbereichen die richtigen Entscheidungen treffen.

Suche also, ausgehend von deiner momentanen Traurigkeit, nach *Stromabwärts*-Gedanken:

- *Manchmal vergesse ich für einen Moment, dass mein Hund nicht mehr da ist, und wenn es mir dann wieder einfällt, bin ich noch trauriger.*

- *Es gibt in meiner Umgebung so viel, was mich an ihn erinnert, und ich vermisse ihn sehr.*

- *Ich glaube, ich werde nie wirklich darüber hinwegkommen.*

- *Man sagt, die Zeit heilt alle Wunden, aber es will einfach nicht besser werden.*

- *Am schlimmsten ist es, wenn ich nach Hause komme und er nicht da ist, um mich zu begrüßen.*

Diese Sätze beschreiben zutreffend, wie du dich gegenwärtig fühlst und wie du an deinen Hund denkst. Die Methode, nach Gedanken zu suchen, die sich besser anfühlen, kann dir zwar nicht deinen wundervollen Hund zurückgeben, aber sie kann dir helfen, dich trotzdem besser zu fühlen. Doch eine Verbesserung ist nur möglich, wenn du dein bisheriges Denken und Fühlen änderst. Versuche es gleich jetzt. Finde Gedanken, die sich besser anfühlen:

- *Ich bin nicht die ganze Zeit über traurig, denn da sind auch noch andere Dinge, mit denen ich mich beschäftige.*
- *Manchmal vergeht eine ganze Zeit, ohne dass ich voller Trauer an meinen Hund denke.*
- *Auch als mein Hund noch lebte, habe ich schließlich nicht den ganzen Tag lang an ihn gedacht.*
- *Oft war ich ohne ihn unterwegs.*

Diese Gedanken zu finden war gar nicht schwierig. Und sie fühlen sich deutlich besser an als die vorherige Gedankengruppe. Darauf kannst du aufbauen:

- *Ich bin froh über die herrliche Zeit, die ich mit meinem Hund verbracht habe.*
- *Vielleicht finde ich eines Tages einen Hund, den ich genauso lieben werde.*

Wenn du einen Gedanken findest, bei dem du Erleichterung fühlst (oder auch eine Gruppe von Gedanken), ist es hilfreich, etwas bei diesen Gedanken zu verweilen, sie zu wiederholen und nach Gedanken Ausschau zu halten, die ihnen ähneln. Dieser Prozess der Suche nach *Stromabwärts*-Gedanken ist kein Rennen, bei dem es darum geht, so schnell wie möglich so weit wie möglich *stromabwärts* zu gelangen. Es geht allein darum, sich ein wenig besser zu fühlen, etwas Erleichterung gegenüber den vorherigen Gedanken zu verspüren. Wenn du dir die Zeit nimmst, einen Satz, eine Überlegung zu finden, die sich besser anfühlt als die vorherige, und dann diese emotionale Verbesserung auf dich wirken zu lassen, hast du schon viel erreicht.

- *Ich glaube, ich bin noch nicht bereit für einen anderen Hund.*
- *So ein junger Hund nimmt einen ganz schön in Anspruch.*
- *Ich weiß noch, wie mein letzter Hund als Welpe war.*
- *In den ersten Wochen habe ich ihm immer wieder damit gedroht, ihn zu dem Züchter zurückzubringen, wo wir ihn gekauft hatten.*
- *Dann hat er mich angeschaut, als wollte er sagen: Das meinst du doch nicht im Ernst!*
- *Und ich musste lachen und habe ihn beruhigt, dass es wirklich nicht so gemeint gewesen war.*
- *Er hat als junger Hund so viel Unsinn angestellt – und wir hatten so viel Spaß mit ihm.*

Jetzt bist du zwar vielleicht noch nicht so weit, dich sofort auf die Suche nach einem anderen Hund zu begeben, aber du fühlst dich erheblich besser als noch vor ein paar Minuten.

Wir geben dir keine Ratschläge im Hinblick darauf, ob du dir wieder einen Hund anschaffen sollst oder nicht. Unser Rat zielt darauf ab, wie du wieder zu deinem natürlichen Zustand zurückfinden kannst, dich gut zu fühlen.

- *Es würde mir Freude machen, wieder mit einem Hund Freundschaft zu schließen.*

- *Vielleicht finde ich einen, der eine ähnliche Persönlichkeit hat wie mein früherer Hund.*

- *Dazu müsste ich mich daran erinnern, wie er als Welpe war.*

- *Er war an allem interessiert ... und hatte ein frohes, glückliches Wesen.*

- *Davon könnte ich mir wirklich eine Scheibe abschneiden.*

- *Wie wäre es, wenn ich mir sein lebensbejahendes Wesen zum Vorbild nehme?*

Beispiel 33

Unser Sohn ist schwul

BEISPIEL: »Im vorigen Jahr zog unser Sohn bei uns aus, um aufs College zu gehen. Als er jetzt in den Sommerferien nach Hause kam, sagte er zu meinem Mann und mir, dass er schwul sei und am College einen Freund kennengelernt habe, mit dem er jetzt zusammenlebt.

Seit er uns das erzählt hat, sind ein paar Wochen vergangen. Zwar bin ich traurig, dass unser Sohn uns nun niemals Enkelkinder schenken wird, aber ich habe mich doch irgendwie mit der Situation abgefunden. Mein Mann dagegen ist immer noch ganz außer sich vor Wut. Er ist überzeugt, das alles sei nur passiert, weil unser Sohn aufs College geht und dort diesen anderen Jungen getroffen hat. Wenn ich sehe, wie wütend schon sein Vater (der ihn sehr liebt) jetzt auf ihn ist, mache ich mir große Sorgen, dass mein Sohn auf große Ablehnung stoßen und es in Zukunft im Leben sehr schwer haben wird.«

Für Eltern ist es immer sehr schwer, wenn sie feststellen müssen, dass ihr Kind eine andere Weltsicht hat als sie – denn die meisten Eltern haben sich ihre eigene Weltsicht hart erarbeitet und arbeiten dann ebenso hart daran, diese Weltsicht, die sie für bewährt und richtig halten, an ihre Kinder weiterzugeben.

Wenn wir nur eine einzige Sache an Eltern weitergeben könnten – etwas, das es ihnen ermöglichen würde, ein wunderbares Verhältnis zu ihren Kindern zu haben, etwas, das sie und ihre Kinder von dem Schmerz befreien würde, das Unmögliche zu versuchen – dann wäre das die folgende Erkenntnis: *Eure Kinder sind nicht ihr, und sie sind nicht hierhergekommen, um wie ihr zu werden. Eure Kinder sind mit ihren ganz eigenen Wünschen und Plänen in diese physische Raum-Zeit-Realität gekommen.*

Die Homosexualität eures Sohnes ist keine plötzliche Laune, die auf dem College über ihn kam. Diese Wahl hat er nicht erst hier und jetzt aus seiner physischen Perspektive heraus getroffen, sondern sie war schon vor seiner physischen Geburt Bestandteil des Schwingungsguthabens, das er aus dem Nicht-Physischen mitbrachte.

Menschen, die sich selbst als homosexuell empfinden, fragen uns häufig: »Warum um alles in der Welt hätte ich mir das bewusst aussuchen sollen? Warum hätte ich mich bewusst für eine sexuelle Ausrichtung entscheiden sollen, die mich gegenüber der Mehrheit der Menschen in meiner Umgebung zum Außenseiter macht und mir viel seelischen Schmerz verursacht?« Und wir antworten ihnen:

Aus eurer Nicht-Physischen Perspektive vor der Geburt habt ihr nicht spezifisch erklärt, dass ihr gerne »schwul« sein möchtet. Aber ihr hattet die starke Absicht, ein Leben zu führen, in dem niemand euch von euren Zielen abbringen würde. Mit anderen Worten, ihr wusstet, dass ihr in eine Umwelt hineingeboren werden würdet, in der ihr von Menschen umgeben sein würdet, die glauben, alle Antworten zu kennen, und die alles daransetzen würden, euch von der Richtigkeit ihrer Ansichten zu überzeugen.

Daher war es eure Absicht, in eurem physischen Leben anders zu sein, anders auf eine Weise, die diese Leute nicht verstehen und nicht zu ändern versuchen würden, und anders auf eine Weise, die *nicht zu ändern* sein würde. Mit anderen Worten, eure Absicht bestand darin, anderen Menschen zu helfen, den Wert der Vielfalt zu erkennen, und ihnen klarzumachen, dass es zu nichts führt, wenn sie von ihren Mitmenschen verlangen, dass diese sich ändern sollen. Leider glauben sehr viele Menschen, sich nur wohlfühlen zu können, wenn die Menschen in ihrer Umgebung sich so verhalten, wie sie es erwarten. Wenn ihr dieses Spiel mitmacht und euch immer wieder an die Erwartungen der anderen Menschen anpasst, statt das zu tun, was euch selbst glücklich macht, erweist ihr ihnen damit einen Bärendienst – denn sie werden dann niemals die Freiheit entdecken, die man nur erlangt, wenn man die Macht der eigenen Gedanken erkennt.

Viele Leute reden von bedingungsloser Liebe, ohne diese wirklich zu leben. Wenn sie etwas sehen, was bei ihnen negative Emotionen weckt, verlangen sie, dass dieser Zustand geändert werden muss. Aber damit bringen sie sich in die unmögliche Lage, das Verhalten anderer kontrollieren zu müssen, um sich selbst wohlfühlen zu können.

Wenn du dein eigenes Wohlbefinden vom Verhalten anderer abhängig machst, zwingt dich das, das Verhalten anderer Menschen zu kontrollieren. Dann musst du deine Welt sehr eng begrenzen, denn nur eine sehr kleine, beschränkte Welt *kannst* du halbwegs unter Kontrolle halten. Aber selbst dann bleibt es ein unmögliches Unterfangen, für das deine Zeit und Energie niemals ausreichen.

Bedingungslose Liebe ist genau das, was ihr Name sagt: ungeachtet der äußeren Umstände in ständigem Kontakt mit der Liebe und deinem *wahren Sein* leben. ... »Wenn ich mich auf Gedanken konzentriere, mit denen mein *Inneres Sein* einverstanden ist, und daher wunderschöne positive Emotionen fühle, befinde ich mich im Einklang mit dem, was Liebe genannt wird. Mein Sohn, oder irgendein anderer Mensch, muss sich nicht ändern, damit ich in Kontakt mit meiner Ur-Quelle der Liebe sein kann.«

In Wirklichkeit ist es so, dass dein Sohn in liebevollster Absicht zu euch gekommen ist, um euch die Gabe der bedingungslosen Liebe zu schenken. Und wenn ihr diese Gabe annehmt, wird das eure größte Freude sein – und euer größter Schmerz wäre es, sie zurückzuweisen.

Aber da sind noch zwei Dinge, die du bedenken solltest: 1. Du hast einen Sohn, der nicht die Erwartungen deines Mannes erfüllt, und 2. du hast einen Mann, der *deine* Erwartungen nicht erfüllt. Wir sagen das nicht, damit du versuchst, die Einstellung deines Mannes gegenüber deinem Sohn zu ändern oder deinen Sohn im Sinne deines Mannes zu beeinflussen. Deine einzige Macht besteht darin, Gedanken zu finden, mit denen dein *Inneres Sein* einverstanden ist, und dann diese Gedanken so lange einzuüben, bis sie dein Denken bestimmen.

Wir versprechen dir, dass dein *Inneres Sein* und die Ur-Kraft niemals etwas anderes tun werden, als deinen Sohn zu lieben und zu achten, ganz gleich, wie viele Menschen ihn verachten oder verurteilen mögen. Und wenn du in der Lage bist, deinen Mann zu lieben und zu achten – und auch alle anderen Menschen, die wegen der Sexualität deines Sohnes unglücklich sind –, dann wirst du völlige Freiheit von jedem inneren Widerstand erfahren und in völliger Harmonie mit deinem *wahren Sein* und deiner Ur-Kraft leben.

Beginne also bei deinem gegenwärtigen emotionalen Zustand und finde Gedanken, die dich immer näher an die Sichtweise deines *Inneren Seins* bezüglich dieses Themas heranführen:

- *Mein Sohn fordert Enttäuschungen und schmerzliche Erfahrungen geradezu heraus.*

- *Ich wünsche mir von ganzem Herzen, er wäre nicht schwul.*

- *Mein Mann ist so unglaublich dickköpfig! Ich fürchte, er wird sich niemals damit abfinden.*

- *Ich habe das Gefühl, dass unser bisher so glückliches Leben für immer ruiniert ist, und ich kann nichts dagegen tun.*

- *Mein Mann versucht ja noch nicht einmal, unseren Sohn zu verstehen.*

- *Unser Sohn kann doch gar nichts für seine sexuelle Neigung. Ich finde, mein Mann könnte ihm mehr Verständnis entgegenbringen.*

- *Ich finde es furchtbar, dass ausgerechnet uns so etwas passieren muss.*

Nun hast du dich vom Gefühl der Ohnmacht auf der *Emotionalen Skala* hinaufbewegt zu Wut und Schuldzuweisungen. Du bist also jetzt *strom-*

abwärts ausgerichtet, bewegst dich auf eine größere Harmonie mit deinem *Inneren Sein* zu. Aber du bist längst noch nicht am Ziel. Fahre also damit fort, Gedanken zu finden, die sich besser anfühlen als die vorherigen:

- *Das ist alles noch sehr neu für uns – mit der Zeit werden wir uns an den Gedanken gewöhnen.*

- *Es wird sich nicht immer so schrecklich anfühlen wie jetzt im Moment.*

- *Die Reaktion meines Mannes bereitet mir eigentlich viel größeres Unbehagen als die Tatsache, dass mein Sohn homosexuell ist.*

- *Aber auch mein Mann wird sich im Lauf der Zeit damit abfinden.*

- *Schließlich haben wir doch alle den Wunsch, einander zu lieben.*

- *Solche Schwierigkeiten führen auf lange Sicht oft dazu, dass Familien viel stärker zusammenhalten.*

- *Nie könnte etwas geschehen, das wirklich das Band der Liebe zwischen uns zerschneidet.*

- *Ich werde mich jetzt entspannen und damit aufhören, immer wieder die gleichen negativen Gedanken zu denken.*

- *Wenn ich gelassener mit der Sache umgehe, kann ich dazu beitragen, die ganze Situation zu entschärfen.*

- *Mein Mann ist doch schließlich ein vernünftiger Mensch.*

- *Und er ist eigentlich auch ein glücklicher Mensch.*

- *Wir alle drei sind glückliche Menschen, die nur gerade eine etwas schwierige Zeit durchmachen. Bestimmt finden wir schon bald wieder zu unserer gewohnten Lebensfreude zurück.*

- *Es wird schon alles gut werden.*

Nun ist es dir gelungen, dich der Sichtweise deiner Ur-Kraft bezüglich dieser Angelegenheit schon recht weit anzunähern, und wir werden diese Sichtweise hier nun für dich aufschreiben.

Ihr alle seid Manifestationen der Ur-Kraft. Und ihr seid nicht mit der Absicht in diese physische Raum-Zeit-Realität gekommen, alle existierenden Ideen zu beurteilen und sie auf eine Handvoll gute Ideen zu reduzieren. Ihr habt nicht gesagt: »Ich werde mich auf die physische Existenzebene begeben, um in allen Lebensbereichen herauszufinden, was richtig ist, und dann alle Menschen zu lehren, auf diese perfekte Weise zu leben.«

Ihr wusstet, dass ihr alle mit einer großen Vielfalt von Anschauungen, Orientierungen und Sichtweisen geboren werden würdet, was euch viele Wahlmöglichkeiten eröffnet und euch zu vielen neuen, faszinierenden Ideen anregt.

Ihr konntet es kaum erwarten, diese unendliche Vielfalt von Ideen, Situationen, Zuständen, Ereignissen, Beziehungen und Phänomenen zu erkunden – denn ihr wusstet, dass diese Vielfalt die Grundlage eurer enormen, unerschöpflichen Kreativität und Schöpferkraft ist. Und ihr wusstet, sobald ein neuer Wunschfunke sich in euch entzündet, würde die Ur-Kraft, euer *wahres Inneres Sein*, dieser neu in euch geborenen Idee volle Aufmerksamkeit widmen. Und dann würde diese Wunsch-Idee Teil eures Schwingungsguthabens werden, als Leitstern in eurer Zukunft funkeln und euch auffordern, voller Freude den aufregenden Weg der physischen Materialisation und Verwirklichung zu gehen.

Ihr wusstet, dass die Entfaltung eurer Ideen und Wünsche, der Weg eurer persönlichen Evolution niemals endet und ihr dabei niemals scheitern könnt ... denn weil der Weg unendlich ist, gibt es immer genügend Raum, um dazuzulernen und zu neuer Harmonie zu finden. Und vor allem wusstet ihr, dass euer Ursprung, die Quelle, die euch ruft und euch zu ständiger Evolution inspiriert – die Quelle von *Allem-was-ist* –, euch bedingungslos liebt, jetzt und in aller Ewigkeit!

Wir lieben euch alle sehr.

Abraham

Abraham Live

Die Kunst der Wunscherfüllung Workshop

(Dieser Workshop wurde am Mittwoch, 1. November 2006, in Tampa, Florida, digital mitgeschnitten. Die Niederschrift wurde für dieses Buch an einigen Stellen aus Gründen der besseren Lesbarkeit leicht bearbeitet.)

Guten Morgen. Wir freuen uns außerordentlich über euer Hiersein. Es ist gut, sich zu treffen, um gemeinsam mitschöpferisch tätig zu sein, nicht wahr? Das ist Kokreativität in ihrer besten Form! Macht es euch Freude, an vorderster Front in der physischen Welt mitzumischen? Habt ihr Freude an der Evolution eurer Wünsche? Findet ihr, dass diese Welt voller Kontraste, die ihr für eure physische Manifestation gewählt habt, euch gute Dienste leistet? Schätzt ihr die Leben spendende Qualität all dieser Gegensätze?

Darauf reiten wir gerne ein bisschen herum, weil unsere physischen Freunde oft nicht sehr begeistert von der kontrastreichen Umwelt sind, in der sie leben. Gerade jene, die erkannt haben, dass ihr Ursprung ein Ort Reiner, Positiver Energie ist, sagen manchmal: »Warum nur haben wir uns in eine Welt projiziert, wo es so vieles gibt, was wir eigentlich gar nicht haben wollen? Was haben wir uns bloß dabei gedacht?« Sie schauen sich um, finden etwas, das ihnen gefällt, und sagen: »Ja, das finde ich schön.« Aber dann sehen sie Dinge, die ihnen nicht gefallen, und sagen: »Oh nein, das will ich aber nicht haben!« Und dann bauen sie inneren Widerstand dagegen auf. Sie lehnen diese Dinge ab, wehren sich dagegen und bauen entsprechend negative Gefühle auf. Und dann sehnen sie sich oft nach einer anderen Umwelt: »Ich wünsche mir eine Beziehung, einen Job, ein neues Zuhause, ein Lebensumfeld, wo fast nur gute und schöne Dinge geschehen. Denn wenn ich von wirklich guten und schönen Dingen umgeben bin, fühle ich mich einfach viel, viel besser als in einer Umgebung, wo es eine wilde Mischung aus Gutem und Schlechtem gibt.«

Darauf antworten wir: Wenn ihr nicht die Fähigkeit hättet, euch zu konzentrieren, könnten wir eure Sorge verstehen. Aber eure Fähigkeit zur Konzentration und gezielten Fokussierung ist wirklich enorm und daher seid ihr in der Lage, eure Aufmerksamkeit in jede gewünschte Richtung zu lenken. Deshalb wissen wir, dass ihr, wenn ihr die Dinge aus eurer Größeren Perspektive betrachtet, ein Buffet mit reichhaltiger Auswahl gegenüber einem Buffet ohne Auswahl bevorzugt.

Und ihr sagt: »Aber, Abraham, ihr habt uns missverstanden! Was könnte denn falsch sein an einem Buffet, wo es ausschließlich meine Lieblingsspeisen gibt?«

Und wir sagen: Dann würde sich die Qualität dessen, was ihr esst, niemals verbessern. Hättet ihr nicht die Möglichkeit, Gegensätze und Kontraste auszuwerten und spielerisch das, was ihr euch wünscht, mit dem, was ihr nicht haben wollt, zu vergleichen, würdet ihr nicht zu neuen Erkenntnissen gelangen, und dann würde die Evolution des Universums aufhören. (Keine Sorge – das wird nie geschehen.)

Ihr habt euch bewusst und klugerweise dafür entschieden, in eine Umwelt hineingeboren zu werden, in der es enorme Kontraste gibt. Und von eurer Größeren Nicht-Physischen Perspektive aus habt ihr euch das sehr gewünscht, denn ihr wusstet genau, wie wertvoll diese Erfahrung sein würde. Gewiss, solange ihr euch noch nicht an eure Fähigkeit des Fokussierens und, wichtiger noch, der bewussten Lenkung eurer Gedanken erinnert habt, muss es ziemlich verwirrend für euch sein, zwischen all den vielen möglichen Dingen auszuwählen, an die ihr denken könnt. Es gibt so vieles, über das ihr nachdenken könntet, so viele Gedanken, die in eurer Welt herumschwirren und in die ihr euch bei der Kommunikation und Interaktion mit anderen Menschen einklinken könnt. Wir verstehen gut, dass das für euch manchmal wirklich zum Verrücktwerden ist!

Aber wenn ihr euch erinnert, wer ihr in Wahrheit seid und über welches Potenzial ihr verfügt, werdet ihr euch auch daran erinnern, dass es nicht nur sehr einfach ist, euch auf dieses Potenzial zu konzentrieren, sondern dass es aus der Größeren Perspektive eures Inneren Seins dazu auch überhaupt keine Alternative gibt. Es ist die ewige Natur eures Seins, sich auszudehnen und sich weiterzuentwickeln – und deshalb werdet ihr genau das tun. Ihr seid gar nicht in der Lage, eure eigene Evolution zu unterbrechen. Das ist eine unabänderliche Tatsache.

Daher möchten wir euch kurz einen Überblick über die großen Zusammenhänge verschaffen, damit ihr begreift, dass ihr Ursprungsenergie, Ur-Kraft, wart, ehe ihr in diesen physischen Körper kamt, und dass ihr jetzt, in diesem physischen Körper, immer noch Ursprungsenergie, Ur-Kraft, seid. Das ist etwas, das die meisten Menschen nicht wirklich zur Kenntnis nehmen. Sie denken: *Oh, ich hoffe, es war etwas vor diesem Leben, und ich hoffe, auch nach diesem Leben wird es irgendwie weitergehen.* Aber nur wenige verstehen, dass ihr gleichzeitig Nicht-Physisch und physisch fokussiert seid und dass die Schwingungen dieser beiden Perspektiven ständig in euch aktiv sind. Ihr seid nicht tot *oder* lebendig – in Wirklichkeit seid ihr *niemals* tot. Ihr seid auf ewig lebendig.

Nun kommt ihr also aus dem Nicht-Physischen in diesen physischen Körper, fokussiert in der materiellen Welt. Indem ihr eure Aufmerksamkeit wechselnden Dingen zuwendet, aktiviert ihr bestimmte Schwingungsfrequenzen in euch. Und die Schwingungsfrequenz, die ihr in euch aktiviert als Reaktion auf das, dem ihr jeweils gerade

Aufmerksamkeit schenkt, löst bei eurem *Inneren Sein*, der Ur-Kraft in euch, eine entsprechende Schwingungsreaktion aus.

Wenn ihr euch beispielsweise im Spiegel betrachtet und dabei Verachtung für euch selbst empfindet (euch nicht mögt, euch wertlos, unfähig, schuldig, »nicht gut genug« fühlt), dann fühlt ihr diese Emotionen, weil *euer* momentanes Selbstbild dramatisch von dem Bild abweicht, das eure *Ur-Kraft* von euch hat.

Wenn ihr beim Blick in den Spiegel dagegen stolz auf euch seid, euch wohl in eurer Haut fühlt, euch selbst gern habt, dann fühlen diese Emotionen sich so gut an, weil ihr euch dann auf gleicher Wellenlänge mit der Ur-Kraft befindet, die euch jederzeit liebt und wertschätzt.

Genauso verhält es sich auch, wenn ihr einen anderen Menschen anseht. *Jedes Mal wenn ihr dabei eine negative Emotion verspürt – ganz gleich, wie ihr diese Emotion nennt und wie stark oder schwach sie ist –, bedeutet das: Du, in deiner physischen Gestalt, bist von der Meinung deines Inneren Seins, deiner Ur-Kraft, abgewichen.*

Nun, das ist eine Erkenntnis von enormer Tragweite. Wenn ihr euch das bewusst macht, habt ihr damit euer *Leitsystem* aktiviert. Es zeigt euch stets zuverlässig an, wie es von Augenblick zu Augenblick um euer Verhältnis zu eurem Größeren Selbst bestellt ist und damit zu jenem Potenzial, das durch eure Wünsche in euch geweckt wird und nach Erfüllung strebt. Dieses Potenzial ist euer Ewiges Selbst in seiner am höchsten entwickelten Form.

Ihr seid also *Ur-Kraft*, die einen Teil ihrer Aufmerksamkeit in diesen physischen Körper projiziert. Dadurch seid ihr in der Lage, dieses Leben hier zu führen und die physische Welt zu erkunden. Ihr wisst, was ihr nicht wollt und was ihr wollt, und tagtäglich, ob ihr offen darüber sprecht oder nicht, entdeckt ihr neue Vorlieben und startet immer neue Wunschraketen.

Mit anderen Worten, wenn jemand euch unfreundlich behandelt, weckt das in euch den Wunsch, dass die anderen freundlich zu euch sind. Wenn ihr selbst unfreundlich gegen eine andere Person seid, dann wünscht ihr euch, dass *ihr selbst* freundlicher seid. Wenn ihr euch nicht gut fühlt, möchtet ihr euch besser fühlen. Wenn ihr krank seid, wünscht ihr euch, gesund zu sein. Wenn es in eurem Leben an etwas mangelt, dann wünscht ihr euch, dass dieser Mangel beseitigt wird. Mit anderen Worten, das Leben veranlasst euch, immer neue Urteile zu fällen und Schlüsse zu ziehen, und so machen es auch alle anderen Lebewesen, sogar Einzeller. Und die Expansion und Evolution der Arten – die Evolution von allem, was existiert – ist ein Resultat dieser Kontrasterfahrungen, die immer neue Wünsche in den Geschöpfen wecken.

Aber nun kommt jener Teil, mit dem die meisten Menschen sich schwertun (jedenfalls dauert es meistens etwas, bis sie es endlich begreifen): Ihr seid also Ur-Kraft. Dann werdet ihr in einem physischen Körper geboren. Und in dieser physischen Gestalt bringt ihr neue Ideen hervor. Nun passt gut auf: Euer Nicht-Physisches Selbst, die Ur-Kraft in euch, reitet auf diesen Wunschraketen voraus und schwingt sich bereits auf die Frequenz des erfüllten Wunsches ein, bevor dieser sich physisch manifestiert.

Das mag euch wenig sagen, da euer Fokus ja ganz auf die materielle Welt fixiert ist. Ihr betrachtet die Welt, die ihr *seht* – die nur deshalb existiert, weil sie früher einmal als *Gedankenform* existierte, die dann später physisch manifeste Gestalt annahm.

Wenn wir euch also sagen, dass euer *Inneres Sein* augenblicklich zum *Schwingungsäquivalent* dessen wird, was ihr euch wünscht und worum ihr das Universum bittet, findet ihr das zunächst nicht sehr aufregend. Wir aber, wären wir an eurer Stelle, würden es *sehr* aufregend finden, denn es ist der Beginn der Schöpfung, der Verwirklichung eurer Wünsche. Es ist sogar ein so wichtiger Aspekt bei der Erschaffung eurer Realität, dass wir darüber ein ganzes Buch geschrieben haben, und dieses Buch hat den besten Titel, der unseres Erachtens je einem Buch gegeben wurde: *Wünschen und bekommen*. Denn darin ist die ganze Geschichte enthalten: *Wünscht, und ihr werdet bekommen. Bittet, und es wird euch gegeben.*

Wir wollten eigentlich einen längeren Titel, aber das hielt der Verlag für keine gute Idee. *Eigentlich sollte das Buch heißen: Ich bin Nicht-Physische Energie, und ich projiziere einen Teil meines Bewusstseins in die physische Form. Und wenn ich in dieser physischen Welt Gestalt annehme, veranlassen die Erfahrungen, die ich hier mache, mich dazu, ständig das Für und Wider meines Daseins abzuwägen und immer neue Wunschraketen zu starten. Und wenn das geschieht, erfüllt mein Nicht-Physischer Wesensteil nicht nur meine Wünsche, sondern wird ganz buchstäblich zum Schwingungsäquivalent meiner Wünsche.* Der Verlag meinte, dieser Titel sei zu lang, aber *Wünschen und bekommen* bedeutet genau das Gleiche.

Wenn das Leben in euch Wünsche weckt, erfüllt euch die Ur-Kraft nicht nur diese Wünsche, sondern *wird* zu ihnen. Wenn ihr euch das klarmacht, dann haltet ihr den Schlüssel zu eurem inneren *Leitsystem* in Händen: Eure Emotionen zeigen euch präzise an, wie es um die Schwingungsbeziehung zwischen diesen beiden Frequenzen bestellt ist: euren physischen Schwingungen und den Schwingungen eures *Inneren Seins*. Dadurch könnt ihr jederzeit prüfen, ob ihr euch auf einer Wellenlänge mit eurer Ur-Kraft befindet. Und im Lichte dessen, was wir eben gesagt haben, wird deutlich, wie wichtig das für euch ist: Euer Leben weckt in euch den Wunsch nach *Verbesserungen* oder danach, *mehr* von etwas zu bekommen, das euch gefällt. An diesem Bild, wie ihr euch eure Lebenserfahrung vorstellt, habt ihr schon gearbeitet, noch ehe ihr als physische Wesen geboren wurdet. Und jetzt arbeitet ihr unaufhörlich weiter daran. Ihr habt euch dieses aufregende Leben an vorderster Front der Evolution also selbst erschaffen! Und die Ur-Kraft ist mit machtvoll pulsierender Energie ständig dabei, die Erfüllung eurer Wünsche für euch zu manifestieren. Und das *Gesetz der Anziehung* reagiert auf die von euch ausgestrahlten Schwingungen. Das ist *Lebenskraft* in Aktion! Ist das nicht wunderbar inspirierend für euch? Die Ur-Kraft reagiert auf alle eure Wünsche und ruft ständig nach euch! Und wenn ihr diesem Ruf folgt, gehen eure Wünsche in Erfüllung. Versteht ihr nun, auf welche Weise ihr dazu inspiriert werdet, entschlossen den von euch eingeschlagenen Weg zu verfolgen? Das Leben veranlasst euch zu unaufhörlicher Weiterentwicklung, Evolution, und zwar dadurch, dass es in euch immer neue Wünsche weckt. Und ihr könnt gar nicht anders, als dieses Potenzial zu leben und zu entfalten.

Bei vielen von euch ist es so, dass sie erst krepieren müssen, um loslassen zu können. Uns gefällt dieses Wort: *krepieren*. (Wir versuchen, bezüglich eurer Vorstellung vom sogenannten »Tod« so respektlos wie möglich zu sein, denn in Wahrheit gibt es keinen Tod.) Manchmal klammert ihr euch so krampfhaft an die »Realität« des *Ist-Zustands*, dass ihr euch völlig von der Verwirklichung eures Potenzials, der Erfüllung eurer schönsten Wünsche abschneidet. Dann fühlt ihr euch ganz schrecklich. Und erst wenn ihr sterbt, kann sich diese Kluft endlich schließen, weil ihr dann eure Denkgewohnheiten hinter euch lasst. Sie sind das Einzige, was euch daran hindert, schon zu Lebzeiten euer volles Potenzial zu entfalten und zu genießen.

Die *Kunst der Wunscherfüllung*, mit der wir uns in diesem Workshop beschäftigen wollen, ist eigentlich die Kunst, diese Kluft zu schließen. »Es ist die Kunst, mir, in meiner physischen menschlichen Form, die Erfüllung all jener Wünsche zu ermöglichen, die mein Leben in mir weckt. Es ist die Kunst, inneren Widerstand aufzulösen, damit die schöpferische Ursprungsenergie, die ganze Welten zu erschaffen vermag, frei durch mich fließen kann. Es ist die Kunst, in mir Schwingungsharmonie herzustellen, nicht nur zu dem, was ich vor meiner physischen Geburt war, sondern auch zu dem, was ich inzwischen geworden bin. Es ist die Kunst, Schwingungsharmonie herzustellen zu dem Reinen, Positiven Energiewesen, das mein wahres Sein ist und das unaufhörlich wächst und sich weiterentwickelt.« (Habt ihr das verstanden?)

Wenn ihr euch also unerfüllt fühlt, unzulänglich und unzufrieden, bedeutet das, dass ihr innerlich noch nicht offen dafür seid, euch dem Strom der Evolution anzuvertrauen. Ihr haltet dann noch nicht Schritt mit eurer eigenen Entwicklung.

Nun habt ihr von uns erfahren, wer ihr wirklich seid. Und nun wollen wir, dass ihr begreift, dass *diese Geschichte vom Zyklus des Lebens wirklich eure Geschichte ist, eure Reise, auf der ihr vom Nicht-Physischen ins Physische aufbrecht, dort neue Gedanken und Wünsche hervorbringt, die dann von eurem Nicht-Physischen Teil verkörpert und manifestiert werden.* Wenn ihr diesen Zyklus des Lebens versteht, bei dem das *Gesetz der Anziehung* die zentrale Rolle spielt, dann beginnt ihr, die Ewige Natur eures Seins zu verstehen.

Wir alle sind Ewige Wesen, und ihr befindet euch an vorderster Front der Evolution, wo ihr die Expansion des Universums ständig vorantreibt – die dann von der Ur-Kraft verkörpert und manifestiert wird. (Wie gefällt euch das?) Nun, aus unserer Perspektive finden wir es einfach großartig! Und wenn ihr inneren Widerstand auflöst und euch für das rasche Fortschreiten der Evolution öffnet, werdet ihr es aus eurer Perspektive ebenfalls großartig finden. Aber wenn das Leben Wünsche in euch weckt, deren Erfüllung ihr euch selbst nicht zugesteht, baut ihr inneren Widerstand auf, und dann fühlt ihr euch ziemlich unwohl.

Stellt euch vor, ihr tragt euer Kanu zum Fluss und schiebt es in die rasch fließende Strömung. Nun dreht ihr den Bug eures Kanus bewusst *stromaufwärts*, taucht das Paddel ins Wasser und fangt an, mühsam *gegen* den Strom anzukämpfen. Dann fragen wir euch, warum ihr es euch so schwer macht. Warum wendet ihr euer Kanu nicht einfach und lasst euch von der Strömung treiben?

Darauf erwidern die meisten Menschen: »Ehrlich gesagt, auf diese Idee bin ich noch gar nicht gekommen. Alle, die es im Leben zu etwas bringen wollen, paddeln gegen die Strömung. Ich wäre doch faul, wenn ich mich einfach treiben lassen würde.« (Gelächter)

»Und deshalb kämpfe auch ich gegen die Strömung«, sagt ihr. »Ich habe ein wirklich gutes Kanu und ein gutes Paddel. Und ich habe Muskeln und, was noch besser ist, ich verfüge über einen starken Willen. ... Und ich habe es von meiner Mutter gelernt, die es von ihrer Mutter gelernt hat. Alle machen es so. Wir strengen uns an.«

Aber wie lange könnt ihr das durchhalten?, fragen wir.

Und darauf würde wohl fast jeder von euch antworten: »Bis dass der Tod uns scheidet. Ich weiß nicht, wie lange, Abraham, aber die, die sich ganz besonders anstrengen, bekommen die Preise. Man errichtet ihnen Denkmäler und benennt Straßen nach ihnen. Und von diesem Kuchen will ich auch etwas abhaben.« Manch einer fügt hinzu, man hätte euch versprochen, dass im Jenseits sogar noch ein besonderer Lohn auf die wartet, die sich wirklich hart bemühen. (Gelächter)

Ihr gebt euch also alle Mühe, uns davon zu überzeugen, wie vernünftig es ist, *gegen* den Strom anzukämpfen. Wir hören uns das eine Weile liebevoll an, weil wir euren Standpunkt gut verstehen können. Aber schließlich müssen wir euch doch unterbrechen, um etwas zu sagen, das jeder von euch wissen sollte: *Nichts, was ihr euch wirklich wünscht, befindet sich stromaufwärts.*

Und wisst ihr, warum wir das wissen? Wir kennen den Zyklus. Wir wissen, wer ihr wart, bevor ihr geboren wurdet. Wir wissen, wie die Wünsche, die das Leben in euch weckt, eure Entwicklung vorantreiben. Wir wissen, dass die Ur-Kraft in euch stets zum Schwingungsäquivalent eurer Wünsche wird, und wir wissen, dass das *Gesetz der Anziehung* auf diese machtvolle, pulsierende Schwingung reagiert. Und wir wissen, dass dies den Strom des Lebens und der Evolution in Schwung hält.

Vor Kurzem sagte eine Frau zu uns: »Mein Kind bat mich, euch eine Frage zu stellen: ›Warum sind Erwachsene so griesgrämig?‹« Darauf antworteten wir: Je länger ihr auf der Welt seid, desto mehr Dinge findet ihr, über die ihr euch ärgern und aufregen könnt. Je länger ihr auf der Welt seid, desto mehr Dinge findet ihr, die euch nicht gefallen und wo ihr *Nein* ruft. Und je öfter ihr *Nein* ruft, desto mehr schwimmt ihr *gegen* den Strom.

Vor ein paar Wochen gönnten sich Jerry und Esther ein herrliches Erlebnis. Sie machten eine Wildwasserfahrt auf einem Fluss in Colorado. Es gibt dort Stromschnellen der Kategorie IV, die Strömung ist also wirklich sehr stark. Als sie mit den anderen Teilnehmern in einem Bus, auf dessen Dach die Boote transportiert wurden, an dem Fluss entlang eine enge Schlucht hinauffuhren und die Stromschnellen sahen, sagten sie beide immer wieder: »Auf was haben wir uns da eingelassen? Wir müssen verrückt sein!«

Der Fluss war so wild und reißend, dass an den Felsen und Brückenpfeilern weiße Gischt hoch in die Luft toste. Als sie ihr Floß ins Wasser schoben ... (Immer sechs Leute fuhren auf einem Floß, und es gab viele andere Flöße, alle von dem gleichen Veranstalter. Die meisten Teilnehmer waren Mitglieder von Highschool-Wrestlingclubs. Ein Freund hatte Jerry und Esther zu diesem Abenteuer eingeladen. Als sie am Morgen das Haus verließen, sagte seine Tochter zu ihm: »Bist du dir eigentlich im Klaren, wie alt ihr drei seid?«) ... Als sie also das Floß ins Wasser schoben, wussten sie sofort, dass jeder Versuch, *stromaufwärts* zu paddeln, völlig zwecklos war. Dies kam ihnen gar nicht in den Sinn, denn es war offensichtlich, dass der Fluss stärker war als sie.

Vorher hatte der Bootsführer zu ihnen gesagt: »Freunde, wir sind hier nicht in Disneyland. Dieser Fluss lässt sich nicht abschalten.« Das sagte er ihnen, weil er die Gewalt der Strömung genau kannte. Er zeigte auf die Felsen und erklärte: »Auf keinen Fall darf unser Floß dort eingeklemmt werden, denn dann würde der Fluss uns zermalmen.« Dann forderte er sie auf, Seite 5, Abschnitt 3, der Geschäftsbedingungen zu lesen, den Haftungsausschluss, demzufolge die Wahrscheinlichkeit, diese Fahrt zu überleben, gleich null war. (Gelächter) Esther weigerte sich, es zu lesen. Sie las nur den allerersten Satz und sagte: »Ich verlasse mich auf Ihr Wort.«

Wir erzählen euch davon, weil wir euch klarmachen wollen, dass *euer* Fluss genauso ist. Ihr könnt ihn nicht abschalten. Euren eigenen Fluss gab es schon, noch ehe ihr in eurer physischen Gestalt geboren wurdet. Und je länger ihr lebt, desto schneller fließt er, denn mit jeder neuen Erfahrung, die ihr macht, fügt ihr eurem Schwingungsguthaben weitere Wünsche hinzu. Und je mehr ihr euch wünscht, desto stärker fließt die Ur-Kraft. Und das *Gesetz der Anziehung* reagiert. Und jedes Mal wenn das *Gesetz der Anziehung* auf jenen Teil eures Selbst reagiert, der in der physischen Welt im Werden ist, fließt euer Strom schneller.

Wenn ihr die gleichen negativen Gedanken, die ihr im Alter von 4 oder 5 oder 15 oder 20 Jahren hattet – dieselbe völlig unveränderte negative Geisteshaltung –, 10 oder 15 oder 20 oder 30 oder 40 oder 50 oder 60 Jahre später immer noch beibehaltet, werden die schädlichen Auswirkungen sich sehr viel stärker bemerkbar machen, weil euer Energiestrom dann sehr viel schneller fließt. Und wegen des *Gesetzes der Anziehung* kann dieser Strom niemals stillstehen. Er wandelt sich unaufhörlich. Wenn ihr also immer wieder eure Aufmerksamkeit auf etwas richtet, das ihr *nicht* wollt, dann wird diese *Schwingung* in euch stärker und stärker, und gleichzeitig wird euer *Wunsch* nach positiver Veränderung stärker und stärker.

Dadurch bewirkt ihr also, dass die Strömung eures Energieflusses immer schneller und mächtiger wird, während ihr euch gleichzeitig weigert, euch dieser Strömung anzuvertrauen, und immer weiter gegen sie ankämpft. Und so werden eure negativen Emotionen immer intensiver, was so weit gehen kann, dass Krankheiten entstehen, die dann Ausdruck dieser inneren Disharmonie sind.

Selbst wenn Kinder erkranken, ist das schon darauf zurückzuführen, dass ihr Leben sie dazu veranlasst, sich etwas zu wünschen, von dem sie glauben, dass sie es nicht bekommen können. Mit anderen Worten, wenn ihr euch ohnmächtig fühlt und glaubt, keine Kontrolle über euer Leben zu haben und etwas, das euch wirklich wichtig ist, nicht erlangen zu können, bringt ihr euch damit in eine unmögliche Lage. Dann findet in euch ein Tauziehen der Energien statt, das sehr schädlich für euer Wohlergehen ist.

Doch jetzt kommt die gute Nachricht: *Es spielt keine Rolle, wo ihr gerade seid. Ihr könnt jederzeit euer Kanu wenden und euch mit der Strömung treiben lassen – wirklich jederzeit. Ihr müsst das Kanu noch nicht einmal aktiv wenden und mit dem Strom paddeln. Nehmt einfach das Paddel aus dem Wasser, hört auf zu kämpfen. Dann wird der Strom ganz von selbst euer Kanu herumdrehen und es mit sich tragen, ohne dass ihr euch anstrengen müsst.*

Wenn wir euch von all den schönen Gefühlen erzählen, die *stromabwärts* auf euch warten – *Wertschätzung*, *Liebe*, *Freude* und *Begeisterung* –, könnt ihr es manchmal gar nicht abwarten. Dann wollt ihr euer Kanu mit aller Macht herumreißen und einen Außenbordmotor anbauen, um so schnell wie irgend möglich dorthin zu gelangen.

Auch wir möchten, dass ihr dorthin gelangt, wo ihr euch immer besser und besser fühlt. Aber wir kennen die Macht des Flusses. Er wird euch ganz von selbst und mit der richtigen Geschwindigkeit zu eurem Ziel tragen. *Ihr müsst einfach damit aufhören, jene Dinge zu tun, die bewirken, dass ihr euch stromaufwärts bewegt.*

Wir wissen außerdem, dass ihr gar keine andere Wahl habt. Ihr könnt nicht augenblicklich zu den angenehmeren Gefühlszuständen weiter flussabwärts gelangen, weil etwas geschehen ist (es ist mit euch selbst geschehen oder mit jemandem, den ihr liebt ... ihr wünscht euch etwas sehr stark, habt aber keine Ahnung, wie ihr es erlangen könnt; ihr spürt negative Emotionen, ihr seid deprimiert, zornig oder ängstlich). In diesem Zustand negativer Emotion könnt ihr nicht einfach plötzlich euer Kanu wenden und im Eiltempo dorthin fahren, wo die guten Gefühle sind. Das geht nicht. Und es ist auch gar nicht nötig. *Alles, was ihr tun müsst, ist, damit aufzuhören, gegen die Strömung anzupaddeln. Dann wird der Fluss euch mit sich tragen.*

Daher möchten wir, dass ihr ein klares Gespür für jene Emotion entwickelt, die ihr euch am meisten wünscht (wir geben den Emotionen alle möglichen Namen: Von *Verzweiflung*, *Trauer* und *Furcht* geht es über *Rachlust*, *Zorn* und *Ärger*, *Frustration*, *Kontra-Sein* und *Pessimismus* zu *Hoffnung*, *Optimismus*, *Glauben*, *Wissen*, *Liebe* und *Freude*).

Und es gibt noch viele andere Worte, die sich irgendwo auf der *Skala der Emotionen* einordnen ließen, aber es gibt nur ein Wort, das zur Beurteilung eures Emotionszustands wirklich notwendig ist. Das ist die Emotion, nach der ihr jeden Tag streben solltet: *Es ist die Emotion der Erleichterung*.

Wenn ihr *Verzweiflung* oder *Furcht* empfindet (sie fühlen sich sehr ähnlich an) und dann nach einem Gefühl strebt, das sich weniger schrecklich anfühlt, und zur *Rachlust* gelangt, spürt ihr *Erleichterung*. Das hören die Leute nicht gern, vor allem jene, mit denen ihr zusammenlebt. Ihr habt ihnen besser gefallen, als ihr noch deprimiert wart. Da war es einfacher, mit euch klarzukommen. (Gelächter) Aber wenn ihr jemals von *Furcht* oder *Verzweiflung* erfüllt wart und dann erlebt habt, welche Befreiung im Vergleich dazu *Rachegefühle* mit sich bringen, wisst ihr, was *Erleichterung ist*.

Damit wollen wir euch keineswegs empfehlen, bei eurem Rachedurst stehen zu bleiben. Da der Strom stetig weiterfließt, wird auch der Rachedurst schon bald *stromaufwärts* gerichtet sein und sich nicht mehr gut anfühlen. (Ist das nicht ein interessanter Gedanke?) Das weckt neue *Verzweiflung* in euch. Ihr löst euch von dem Gedanken, der dieses Gefühl in euch ausgelöst hat, und verspürt *Erleichterung*.

Aber wenn ihr euch dann wieder nicht mit dem Fluss treiben lasst, sondern erneut gegen die Strömung ankämpft, bekommt ihr immer wieder Signale, dass ihr endlich mit dem Paddeln aufhören sollt. Also wendet ihr das Kanu und paddelt von der *Rachlust* zum *Ärger*. Wieder fühlt ihr *Erleichterung*. Dann wendet ihr und paddelt vom *Ärger* zur *Frustration*, worauf ihr wieder *Erleichterung* fühlt. Und wenn ihr im Zustand der *Frustration* erneut das Kanu in die Strömung dreht und *stromabwärts* paddelt, gelangt ihr zur *Hoffnung* und fühlt wiederum *Erleichterung*. (Begreift ihr allmählich, wie die Sache funktioniert?)

Ihr solltet daher gerade *nicht* bewusst das Kanu wenden und versuchen, *stromabwärts* zu paddeln! *Wenn ihr nämlich etwas unbedingt erlangen wollt, aber nicht wisst, wie ihr es erlangen könnt, und dann das Paddel nehmt und versucht, stromabwärts zu paddeln – dreht ihr das Kanu jedes Mal unwillkürlich herum und paddelt in Wahrheit stromaufwärts.*

Leute, die versuchen, eine »Heilung« aktiv herbeizuführen, paddeln *stromaufwärts*. Wenn sie versuchen, etwas »Besseres« geschehen zu machen, *paddeln sie stromaufwärts*. Wenn sie sagen: »Ich setze mir ein Ziel« – drehen sie das Kanu und paddeln *stromaufwärts*. Immer wenn ihr glaubt, Mühe und Anstrengung aufwenden zu müssen, paddelt ihr gegen den Strom. Wenn ihr dagegen einfach loslasst, ist das etwas völlig anderes: Ihr nennt es kapitulieren, aufgeben. Wir sagen euch aber, dass ihr damit keinesfalls eure Wünsche aufgebt ... das könnt ihr gar nicht – *eure Wünsche sind Ewig*. Ihr könnt niemals weniger werden als das, wozu ihr bereits geworden seid. Ihr könnt nicht dieses Leben führen, das immer neue Wünsche in euch weckt, und dann sagen: »Das geht mich nichts an.« Das ist nicht möglich. Ihr könnt damit fortfahren, neue Wünsche zu entwickeln und eure bisherigen zu präzisieren. Aber der Prozess eurer Expansion und Evolution ist unaufhaltsam, und euer Lebensstrom fließt immer schneller. (Wir lieben euch sehr, aber ...) *... ihr habt keine andere Wahl, als euch diesem Strom anzuvertrauen und mit ihm zu fließen, wenn ihr euch gut fühlen wollt.*

Es ist immer sehr erheiternd für uns, wenn einer von euch krepiert. Denn wenn ihr krepiert, lasst ihr endlich das Paddel los. Und, oh, was für eine herrliche Flussfahrt ihr dann macht! Ihr taucht sofort in Reine, Positive Energie ein und werdet uneingeschränkt zu all dem, das zu werden euer Leben euch veranlasst hat. Wir besuchen euch hier, weil wir glauben, dass es euch große Freude bereiten würde, dies schon zu erleben, euer volles Potenzial schon zu entfalten, während ihr noch hier in eurem physischen Körper seid. Zukünftige Generationen werden von dem profitieren, was ihr heute lebt. Mit anderen Worten, die Kontraste, die ihr lebt, wenn ihr Krieg seht und euch Frieden wünscht; wenn ihr seht, wie Menschen hungern, und euch wünscht, dass sie genug zu essen haben; ihr auf all das reagiert, was ihr in eurer persönlichen Umgebung, eurem Land, eurer ganzen Welt seht – ihr lebt inmitten all dieser Kontraste, und das veranlasst euch, immer neue Wunschraketen zu starten, wodurch ihr selbst und eure Lebenserfahrung euch in einem beständigen Zustand des Werdens befindet. Und jetzt folgt eine Erkenntnis, die ihr meistens nicht in Betracht zieht: Dieser hochevolutionäre Schwingungszustand ist die treibende Kraft für euren Eintritt in die physische Welt. (Begreift ihr?)

Deshalb kommen eure kleinen Kinder schon fertig verkabelt auf die Welt. (Gelächter) Deshalb begreifen sie so schnell, wie das Internet funktioniert. Deshalb fällt ihnen der Umgang mit der neuen Technik so leicht. Die Energie der Evolution ist die treibende schöpferische Kraft, die sie in diese Welt kommen lässt. Sie sind frei von innerem Widerstand. Das ist es, was hinter der »Kluft zwischen den Generationen« steht. Es ist keine Generationenkluft. Es ist eine energetische Kluft ... es ist eine Kluft zwischen der jungen Generation, die fast keinen inneren Widerstand kennt, und den älteren Generationen, die relativ viel inneren Widerstand aufgebaut haben. Bei der *Kunst der Wunscherfüllung* geht es also eigentlich darum, dass ihr lernt, mit eurem Größeren Selbst, eurem Potenzial, mitzuhalten. Und wenn ihr euch dafür öffnet, oh, dann werdet ihr wahrhaftig ein wunderbares Leben haben!

Könnt ihr euch vorstellen, dass Jerry und Esther zu ihrem Bootsführer sagen würden: »Wo werden wir das Boot aus dem Wasser ziehen?«

Und er würde antworten: »Oh, viele Meilen weiter unten, in der Nähe von Fort Collins.«

Und dann würde Esther zu ihm sagen: »Also, wir haben da eine wirklich gute Idee. Wir möchten lieber mit dem Bus dorthin fahren. Binden Sie also bitte das Floß wieder auf dem Busdach fest. Dann möchten wir, dass Sie das Floß nur etwa hundert Meter vor dem Ziel wieder ins Wasser schieben – denn wir lieben *schnelle* Manifestationen.«

Darauf würde der Bootsführer meinen: »Das ist zwar ganz schön verrückt, aber wenn Sie unbedingt wollen. Nur habe ich gedacht, Sie wollten auf dem Fluss fahren.«

Und das ist es, was wir zu euch sagen: *Wir dachten, ihr wollt auf dem Fluss fahren.* Darauf erwidert ihr: »Ich will ja auf dem Fluss fahren, aber ich will nicht 10 oder 20 oder 30 oder 40 oder 50 Jahre auf die Erfüllung meiner Wünsche warten. Wie lange muss man sich etwas wünschen, bis man es endlich bekommt?« Und wir antworten: Überhaupt nicht lange, wenn du mit dem Fluss fließt. Eine Ewigkeit, wenn du gegen die Strömung paddelst.

Keine wirkliche Ewigkeit, aber ewig in den Zeitbegriffen eures physischen Lebens. Mit anderen Worten, wenn ihr wirklich hart daran arbeitet, könnt ihr es schaffen, euch das ganze Leben lang an der Erfüllung eurer eigenen Wünsche zu hindern. Dazu müsst ihr euch nur einer dieser Online-Selbsthilfegruppen anschließen. (Gelächter) Schließt euch einer Gruppe an, die euch immer wieder motiviert, euch kräftig zu bemühen und nur ja nicht das Paddel loszulassen. Wisst ihr, was passiert, wenn ihr schlaft? Euer Kanu dreht sich in die Strömung ... *ahhh*. Dann wacht ihr auf, wendet das Kanu wieder und paddelt stromaufwärts, paddelt, paddelt. Abends geht ihr schlafen ... *ahhh*. Ihr wacht auf: paddel, paddel, paddel, paddel. (Gelächter)

Das Ganze läuft folgendermaßen ab: Ihr seid Positive, Reine Energie. Ihr seid Teil des Lebensstroms, und dann kommt ihr als kleines Baby auf die Welt. Und eure Mutter macht sich sofort Sorgen um euch. Dadurch findet in eurer Schwingung schon eine leichte Verzerrung statt. Und wenn ihr schlafen geht, schließt ihr diese Kluft. Wenn ihr aufwacht, ist die Kluft wieder deutlich kleiner geworden. Je länger ihr auf der Welt seid, desto mehr Dinge finden die meisten von euch, über die sie sich aufregen und ärgern. Deswegen wird die Kluft zwischen eurem momentanen Selbst und eurem *wahren Sein* immer größer.

Dann werdet ihr erwachsen und wollt euer Leben verbessern. Also geht ihr auf ein Seminar, wo man euch beibringt zu meditieren. Ihr lernt, euren Geist zur Ruhe zu bringen, und wenn ihr innerlich ruhig werdet, hört ihr auf zu denken; und wenn ihr zu denken aufhört, gibt es auch keinen gedanklichen *Widerstand* mehr – also schließt sich die Kluft... . Dann taucht ihr wieder aus der Meditation auf. Jemand tut etwas, was euch nicht gefällt, und ihr kritisiert ihn – die Kluft wird wieder größer. Jemand tut etwas, was ihr lobenswert findet – die Kluft verringert sich. Wenn ihr nach Dingen Ausschau haltet, die schieflaufen oder euch nicht gefallen, vergrößert ihr die Kluft. Wenn ihr nach Dingen Ausschau haltet, die gut laufen oder euch gefallen, verkleinert ihr die Kluft. Mit anderen Worten, wenn ihr *Wertschätzung ausstrahlt* (siehe Methode 1 im Abraham-Buch *Wunscherfüllung. Die 22 Methoden*), schließt ihr damit immer eure Kluft, wenn ihr dagegen Kritik übt und euch auf das konzentriert, was euch missfällt, vergrößert ihr die Kluft. Dieser Vorgang läuft ständig ab, an jedem Tag eures Lebens, und stets liegt es ganz bei euch selbst, was ihr mit diesem Gedankenprozess anfangt.

Bei der *Kunst der Wunscherfüllung* geht es eigentlich darum, dass ihr auf eure Gefühle achtet – euch also immer wieder bewusst macht, wie es um die Kluft zwischen eurem momentanen physischen Selbst und eurem Größeren Selbst bestellt ist. Dann ersetzt ihr auf sanfte Weise einen negativen Gedanken gezielt durch einen Gedanken, der weniger Widerstand erzeugt. Es ist gar nicht nötig, dass ihr ganz starke positive Affirmationen formuliert – hört einfach damit auf, über die Dinge zu reden, die euch so ärgern oder aufregen.

Jerry und Esther fahren in einem riesigen Wohnbus durch das Land. Er ist fast vierzehn Meter lang, und meistens sitzt Esther am Steuer. Währenddessen hält sich Jerry hinten im Bus auf und tut irgendetwas – oft arbeitet er an einem Projekt oder schaut sich ein Video an. Wenn Esther dann mit ihm reden möchte, hört er sie nicht, weil er ganz hinten im Bus ist. Anfangs betätigte sie dann immer die Hupe. Aber selbst das bekam er manchmal nicht mit, weil er beispielsweise seinen Kopfhörer aufhatte. Alle Leute flüchteten panisch von der Straße (Gelächter), aber Jerry hörte es nicht.

Also kam Esther auf eine andere Idee: Sie schaltet mit einem Knopf am Armaturenbrett kurz das Licht hinten im Bus an und aus. Wenn Jerry das sieht, denkt er: »Oh, Esther möchte mir etwas sagen.«

Also verstaut er das, woran er gerade arbeitet, in den entsprechenden Fächern, bahnt sich seinen Weg durch den ganzen Bus nach vorn und setzt sich in den Beifahrersitz. Wenn er dann fragt: »Was gibt es denn?«, antwortet Esther meistens: »Ach, schon gut. Es war bloß ein *Stromaufwärts*-Gedanke.« (Gelächter)

Ist es nicht eine gute Sache, dass Jerry so lange braucht, um nach vorne zu Esther zu gelangen? Hätte er neben ihr gesessen, wäre sie sofort mit ihrem Gedanken herausgeplatzt. Dann hätte er ihr entweder zugestimmt, was die Sache zusätzlich verstärkt hätte. Oder er wäre anderer Meinung gewesen, was Esther veranlasst hätte, umso nachdrücklicher ihre Meinung zu vertreten. Mit anderen Worten, wenn ihr über irgendetwas euer Missfallen äußert, werden eure Gesprächspartner euch entweder beipflichten, was die Negativität verstärkt, oder sie sind nicht mit euch einer Meinung, was euch dann dazu verleitet, noch hartnäckiger auf eurem *Stromaufwärts*-Gedanken zu beharren.

Anders gesagt, wenn ihr etwas äußert, das eindeutig *stromaufwärts* ausgerichtet ist, werdet ihr als Folge davon noch härter und stärker paddeln. Haltet stattdessen lieber einen Moment inne, zählt bis zehn und fragt euch: *Ist das ein Stromaufwärts-Gedanke oder ein Stromabwärts-Gedanke? Ist das ein Gedanke, der gut für mich ist? Hmmm, nein, so fühlt er sich nicht an. Befindet dieser Gedanke sich wirklich im Einklang mit meinem Inneren Sein?*

Mit der Zeit werdet ihr feststellen, dass ihr den Ruf der Ur-Kraft, eures *wahren Seins*, in euch immer *fühlen* könnt. Ihr könnt ihn fühlen, wenn ihr bereit seid, wirklich darauf zu achten und in euch hineinzuhören. Es braucht ein wenig Übung in allen Lebensbereichen. Aber schneller, als ihr denkt, werdet ihr so feinfühlig für die Schwingungen eures Seins werden, dass ihr dieses *Leitsystem* so anwenden könnt, wie es gedacht ist.

Statt zu versuchen, jeden Gedanken auf der Welt oder jeden Gedanken, den ihr selbst jemals denkt, zu analysieren – oder alle Gedanken aller Menschen in diesem Raum oder im Autobus oder an eurem Wohnort oder in eurer politischen Partei oder Kirche –, statt also alle diese Gedanken zu analysieren, was euch ganz verrückt machen würde, *könnt ihr einfach fühlen, was euer Inneres Sein über die Dinge weiß. Ihr könnt das Potenzial fühlen, das eure Wünsche in euch wecken. Und wenn ihr diesem Gefühl folgt, spürt ihr in eurem Körper Erleichterung.*

Sobald ihr mit dem Paddeln aufhört, verschwindet der größte Teil eures inneren Widerstands (auch wenn es eine Weile dauern kann, bis ihr weit genug flussabwärts getrieben seid, um zur Manifestation eurer

Wünsche zu gelangen). Sobald ihr zu paddeln aufhört, verschwindet die Krankheit, wenn ihr gesundheitliche Beschwerden hattet, größtenteils aus eurem Körper. (Das ist wirklich wahr.) *Erleichterung ist jenes universelle Heilmittel, nach dem die Medizin sucht*. Statt nach dem Heilmittel zu suchen, solltet ihr nach der krank machenden Schwingung suchen. Ihr müsst noch nicht einmal herausfinden, welcher Gedanke euren inneren Widerstand verursacht – es genügt, wenn ihr einen Gedanken findet, der *keinen* Widerstand auslöst.

Ihr müsst nicht versuchen, das Problem mit dem Verstand zu analysieren. Ihr müsst nicht herauszufinden, was ihr wann falsch gemacht habt. Ihr müsst einfach nur nach Gedanken suchen, die euch Erleichterung verschaffen.

Gestern fuhren Jerry und Esther von Orlando in Richtung Boca Raton, und Esther programmierte das Navigationssystem des Busses. Plötzlich sagte Jerry: »Ich habe das Gefühl, dass wir in die falsche Richtung fahren.«

Esther schaute auf den Monitor des Geräts und erwiderte: »Ich fahre genau so, wie es hier angezeigt wird.«

Und Jerry sagte: »Aber das *kann* nicht richtig sein.«

Und Esther sagte: »Lass es uns doch einfach ausprobieren und schauen, wo wir landen.«

Das Navigationsgerät dirigierte sie auf eine mautpflichtige Straße und dort fuhren sie nach Jerrys Ansicht in die falsche Richtung. Dann wurden sie auf die Ausfahrt zur Interstate 4 geleitet. Nachdem sie dort ein Stück gefahren waren, mussten sie eine Kehrtwende machen und fuhren auf der Mautstraße in die andere Richtung. Jetzt waren sie nach einem zehnminütigen Umweg endlich auf dem richtigen Kurs. Jerry lachte, weil er von Anfang an gewusst hatte, dass dieser Umweg falsch war. Es war komisch, von dem Navigationssystem so umständlich in der Gegend herumdirigiert zu werden.

Esther meinte: »Ich frage mich, ob das Gerät verrückt geworden ist oder ob ich es missverstanden und die falsche Ausfahrt genommen habe, worauf es sich dann rasch umprogrammierte und mir mitteilte: ›Nun, jetzt, wo du fälschlicherweise diese Ausfahrt genommen hast, kommst du so am besten wieder auf deine Route zurück.‹«

Jetzt wurde Esther richtig neugierig. »War das Navigationssystem verrückt oder ich?« Sie sagte zu Jerry: »Weißt du, was richtig Spaß machen würde? Wenn wir wieder zum Ausgangspunkt zurückfahren und dann genau nachschauen, wo wir falsch abgebogen sind.«

Und Jerry sagte: »Oder wir bleiben jetzt einfach auf der richtigen Strecke.« (Gelächter)

Was für eine Idee! Einfach vom Augenblick ausgehen und von dort aus dem richtigen Kurs folgen? Nicht erst zurückblicken und analysieren, was schiefgelaufen ist? Nicht herausfinden, wer schuld ist – man selbst oder die anderen? Nein, hier und jetzt das denken und tun, *was sich besser anfühlt*. Genau dazu raten wir euch.

Ihr schiebt euer Kanu dort in den Fluss, wo ihr es nun einmal in den Fluss schiebt. Und wisst ihr was? *Ihr seid, wo ihr seid*. Das ist ein sehr gutes Mantra: *Ich bin, wo ich bin*. Und hier ist noch ein gutes Mantra: *Ich bin, wo ich bin – und es ist okay*. Es *muss* okay sein, denn es ist alles, was ihr habt. Mit anderen Worten, ihr habt gar keine andere Wahl, also ist es eine gute Idee, Frieden mit dem Ist-Zustand zu schließen: *Ich bin, wo ich bin.* (Oh, ist das nicht wunderbar befreiend und entspannend?)

»Ich bin, wo ich bin – und es ist okay.« Und warum ist es okay?

»Weil ich keine andere Wahl habe – und deshalb *muss* es okay sein. *Ich habe keine Wahl: Ich bin, wo ich bin.*

Ich bin, wo ich bin. Als ich mein Kanu ins Wasser schob, war ich *krank* oder es *ging mir gut*. Ich begann meine Kanufahrt im Zustand der *Fülle*, oder ich begann sie, als es mir an etwas *mangelte*. Ich bin ins Kanu gestiegen, als ich gerade eine *Scheidung* oder eine andere *schreckliche Erfahrung* durchmachte oder als ich glücklich *verliebt* war. ... Ich habe mein Kanu in den Fluss geschoben und mich hineingesetzt, aber an welcher Stelle auch immer ich meine Fahrt begann oder welches Thema gerade in mir aktiv sein mag, *ich bin, wo ich bin* –

und es ist okay. Und es muss okay sein, denn es ist genug.« Damit seid ihr für eine Weile beschäftigt. (Gelächter)

Am liebsten würden wir den ganzen Tag lang nur immer wieder diesen einen Satz zu euch sagen: Ihr seid, wo ihr seid – und es ist okay. Das genügt. Und es gibt nur eine Emotion, auf die es ankommt, die ihr anstreben müsst, und zwar die Emotion der *Erleichterung*. Mit anderen Worten, sagt euch: »*Hier und jetzt bin ich, wo ich nun einmal bin – und es ist okay, weil es alles ist, was ich habe.* Und ich habe eine machtvolle, großartige Wahlmöglichkeit: Ich kann mich entweder *stromabwärts* oder *stromaufwärts* bewegen!«

»Ich fühle mich ein bisschen besser oder ein bisschen schlechter: Das ist alles, was ich habe – aber es genügt, denn wo immer ich bin, wähle ich einen *Stromabwärts*-Gedanken, weil ich dann *Erleichterung* fühle.« Und wisst ihr, was geschieht, wenn ihr eure Gedanken anhand dieses Erleichterungsgefühls auswählt? Ihr fangt an, euch entspannt im Strom treiben zu lassen.

Und weil alles, was ihr euch wünscht, sich stromabwärts befindet, treibt ihr ganz von selbst glücklichen Ereignissen und der Erfüllung eurer Wünsche entgegen. All die Dinge, auf die ihr wartet – manchmal schon seit sehr langer Zeit –, gelangen nun in eure Reichweite, weil das Einzige, was euch von ihnen fernhielt, euer angestrengtes Gegen-den-Strom-Paddeln war.

Und wisst ihr, was aus unserer luftigen Perspektive, aus der wir euch beobachten, wirklich interessant ist? (Das ist eines der Dinge, über die ihr euch nach eurem »Tod« am meisten amüsieren werdet! Jedenfalls wurde uns das von kürzlich Verstorbenen bestätigt.) Der Strom ist so gewaltig, dass er euch ganz unvermeidlich der Erfüllung all eurer Wünsche entgegenträgt – schlussendlich. Und je eher ihr das Paddel einholt und euch treiben lasst, desto eher bekommt ihr, was ihr euch wünscht.

Viele von euch haben der Abwärtsrichtung des Flusses ihren Rücken zugewandt. Der Bug eures Kanus zeigt *stromaufwärts*. Aber obwohl ihr mit aller Kraft gegen die Strömung paddelt, ist der Fluss des Wohl-

Seins so stark, dass ihr trotzdem *stromabwärts* mitgezogen werdet, nur langsamer als dann, wenn ihr euch einfach treiben lassen würdet. Aber, wie gesagt, euer Blick ist starr *stromaufwärts* gerichtet, und deshalb bekommt ihr das gar nicht mit. Ihr treibt an den guten Gelegenheiten vorbei und merkt es nicht, weil ihr nicht in Schwingungsharmonie zu ihnen seid. Wäret ihr dagegen entspannt und voller Vertrauen, mit einer positiven Erwartungshaltung, wäre euer Leben viel einfacher. (Ist das nicht ein sehr anschauliches Bild?)

Ihr seid als mächtige Schöpferinnen und Schöpfer mit einer ausgezeichneten Motivation hierhergekommen, und ihr seid so viel mehr, als in eurer physischen Gestalt sichtbar ist. Und wenn ihr euch ein wenig entspannt, ausgehend von dem Punkt, wo ihr euch gegenwärtig gerade befindet, und euch von der Strömung tragen lasst, werdet ihr die machtvolle Kraft dieses Stroms entdecken – und zwar gleich am ersten Tag, an dem ihr diese Entscheidung trefft. *Ihr werdet die Macht des Stroms und die Macht des Gesetzes der Anziehung und eure eigene Macht entdecken – und die ewige Natur eures Seins.*

Das Leben ist so eingerichtet, dass es gut für euch ist. Es ist dafür gedacht, dass ihr euch in der physischen Welt gut fühlt. Es soll Spaß machen. *Das Leben soll sich gut für euch anfühlen*. So war es von Anfang an gedacht.

Ihr seid niemals auf die Welt gekommen, um zu kämpfen und euch abzuplagen, aber ihr *seid* auf die Welt gekommen, um *Kontraste* kennenzulernen, weil Kontraste die Energie des Stroms zum Fließen bringen. Die Kontraste veranlassen euch, Wunschraketen zu starten und euer Schwingungsguthaben zu füllen. Kontraste bewirken die Expansion eures Seins.

»Wie kann ich denn dann hier in meinem physischen Körper von den Kontrasten profitieren und dennoch zu dem hoch entwickelten Wesen werden, dessen Potenzial durch meine kontrastreichen Lebenserfahrungen in mir erwacht? ... Indem ich achtsam und hellwach bin und keine Angst habe vor dem, was kommt – indem ich mich wirklich für das Leben öffne, sehe, was ich *will*, und weiß, was ich *nicht* will, und dann so gut auf meine Gefühle achte, dass ich stets nach dem sich am besten anfühlenden Gedanken Ausschau halte, der mir gerade zugänglich ist.«

Und dann werden, ehe ihr euchs verseht, die Kontraste eures Lebens gar nicht mehr so wild und problematisch sein. Wenn ihr *wirklich* wisst, was ihr *nicht* wollt, wisst ihr auch, was ihr wollt – aber ihr seid in diesem Moment der Kontrasterfahrung noch weit davon entfernt. Je mehr ihr euch und euer Kanu aber herumdreht und euch mit dem Strom treiben lasst, desto milder und weniger übertrieben werden eure Kontrasterfahrungen.

Nun, denjenigen unter euch, die einen Hang zum Dramatischen haben, wird dieser sanftere Weg vielleicht nicht gefallen. Aber euer Leben kann tatsächlich so einfach werden, dass ihr einfach nur einen Kontrast wahrnehmt und sofort sagt: *Ich möchte lieber das.* Dann fließt ihr mit dem Strom und bekommt es. Dann seht ihr den nächsten Kontrast, sagt: *Ich möchte lieber das*, fließt mit dem Strom und bekommt, was ihr wollt. *Ich möchte das* ...

Wenn ihr es wollt, *bekommt* ihr es. Ihr wollt etwas, ihr *bekommt* es. Ihr wollt etwas, ihr *bekommt* es. (Und immer so weiter.) Doch *ihr* spielt dieses Spiel leider oft anders, und zwar folgendermaßen: Ihr wollt etwas, aber ihr habt es nicht. Ihr wollt etwas, aber ihr habt es nicht.

»Ich habe es nicht. Ich habe es nicht. Ich habe es nicht. Und du hast es auch nicht. Wir haben es beide *nicht*, und diese Leute dort haben es auch *nicht*. Ich sehe, dass du es nicht hast. Wie gefällt es dir, es *nicht* zu haben? Das gefällt dir so wenig wie mir, nicht wahr? Andere dagegen haben es. Wir haben es *nicht*. Wir sollten uns einer Gruppe anschließen: *Die, die dagegen sind, es nicht zu haben – die, die dagegen sind, nicht zu haben, was sie haben wollen.*« Und je mehr ihr etwas nicht habt, desto mehr wünscht ihr es euch. Und je mehr ihr darüber redet, es nicht zu haben, desto mehr wünscht ihr es euch. Und so fließt euer Strom immer schneller und stärker.

Dann sagt ihr: »Also, ich fühle mich wirklich gar nicht gut.« Und wir sagen: Das kommt daher, dass dein Leben dich veranlasst hat, diesen gewaltigen, tosenden Energiestrom in Gang zu setzen. Du aber schließt dich den Leuten an, die sich gegen den Strom stemmen, statt mit ihm zu fließen. Und wenn du so weitermachst, zerreißt es dich.

Wisst ihr, dass ihr nicht krank seid, weil ihr speziell an eure Krankheiten denkt? Wenn ihr einmal krank seid, dann *bleibt* ihr krank, weil ihr an die Krankheit denkt, aber dieses Denken an die Krankheit hat diese nicht verursacht. Ihr seid krank, weil ihr eure Arbeitskollegen nicht mögt. Ihr seid krank, weil ihr euch seelisch unausgefüllt fühlt. Ihr seid krank, weil jemand anderer Meinung ist als ihr oder jemand euch vor fünfundzwanzig Jahren betrogen hat und ihr euch darüber immer noch ärgert. Ihr seid krank, weil ihr euch auf Unerwünschtes statt auf Wünschenswertes konzentriert – und weil ihr nicht in Disneyland seid, kann niemand den Fluss abschalten. Und ihr wollt auch gar nicht, dass man ihn abschaltet – denn er ist der Ruf des *Lebens*, der Ruf der *Ur-Kraft*.

Wo immer ihr euch gerade befindet, wir möchten euch helfen, euer Kanu zu wenden und euch mit dem Strom treiben zu lassen. Wir verraten euch sämtliche Tricks aus unserem Nähkästchen, die euch helfen können, inneren Widerstand abzubauen, der euch daran hindert, das, was ihr euch wünscht, zu erlangen. Wenn es also euer Wunsch ist, die Kluft zwischen eurem Ist-Zustand und euren Wünschen zu verringern, stehen wir euch gerne zur Seite.

Auf jede eurer Fragen wissen wir eine Antwort. Für jedes Problem gibt es eine Lösung. Jedes Missverständnis kann ausgeräumt werden. Klarheit kann an die Stelle der Verwirrung treten. Das bedeutet nicht, dass wir zaubern können. Aber wir kennen die *Gesetze* und wir kennen eure wahre Natur, euer Potenzial, das sich früher oder später entfalten muss. Wir kennen die Macht des *Stroms* – und wir haben in eure Zukunft geblickt.

Ihr wisst selbst, was ihr zu tun habt, nicht wahr? Ihr wisst, dass ihr euch eure Erfahrungen selbst erschafft, ja? Ihr wisst, dass ihr *Ur-Kraft* in einem physischen Körper seid ... das wisst ihr doch, oder etwa nicht? Ihr wisst, dass ihr hierhergekommen seid, um an vorderster Front der Evolution die Spannung und die Freuden der Expansion zu erleben und mitzugestalten. Und ihr könnt doch gewiss *fühlen*, dass ihr eindeutig dabei seid, zu expandieren und euch weiterzuentwickeln? Spürt ihr denn euer Schwingungsguthaben nicht, in dem euer zukünftiges Potenzial darauf wartet, von euch materialisiert zu werden? Und aus dem, was wir bereits gesagt haben, müsste euch längst klar sein, dass dieser zukünftige Teil von euch bereits jetzt so real ist, wie er es sein wird, wenn er sich physisch manifestiert.

Das ist es, was wir euch unbedingt vermitteln möchten: *Ihr sollt wissen, dass jede eurer Fragen bereits beantwortet ist – ihr müsst es euch selbst lediglich erlauben, euch von der Strömung zu der Antwort hintragen zu lassen. Für jedes eurer Probleme existiert bereits eine Lösung – ihr müsst euch nur vom Strom des Wohl-Seins zu ihr hintragen lassen. Und dafür müsst ihr nichts weiter tun, als damit aufzuhören, gegen die Strömung anzukämpfen. Ihr müsst einfach nur darauf vertrauen, dass die Macht des Stroms genügt und ihr es wert seid, Erfüllung zu finden – denn so ist es tatsächlich.*

Ist es nicht wundervoll, dass ihr hierher an die vorderste Front der Evolution gekommen seid, weil die Lebensumstände hier euch die idealen Impulse für eure persönliche Entwicklung liefern? Seht ihr nicht den tiefen Humor in alledem? (Wir sehen ihn – und ihr werdet ihn spätestens dann sehen, wenn ihr sterbt.) Aber ihr findet alle diese Dinge, wegen denen ihr euch ärgert und jede Menge Wirbel macht, und benutzt sie als Grund, euer Potenzial nicht zu entfalten.

Eine Freundin sagte zu uns: »Abraham, ich glaube, es ist euch völlig egal, ob ich jemals einen Partner finde. Ihr wollt, dass ich extrem gut darin werde, ihn zu visualisieren. Und dann merke ich nicht mehr, dass er gar nicht da ist.« Darauf antworteten wir: *Genau so ist es. Denn wenn du so gut darin wirst, ihn zu visualisieren, dass die Tatsache, ihn noch nicht gefunden zu haben, dir nicht mehr wehtut, hast du Harmonie zu deinem Traum hergestellt. Gemäß dem Gesetz der Anziehung muss dein Traumpartner dann zwangsläufig in dein Leben treten – aber solange du nicht in Harmonie mit deinem Traum bist, gibt es keine Möglichkeit, dass ihr beide zueinanderfindet.*

Wenn ihr euch nicht in Schwingungsharmonie befindet, fühlt es sich nicht nur so an, als würde die Welt nicht mit euch kooperieren, sondern als arbeite sie bewusst gegen euch. Habt ihr hingegen innere Harmonie zu eurem *wahren Sein* hergestellt, fühlt ihr eine innere Gewissheit, dass nichts euch von der Erfüllung eurer Wünsche abhalten kann. Es gibt in der Welt keine Gegenkräfte, keine gegen euch gerichteten Absichten. Es gibt auch niemanden, zu dem ihr in Konkurrenz stündet. Nichts kann euch davon abhalten, zu sein, zu tun oder zu erlangen, was immer ihr euch wünscht – nichts, außer ihr selbst, wenn ihr eure Aufmerksamkeit auf den Mangel, das Fehlen des Gewünschten richtet und euer Denken davon beherrschen lasst.

*Eure Arbeit besteht nicht darin, jemanden davon zu überzeugen, euch zu geben, was ihr euch wünscht. Eure Arbeit besteht darin, Erleicht*erung zu finden, also Gedanken zu wählen, die bewirken, dass ihr euch besser fühlt als zuvor. Je besser es euch gelingt, erleichternde Gefühle in euch zu wecken, desto mehr fließt ihr mit eurem Strom, und diese Dinge, die *stromabwärts* auf euch gewartet haben, werden sich schon bald in einem Maße für euch verwirklichen, dass die Menschen in eurer Umgebung aus dem Staunen gar nicht mehr herauskommen werden!

Man wird staunend darüber sprechen, dass sich plötzlich Himmel und Erde für euch in Bewegung setzen, obwohl ihr doch kaum erst begonnen habt, eure Wünsche offen auszusprechen. Man wird staunend darüber sprechen, wie gut ihr nun in allen Lebenslagen euer emotionales Gleichgewicht bewahrt. Man wird euren unerschütterlichen Optimismus rühmen. Allerdings werden manche Leute euch anfangs vorhalten, naive Träumer zu sein. Aber sie werden schon bald fasziniert feststellen, wie gut euer Leben funktioniert.

Und während sie erstaunt beobachten, wie die Dinge, von denen sie wissen, dass ihr sie euch jahrelang vergeblich gewünscht habt, sich nun mehr und mehr in eurem Leben manifestieren, werden sie fragen: »Was, um alles in der Welt, ist denn mit dir geschehen?«

Und dann werdet ihr ihnen erklären: »Es gibt einen Strom ...« (Gelächter.) »Und ich bin mir der Existenz dieses Stroms endlich bewusst geworden, und deshalb habe ich aufgehört, gegen den Strom meiner eigenen Wünsche und Absichten anzukämpfen. Ich habe endlich zur Harmonie mit *mir* selbst gefunden.«

Sie werden fragen: »Das heißt also, du bist jetzt wunschlos glücklich?«

Und ihr werdet antworten: »Oh nein, keineswegs, denn ich träume jeden Tag neue Träume.«

Und sie werden sagen: »Oh, dann bist du also immer noch unzufrieden?«

Und ihr sagt: »Allerdings, und ich werde niemals zufrieden sein. Aber ich wurde auch nicht geboren, um Dinge in Ordnung zu bringen. Ich wurde geboren, um Dinge zu erträumen und dann meiner Vision zu folgen. Ich bin nicht hergekommen, um eine Frau zu *manifestieren*. Ich bin gekommen, um mir eine Partnerin zu *wünschen*. Es fühlt sich so gut an, sich eine Gefährtin zu wünschen. Es fühlt sich gut an, mir eine Frau zu wünschen, und es fühlt sich schlecht an, zu glauben, dieser Wunsch könnte nicht in Erfüllung gehen. Aber sie mir zu *wünschen*, das ist es, was ich mir wirklich gewünscht habe. Sie zu finden wird auch wundervoll sein, aber das Wünschen hat etwas Köstliches!«

Wenn ihr euch etwas wünscht und daran glaubt, dass ihr es auch bekommen könnt, ist das Leben spendend. Wenn ihr euch etwas wünscht und diesen Wunsch für unerfüllbar haltet, ist das schrecklich. Und ihr wisst jetzt, dass es eure eigene Entscheidung ist. Ihr habt die Wahl.

Wir finden es wirklich aufregend, was *stromabwärts* auf euch wartet. Wir haben es gesehen – und es ist gut. Ihr werdet ganz aus dem Häuschen sein, wenn ihr den inneren Widerstand aufgebt, euch dem Strom anvertraut und euch dorthin tragen lasst – jedenfalls zunächst. Aber zu dem Zeitpunkt, wenn es kurz davor steht, sich zu manifestieren, wird es sich so sehr wie der logisch nächste Schritt anfühlen, dass ihr sagen werdet: »Oh, da bist du ja. Ich wusste, dass du da sein würdest. Ich konnte dich fühlen.«

Es gibt hier bei uns ganz viel Liebe für euch.
Und damit schließen wir glücklich und bleiben, wie stets,
auf ewig unvollendet.

Über die Autoren

Im Jahr 1986 begannen ESTHER und JERRY HICKS damit, ihre erstaunlichen Erlebnisse mit einer Gruppe von Geistwesen, die sich selbst Abraham nennen, zunächst einer Handvoll von engen Geschäftsfreunden zugänglich zu machen, einfach weil sie von dem Material, das bei den Sitzungen mit Abraham entstand, so fasziniert waren.

Der praktische Nutzen, den sie selbst und jener zunächst nur sehr kleine Freundeskreis aus den Antworten Abrahams zogen – was ihre Finanzen anging, die Gesundheit oder Beziehungsprobleme –, beeindruckte Jerry und Esther tief. Daher beschlossen sie, die Lehren Abrahams einer seither stetig wachsenden Zahl von Menschen zugänglich zu machen, die nach Antworten suchen, wie sie ein besseres Leben führen können.

Von ihrem Tagungszentrum in San Antonio, Texas, aus reisen Esther und Jerry seit 1989 alljährlich in ungefähr 50 Städte innerhalb der USA. Dort präsentieren sie den interaktiven *Art of Allowing*-Workshop all jenen, die an diesem fortschrittlichen, evolutionären Bewusstseinsstrom teilhaben möchten. Inzwischen hat Abrahams Philosophie des Wohl-Seins bei führenden Denkern und spirituellen Lehrern auf der ganzen Welt großen Anklang gefunden, doch weiterhin besteht die Hauptverbreitungsquelle für dieses Material in Mund-zu-Mund-Propaganda begeisterter Seminarteilnehmer und Leser, die diese praxisorientierte Philosophie im Alltag anwenden und damit erstaunliche Erfolge erzielen.

Abraham – eine Gruppe offensichtlich hoch entwickelter Nicht-Physischer spiritueller Lehrer – präsentieren ihr Wissen durch Esther, die

Abrahams Philosophie in die Sprache der physischen Welt übersetzt. In ihren liebevollen, brillanten und doch stets leicht verständlichen Workshops, Vorträgen, Essays und Büchern zeigt uns Abraham, wie wir eine klare, stabile und harmonische Verbindung zu unserem *Inneren Sein* aufbauen und uns für die machtvollen, inspirierenden Energien von *Allem-was-ist* öffnen können.

Inzwischen sind über 700 Bücher, Kassetten, CDs, Videos und DVDs von Abraham-Hicks erschienen. Für alle, die mehr über Esther und Jerry und die Lehren Abrahams erfahren möchten, lohnt ein Besuch auf ihrer Website www.abraham-hicks.com.

Die Postanschrift lautet: Abraham-Hicks Publications, P.O. Box 690070, San Antonio, TX 78269, U.S.A.